山东商务年鉴

SHANDONG BUSINESS YEARBOOK

山东省商务厅 编

方志出版社
Publishing House of Local Records

图书在版编目（CIP）数据

山东商务年鉴．2020 / 山东省商务厅编．-- 北京：方志出版社，2020. 9

ISBN 978-7-5144-4349-3

Ⅰ．①山… Ⅱ．①山… Ⅲ．①商务－山东－ 2020 －年鉴 Ⅳ．① F727.52-54

中国版本图书馆 CIP 数据核字 (2020) 第 224676 号

山东商务年鉴（2020）

编　　者：山东省商务厅

责任编辑：陈　菁

出 版 者：方志出版社

地　址：北京市朝阳区潘家园东里9号（国家方志馆4层）

邮　编：100021

网　址：http://www.zgfzcb.cn

发　　行：方志出版社图书经销中心

电话（010）67110500

经　　销：各地新华书店

印　　制：山东新华印务有限公司

开　　本：889mm × 1194mm　　1/16

印　　张：22.5

字　　数：490千字

版　　次：2020年9月第1版　　2020年9月第1次印刷

印　　数：001~500册

ISBN 978-7-5144-4349-3　　**定价：**300.00元

《山东商务年鉴》编辑委员会

Editorial Board of Shandong Business Yearbook

编辑说明

一、《山东商务年鉴》由山东省商务厅主持编辑，编委会主任、副主任由山东省商务厅领导担任，编委会成员由各市商务主管部门负责人和山东省商务厅处室负责人担任。

二、本年鉴以马克思列宁主义、毛泽东思想、邓小平理论、“三个代表”重要思想、科学发展观、习近平新时代中国特色社会主义思想为指导，坚持辩证唯物主义和历史唯物主义的立场、观点和方法。

三、本年鉴创刊于2010年，每年出版一卷，是全面系统地记述山东商务经济年度运行情况的权威工具书。本卷设置特载、大事记、业务综述、业务统计、市级商务、规范性文件6个栏目，以文字、图表形式呈现。

四、本年鉴所提及的对外贸易、进出口、进口、出口等贸易术语，如无特殊说明，均指货物贸易。限额以上批发贸易、零售贸易、餐饮、住宿企业的划分标准为：批发贸易企业，年主营业务收入2000万元及以上；零售贸易企业，年主营业务收入500万元及以上；住宿企业，年主营业务收入200万元及以上；餐饮企业，年主营业务收入200万元及以上。“四上企业”指规模以上工业企业、资质等级建筑业企业、限额以上批零住餐企业、规模以上服务业企业。商品零售价格指数不包括农业生产资料价格变化。

五、各栏目中的有关数字，由于统计口径、数据来源、数据发布时间不尽相同，可能不完全一致，使用时请以业务统计栏目中的数字为准。各市排列顺序一般按照山东省行政区划统一规定排列，一些情况下按照业务开展情况排列。

六、本年鉴中的国家、国际组织名称使用规范化简称，机构、企业名称一般使用全称。

七、本年鉴中的增长数据，如无特别说明，均为同比增长数据。

八、本年鉴中的计量单位一般采用国际通行的法定计量单位。鉴于少量引用素材中仍使用“亩”等市制单位，且按法定单位换算后其记述效果会发生改变，故而这些市制单位仍予采用。

Preface

Ⅰ.Shandong Business Yearbook is edited by Department of Commerce of Shandong Province,with leaders in Department of Commerce of Shandong Province acting as director and deputy directors of editorial board,and responsible persons in competent departments and offices of Department of Commerce of Shandong Province acting as members of editorial board.

Ⅱ.Shandong Business Yearbook is guided by Marxism-Leninism, Mao Zedong thought, Deng Xiaoping theory, the important thought of three represents , scientific outlook on development and the thought of socialism with Chinese characteristics in the new era of Xi Jinping, adhere to the stand, viewpoint and method of dialectical materialism and historical materialism.

Ⅲ.The Yearbook was established in 2010,with one issue published each year.It is an authoritative reference book comprehensively and systematically recording annual operation conditions of Shandong business operation. Six columns, which were presented in word and diagram including special manuscripts,chronicle of events,business description,business statistics,municipal business and regulatory documents were set up in this issue.

Ⅳ.Standard trade terms mentioned in the Yearbook,such as foreign trade,import and export,all refer to trade in goods,unless there is special instruction.Classification standard of wholesale trade above designated size,retail trade,catering and lodging enterprise is:wholesale trade enterprises are qualified with annual main business revenue of 20 million Yuan and above;retail trade enterprises are qualified with annual main business revenue of 5 million Yuan and above; lodging enterprises are qualified with annual main business revenue of 2 million Yuan and above;catering enterprises are qualified with annual main business revenue of 2 million Yuan and above."Four-above Enterprises"refers to industrial enterprises above designated size,qualification degree construction enterprises,wholesale,retail,lodging and catering enterprises above designated size,and service enterprises above designated size.Retail price index excludes change of agricultural production material price.

Ⅴ.Relevant numbers in all columns may not be completely the same as statistical caliber, due to different data sources and delivering times.Please subject to numbers in the column of business statistics in practical use.Sort orders of the city are generally ordered by unified regulation of administrative division in Shandong Province,and ordered by business developing conditions under some circumstances.

Ⅵ.In the Yearbook,normalized shortened form is used for countries and international organizations,while full name is generally used for names of institutions and enterprises.

Ⅶ.Growth data in the Yearbook are all year-on-year growth data unless there is special instruction.

Ⅷ.Internationally recognised units of measurement are generally adopted for unit of measurement in the yearbook.Considering that "mu"and other Chinese units of measurement are still used in few quoted materials,some Chinese units of measurement remain in literature to avoid effection changes during conversion between Chinese and legal units.

省领导商务活动

2019年11月5日，中共山东省委书记刘家义（左）在上海会见瑞典爱立信公司总裁鲍毅康（右）

2019年10月18日，山东省省长龚正（右）在青岛会见美国美中贸易全国委员会会长克雷格·艾伦（左）

省领导商务活动

2019年4月16日，山东省副省长王书坚（右）在济南会见空中客车直升机公司全球副总裁沃尔夫冈·绍尔德（左）

2019年5月10日，山东省副省长任爱荣（右）在济南会见柬埔寨商业大臣潘索萨（左）

重要商务活动

2019年4月16日，中共山东省商务厅党组书记张德平（右）在济南会见英国石油公司中国业务总裁杨筱萍（左）

2019年1月22日，山东省商务厅在济南召开全省商务工作会议

重要商务活动

2019年1月28日，故宫博物院、山东省商务厅共同主办的中华老字号故宫过大年活动在北京启幕

2019年3月12—14日，山东省商务厅在日本大阪举办第21届中国山东出口商品展览会。图为展厅一角

2019年3月27日，山东省人民政府在日本举办2019山东（东京）投资合作交流会。图为合作项目签约现场

2019年3月29日，山东省人民政府在韩国首尔举办山东—韩国经贸合作交流会暨新品发布会

2019年4月16日，山东省商务厅负责人与瑞士阿尔高州政府代表团在济南举行工作会谈

2019年4月20日，山东省人民政府与美国惠普公司负责人在济南签署全面战略合作框架协议

重要商务活动

2019年5月29—31日，山东省商务厅、中共山东省委宣传部、山东省文化和旅游厅、山东省卫生健康委员会、山东省体育局、山东省广播电视局在波兰华沙举办中国山东出口商品展览会

2019年6月3—5日，山东省商务厅、中共山东省委宣传部、山东省文化和旅游厅、山东省卫生健康委员会、山东省体育局、山东省广播电视局在匈牙利布达佩斯举办2019中国（山东）品牌产品中东欧展览会

重要商务活动

2019年7月4—8日，山东省商务厅在兰州举办山东品牌中华行兰州站活动

2019年8月7日，香港特别行政区投资推广署、山东省商务厅在济南举办善用香港平台、鲁港合作共赢座谈会

重要商务活动

2019年8月30日，中共山东省委、山东省人民政府在济南举办中国（山东）自由贸易试验区揭牌仪式

2019年8月30日至9月1日，山东省商务厅、山东省财政厅、山东省文化和旅游厅、山东省市场监督管理局在济南举办第三届中华老字号（山东）博览会。图为展厅一角

重要商务活动

2019年10月19—20日，商务部、山东省人民政府举办首届跨国公司领导人青岛峰会

2019年10月31日，新加坡—山东经济贸易理事会第21次会议组委会在新加坡举办合作项目签约仪式

重要商务活动

2019年11月6—9日，山东省商务厅、拉各斯工商会在尼日利亚拉各斯举办中国山东出口商品展览会

2019年11月6日，山东省人民政府在上海国家会展中心举办打造对外开放新高地推介会

重要商务活动

2019年11月20—21日，中国商务部、日本经济产业省、韩国产业通商资源部在山东济宁举办第18届泛黄海中日韩经济技术交流会议

2019年11月28日，山东省商务厅在济南举办第五届跨境电子商务生态峰会

目 录

特 载

大 事 记

业务综述

业务统计

市级商务

规范性文件

索 引

Contents

Special Manuscripts

Chronicle of Events

Business Description

Business Statistics

Municipal Business

Regulatory Documents

Index

特载

Special Manuscripts

简要说明

一、栏目内容

本栏目刊载省领导讲话、省商务厅主要领导工作报告、全省商务工作要点等指导全省商务工作发展方向、反映全省商务工作总体要求的文件。

二、资料来源

中共山东省委办公厅、山东省人民政府办公厅、山东省商务厅

Brief Introduction

Ⅰ. Content

The column publishes speech of provincial leaders, speech of major leaders in provincial commerce department, key points of provincial commerce work and other documents directing development orientation of provincial commerce work and reflecting general requirements of provincial commerce work.

Ⅱ. Data sources

General Office of Shandong Provincial CPC Committee and Shandong Provincial Government, Commerce Department of Shandong Province

打造开放高地　勇立时代潮头

——在山东省打造对外开放新高地推介会上的主旨演讲

Keynote Speech at the Promotion Meeting of Building a New Highland for Opening up in Shandong Province

刘家义

（2019 年 11 月 6 日）

昨天上午，习近平总书记在第二届虹桥国际经济论坛开幕式上发表重要讲话，就深化全球经贸合作、扩大国际友好交流、构建人类命运共同体作出重要指示。总书记的重要讲话进一步宣示了中国扩大对外开放的坚定决心，展现了建设美好世界、造福各国人民的历史担当，为构建全球治理新格局提供了中国方案。今天举办这次推介会，就是落实总书记重要讲话精神的具体行动，也是推动合作共赢的重要举措。

打造对外开放新高地，是习近平总书记对山东工作的重要指示和明确要求。纵观改革开放 40 多年历程，从 1980 年设立 4 个经济特区到开放 14 个沿海城市，从 2001 年加入世界贸易组织到 2013 年设立上海自贸区，中国对外开放由点到线、由线到面，由扩面增量到内涵提升，由依靠资源区位到注重制度创新，进入了高水平全面开放的新阶段。新时代、新山东正按照总书记的重要指示，抢抓机遇，扬帆起航，打造对外开放新高地，增创开放发展新优势。

围绕答好打造对外开放新高地的时代命题，山东重点做好文化、平台、产业、制度、环境五篇文章，叫响对外开放的山东名片。

山东是开放文化厚植的沃土。打造对外开放新高地，文化自信是更基本、更深沉、更持久的力量。山东自古就有开放文化，传承着开放基因。两千多年前，齐国临淄是最早开放的商埠，“一乘者有食，三乘者有刍菽，五乘者有伍养”，彰显了厚商之道。汇聚诸子百家的稷下学宫，让天下贤士、海内名流心向往之。悠久厚重的齐鲁文化，铸就了山东人兼收并蓄、开放包容、重诺守信、热情好客的心性和品格。中华人民共和国成立特别是改革开放以来，山东始终走在对外开放最前沿。进入新时代，山东实施更加主动的开放战略，积极融入“一带一路”，开展高质量“双招双引”，开放的文化一脉传承，开放的优势更加彰显。上个月，山东召开国际友城合作发展大会，来自 33 个国家的 880 多位国际友人相聚山东，谱写了同心筑梦、携手共赢的篇章。首届跨国公司领导人青岛峰会，35 个国家（地区）的 115 家世界 500 强企业领导人到会，搭建起云集海内外鸿商巨贾的永久性平台。今天的齐鲁大地，处处涌动着开放的春潮，处处充满了开放的良机，山海之间扬起开放发展的风帆，奏响合作共赢的时代强音。

山东有开放合作的广阔平台。开放需要平台，有多大的舞台就唱多大的戏。山东为众多投资者、创业者搭建三大平台。山东是全国首个新旧动能转换综合试验区。我们以新技术、新产业、新业态、新模式为核心，以济南、青岛、烟台三核为引领，探索新旧动能转换模式，为全国拓路示范。在济南，建设新旧动能转换先行区。在青岛，做强西海岸新区、青岛蓝谷等战略平台。在烟台，面向东北亚打造开放合作高地。目前，山东新动能创造的增加值占生产总值的比重达到48%，新旧动能转换已经全面起势、初见成效，正朝着尽快突破、塑成优势的目标奋进。山东有中国—上合组织地方经贸合作示范区。我们以加强同上合组织国家互联互通为纽带，打造"一带一路"国际合作新平台，拓展多领域交流合作，努力在新亚欧大陆桥经济走廊建设和海上合作中发挥更大作用。现在，山东每年有400余个中欧班列贯通东西，3个吞吐量过4亿吨的港口、600多条海上航线连通全球，乘上山东号列车和巨轮，通向世界的路会越走越宽广。山东正建设中国（山东）自由贸易试验区。我们以制度创新为核心，对标国际规则，加快构建贸易投资最便利、金融服务最完善、政务服务最高效、辐射带动最突出的自贸园区。济青烟三大片区竞相崛起，各领域创新活力充分迸发。我们通过举办跨国公司领导人青岛峰会、青年企业家国际峰会、友城大会、儒商大会、香港山东周等，聚八方宾客，汇四海英豪。山东开放发展好戏连台，铺就了通向成功的金光大道。

山东孕育着开放合作的产业生态。山东产业门类齐全，制造业发达，产业协作配套优势突出。我们重点培育的新一代信息技术、高端装备、新能源新材料、现代海洋、医养健康、高端化工、现代高效农业、文化创意、精品旅游、现代金融十强现代优势产业集群，几年内都将突破万亿规模。在这里，我讲三个故事：一个是化工整合的故事。山东地炼产业产能占全国1/3，但过去布局散、规模小、层次低、效益差、污染重。我们着眼于提高化工产业发展质量，对300万吨、500万吨以下化工企业逐步关停并转，3年内将200多个化工园区压减到85个，在裕龙岛建设炼化一体化高端化工项目，打造世界级高端化工产业集群。通过整合，传统产业焕发了新的生机，也为开放合作开拓了广阔空间。第二个是医养健康的故事。上个月，日本和歌山县知事率领159人的代表团到访山东，其中医疗康养方面有50多人，表达了在医养健康领域合作的强烈愿望，他们看好的是山东这方面巨大的潜力。山东是医养健康大省，我们顺应人民群众新期待，充分挖掘、整合省内外医养健康资源，组建山东第一医科大学，引进中国康复大学，建设济南国际医学科学中心、国家健康医疗大数据北方中心，打造国际医学科学高地。一边是医院，一边是康养，医和养紧密结合在一起，医养健康产业正在山东大地迅速崛起。第三个是海洋经济的故事。山东有15.9万平方千米海域、3345千米海岸线，沿海有许多海湾和良港，蕴含着可持续发展的宝藏。这几年，我们面向海洋寻宝，整合沿海7个港口组建山东港口集团，对海岸线进行一体保护开发。我们大力发展海洋装备制造、海洋生物医药、海洋牧场、智慧海洋等产业，蓝鲸一号、蛟龙潜水器成为国之重器，海洋日益成为高质量发展的战略要地。三个故事如三颗水珠，折射的是山东产业转型升级的美好前景。今天的山东，只要你想投资发展，就不愁没有协作配套，不愁没有人才资源，不愁没有广阔市场。山东优良的产业生态、巨大的市场需求，将为每个投资者提供有力支撑，播下希望的种子就能收获一个丰硕的秋天。

山东正加快构建有利于开放的体制机制。开放的根本动力在于制度创新。我们围绕开放合作，制定出台一系列政策措施，最大程度释放制度红利。投资方面，全面落实外商投资准入前国民待遇加负面清单管理制度，完善外商投资服务体系，该放开的领域一律全面放开。贸易方面，积极培育新业态新模式，探索跨境电子商务进出口、数字贸易，最大程度给予通关便利。科技方面，每年拿100多亿元财政资金用于省级大科学计划、大科学平台等建设，共建海外创新孵化中心，加强知识产权保护，让创新彰显应有价值，让创新者得到丰厚回报。人才方面，制定人才新政20条，对顶尖人才团队给予最高6000万元投资支持，对各类优秀人才在项目资助、住房安居、教育医疗等方面给予大力支持。金融方面，探索在自贸区依法依规设立外商投资金融机构，积极推动金融创新，让跨境投融资更顺畅、更便利。山东已经成为制度创新的高地、政策叠加的福地、创业发展的宝地，为每个企业苗壮成长提供着充沛的阳光雨露。

山东正打造开放发展的良好环境。优良的环境是吸纳聚集各类优质资源要素的虹吸器。我们积极与国际规则对接，打造国际化法治化营商环境。持续深化“放管服”改革，积极推进“3545”专项改革，推动一窗受理、一次办好改革再加速、再提效。在山东，新办企业3个工作日内就能拿到营业执照，5个工作日内就能完成不动产登记，45个工作日内就能得到施工许可，不见面审批最快47分钟就能完成企业开办。我们大力优化法治环境，一切行为按规则进行，一切事项依法治办理，对各类市场主体一视同仁，对破坏规则法治者坚决严惩。现在，山东每分钟新增市场主体3.2个，越来越多的优秀人才来鲁创业，越来越多的外商投资发展，共享山东经济崛起的盛筵，共创合作共赢的美好未来。

浩渺行无极，扬帆但信风。乘着这次进博会的东风，认真落实总书记重要指示精神，我们愿与来自全球各地的创新创业者一起，坚定不移扩大开放，携手共赢续写新篇。我们期盼在投资上深化合作，聚焦十强产业以及重大基础设施、民生事业等领域，持续推进更多合作项目。在经贸上深化合作，放宽市场准入，深挖合作潜力，特别是加大进口力度，让更多高质量产品惠及人民生活。在科技上深化合作，共建高端创新平台，共促重大技术攻关，推动更多科技成果转化为现实生产力。在金融上深化合作，鼓励国内外金融机构在山东设立分支机构，促进多层次资本市场健康发展。真诚期盼海内外有志者到山东追梦圆梦，共享山东机遇，成就人生理想！

中国有句名言：“志合者，不以山海为远。”万水千山隔不断，五洲四海一家人。我们诚邀海内外各界精英走进山东、投资山东、创业山东，共享机遇、共商合作、共谋发展，打造开放高地，勇立时代潮头，携手共创更加美好的未来！

在新加坡—山东经贸理事会第21次全体会议上的致辞

Speech at the 21st Plenary Meeting of Singapore-Shandong Economic and Trade Council

任爱荣

（2019年10月31日）

1993年11月，在中新两国领导人的关怀下，鲁新经贸理事会正式成立，这是中国地方政府与新加坡建立的第一个经贸合作机制。26年来，在双方共同努力下，山东与新加坡贸易规模不断扩大，去年鲁新贸易额23.8亿美元，是理事会1993年成立时的11倍。投资合作取得积极成效，新加坡成为山东第五大外资来源地，先后有23家山东企业在新加坡上市。一批重大投资项目落地，日照亚太森博浆纸项目、日照港裕廊股份有限公司、青岛凯德MALL·新都心商城项目、烟台丰树物流仓储项目等运营势头良好。人员交流日益密切，理事会框架下双方共执行培训项目90期，培训了2342个公务员。合作领域不断拓展，双方在金融、城市管理、教育、文化、体育、口岸等领域的合作日益密切。去年10月第20次全体会议召开以来，在徐部长的关心下，在双方理事单位的共同努力下，议定合作项目有序推进，科研合作更加务实，人文交流日益密切，企业间往来更加频繁，鲁新全方位交流合作不断迈向更高水平。

新加坡是全球重要的金融中心、航运中心、炼化中心。中国经济长期向好，开放的大门不会关闭，只会越开越大，将继续推进高水平开放。近年来，山东加快推进新旧动能转换，实施乡村振兴战略，大力发展海洋经济，着力扩大对外开放，促进区域协调发展，全省经济发展动力和活力不断增强。今年8月，国家批准设立中国（山东）自由贸易试验区，我们将努力建成贸易投资便利、金融服务完善、监管安全高效、辐射带动作用突出的高标准、高质量自由贸易园区。9月，山东获批建设中国—上海合作组织地方经贸合作示范区，我们将拓展国际物流、现代贸易、双向投资、商旅文化交流等领域的对外合作，把青岛打造成“一带一路”国际合作新平台。这些重大平台和国家战略，为山东打造对外开放新高地提供了有力支撑，也为鲁新双方合作提供了新机遇、新空间。

今年是中华人民共和国成立70周年，是新加坡开埠200年，站在新的历史起点上，山东愿与新加坡秉承良好合作传统，共同把握机遇，拓展合作领域，创新合作模式，丰富合作内容。双方联合主席已商定，将制度创新、互联互通、可持续发展作为下一步理事会框架下的合作重点，共同推动鲁新合作再上新的台阶。

一是开展自由贸易试验区创新合作。中国（山东）自由贸易试验区实施范围 119.98 平方千米，涵盖济南、青岛、烟台三个片区，承担着 7 个方面的 112 项改革创新任务。新加坡是世界知名的自由贸易港，在装备制造、现代物流、国际航运等领域有独特优势和成功经验。我们愿将中国（山东）自由贸易试验区作为鲁新创新合作的新载体，在食品、农产品检验检疫互认和追溯标准国际互认、国际标准制定、专利纠纷担保、投资自由化便利化等方面开展深度合作。

二是促进双方互联互通。新加坡是世界上最繁忙的港口和亚洲主要转口枢纽之一，山东是中国唯一拥有 3 个超 4 亿吨海港的省份，去年 10 月 31 日首发的齐鲁号欧亚班列至今已累计开行 900 余列，鲁新在互联互通领域合作潜力巨大。希望以日照港裕廊股份有限公司在香港上市为契机，加强山东港口集团有限公司与新加坡港的商务合作，推动鲁新互联互通项目和陆海新通道建设。希望济南海关、青岛海关与新加坡口岸海关开展关际交流，大力发展跨境电子商务合作，互设海外仓，探索双方贸易与物流合作新渠道。借助青岛银行两国货币互换项下首笔新元贷款的成功实践，积极推广该项业务，拓宽企业融资渠道，帮助山东企业依托新加坡国际金融中心和东盟枢纽的优势地位参与国际合作。

三是深化新旧动能转换领域合作。2018 年年初，国家批复山东建设全国首个新旧动能转换综合试验区，我们坚定淘汰落后动能，改造提升传统动能，新动能增加值占生产总值比重已由 2016 年的 39% 提高到 2018 年的 48%。新加坡在许多领域世界领先。比如，在人工智能领域，新加坡有南洋理工大学等一批国际领先的高校及科研机构，人工智能研发走在世界前列；在高端化工领域，裕廊石化岛、裕廊工业园等项目为我们提供了良好的学习标杆。我们欢迎更多新加坡企业深度参与山东新旧动能转换，希望双方继续保持良好合作势头，积极对接需求，不断深化在新一代信息技术、新能源新材料、高端化工、水海产品加工等重点领域的合作。

四是携手开拓第三方市场。目前，山东已在 9 个国家建设了 13 个境外经贸合作区。东盟是山东对“一带一路”投资最为集中的区域，占对“一带一路”沿线国家投资的 85.4%。希望鲁新双方发挥各自比较优势，优化海外市场资源配置，在第三方市场政策、法律、项目、风险等领域共享信息，携手开拓第三方市场，积极参与“一带一路”建设，实现双赢、多赢、共赢。

五是加强双方理事单位交流。加强鲁新各理事单位之间的交流，是促进双方经贸合作的重要途径。双方理事单位有较大合作空间，希望探索建立部门间对口交流机制，开展多部门多层面交流，相互组团参加国际性交流活动，不断深化科技创新、城市建设、教育培训、医疗养老、金融保险、文化旅游等领域的合作。

攻坚克难　实干担当
全力推动商务高质量发展走在前列

——在全省商务工作会议上的报告

Report on the Provincial Business Work Conference

张德平

（2020 年 1 月 9 日）

这次全省商务工作会议的主要任务是：认真落实全省经济工作会议和全国商务工作会议部署，总结交流 2019 年工作，分析所面临的形势，研究安排 2020 年工作。

一、2019 年商务工作取得新突破

过去的一年，面对国内外风险挑战明显上升的复杂局面，全省商务系统贯彻落实省委、省政府工作部署，坚持新发展理念，坚持稳中求进工作总基调，锐意进取、迎难而上，担当作为、狠抓落实，全省商务运行总体平稳，主要指标稳中向好，保持了高质量发展的良好势头。

2019年前11个月，社会消费品零售总额3.2万亿元，同比增长 6.4%，前三季度消费对经济增长的贡献率达到 60.6%，保持经济增长第一拉动力。实现货物进出口 18416.1 亿元，增长 5.4%，高于全国平均水平 3 个百分点。实现服务进出口 2321.8 亿元，增长 10.4%，高于全国平均水平 8.3 个百分点。实际使用外资 112.2 亿美元，增长 9.7%，高于全国平均水平 7.1 个百分点。实际对外投资 381.8 亿元。对外承包工程完成营业额 712.6 亿元，居各省区市第二位。

一年来，我们聚焦打造对外开放新高地，千方百计稳外贸，多措并举稳外资，精准施策促消费，商务工作实现新发展、新提升、新突破，为全省经济社会发展作出了积极贡献。

（一）打造对外开放新高地取得新突破。积极争取自贸试验区、上合示范区获批。自贸试验区建设进展顺利，新注册企业 6000 多家。上合示范区四大中心建设开局起步。贯彻落实省委推动开发区高质量发展的意见，首批 54 个开发区体制机制改革创新试点基本完成，形成了一批可复制、可推广的经验做法。海关特殊监管区域着力解决巡诊查摆出的问题，进口增长 11.2%。

（二）重大开放平台建设取得新突破。成功举办首届跨国公司领导人青岛峰会，习近平总书记向峰会致贺信，韩正副总理宣读贺信并致辞，115 家世界 500 强企业和 284 家行业领军企业、国际组织代表 5000 多人参会。与会代表一致认为，峰会是中国推动更高水平对外开放的宣示，突出了中国维护多边贸易体制的鲜明立场，全面提升了与跨国公司的互利合作

关系，也向世界展示了中国对外开放新形象。积极参加第二届进博会，专业观众和成交额双超首届。

（三）对外贸易稳旧拓新取得新突破。坚持全力保原市场、开新市场，对20个重点潜力市场出口5371.5亿元，占出口总额的53.6%，增长9.3%。国家级外贸转型升级基地达到37个，居各省区市第二位。认定第二批省级外贸转型升级试点县12个。市场采购贸易出口增长225.5%。济南、烟台获批国家跨境电子商务综合试验区。山东中医药大学入选首批国家中医药服务出口基地。消费品进口增长23.9%。

（四）有效应对中美经贸摩擦取得新突破。牵头组建工作专班，制定应对预案，出台稳外贸25条措施，分8个组赴各市点对点地向企业宣讲政策、解疑释惑，破解难题近300个，有力提振了企业信心。打好六大组合拳，指导企业积极应对，省内5591家企业获得美国关税豁免，8059家企业对美出口逆势增长，歌尔、豪迈、英派斯等一批品牌企业保持较快增长。建立1700个企业动态监测平台，密切跟踪企业产业链调整、产能外迁等情况，对有外迁意向的重点企业开展一对一服务。

（五）更大力度"双招双引"取得新突破。坚持把"双招双引"作为牵动工作全局的关键点，出台稳外资21项措施，一批产业带动力强的优质外资项目落地，62个重点外资大项目到位资金26.2亿美元，世界500强企业投资项目62个。建立健全38个省直部门（单位）与基层"双招双引"挂钩联动机制，创新举办14期对外经贸合作路演，充实9个驻外经贸代表处专业招商力量，构建起精准有效的招引推介网络。全面落实准入前国民待遇加负面清单管理制度，健全外商投资服务体系，打造公开、透明、可预期的外商投资环境。

（六）促进城乡居民消费取得新突破。建立省级完善促进消费体制机制联席会议制度。改造提升12条省级步行街。举办中华老字号进故宫，山东品牌中华行、高铁行等活动。开展城乡高效配送行动。11家企业入围全国零售百强。创新拓展农商互联五联五通，成功举办全国农商互联暨精准扶贫产销对接大会。推进电子商务进农村综合示范，形成"县域共同配送+终端服务网点"的平邑模式。实施电子商务直播村播计划。全省电子商务网络零售额增长20.3%，其中农产品网络零售额增长35.5%。

（七）深化与日韩和"一带一路"经贸合作取得新突破。省委、省政府主要领导分别带队出访日韩，高层推动签署一揽子平台、机制、项目合作协议。举办第18届泛黄海中日韩经济技术交流会。深度融入"一带一路"，与沿线国家进出口额占进出口总额的29.2%，增长15.4%，实际对外投资占27.5%，增长9.6%。新认定2个省级境外经贸合作区。举办第七届山东—央企经贸合作对接会。与西亚、非洲国家经贸合作取得新进展。在全国商务工作会议上，山东省商务厅围绕推进区域经贸合作高质量发展作了典型发言。

一年来，我们扎实开展"不忘初心、牢记使命"主题教育，党风廉政建设取得新成效，党对商务工作的全面领导不断加强。按照省委担当作为、狠抓落实工作动员大会和七赛七比工作部署，对标先进找差距、抓落实。全省商务系统精神面貌焕然一新，干事创业氛围更加浓厚，凝聚力战斗力明显增强。

过去的一年，我们解决了不少难事。扛住了中美经贸摩擦的冲击，主要指标增速跑赢全国、超越对标省份。开发区体制机制改革取得重大突破，发展活力不断迸发。我们办成了一些大事。自贸试验区、上合示范区成功获批，山东再次站到了新一轮高水平对外开放的最前沿。首届跨国公司领导人青岛峰会圆满成功，搭建了中国同跨国公司合作的新平台。我们推动了一批实事。坚持商务为民，把菜市场、便利店、预付卡监管、扶贫协作等关系民生的好事办好。抓好《问政山东》曝光问题集中整改，倒逼工作提升。促消费、稳外贸、稳外资政策红利不断释放，企业获得感持续增强。实践证明，全省商务干部队伍是一支敢打硬仗、能打胜仗的队伍。我们的工作也得到了省委、省政府的高度认可。省政府对自贸试验区申建工作通报表扬，省委、省政府拟对跨国公司领导人青岛峰会工作专班予以表彰。

成绩来之不易，值得倍加珍惜。这是省委、省政府坚强领导的结果，是各市党委、政府和省直部门及中央驻鲁单位大力支持的结果，更是全省商务战线广大干部职工团结奋进、真抓实干的结果。在此，我代表厅党组向大家表示衷心的感谢！

二、深刻认识全省商务发展面临的机遇和挑战

当今世界正经历百年未有之大变局，商务发展面临的形势更加复杂严峻。从全球看，世界经济增长放缓，保护主义、单边主义蔓延，地缘政治风险加剧，全球产业链稳定和供应链安全受到威胁，全球贸易和投资持续低迷，国际经贸规则体系面临诸多挑战。今年，世界经济可能呈现低增长、低通胀、低利率、高债务、高风险的三低两高特征。中美经贸摩擦仍是最大不确定因素。从国内看，中国正处在转变发展方式、优化经济结构、转化增长动力的攻关期，结构性、体制性、周期性问题相互交织，经济下行压力加大。长三角一体化、粤港澳大湾区等国家战略对区域协调发展和产业布局产生重大影响，南北差距拉大，南强北弱态势明显。从省内看，山东经济发展仍处在深度调整期、瓶颈突破期、动能转换胶着期，短期因素和长期矛盾交织、稳增长和调结构压力并存，创新驱动发展动力不足，供给体系的质量和效率不高，区域发展不平衡问题突出，经济社会发展仍面临不少困难与问题。

在面临国内外复杂环境的同时，商务改革发展自身还存在诸多亟待解决的痛点、难点、堵点问题，突出表现在观念、结构、业态、平台、区域、人才六个方面。

（一）思想观念上惯性思维、路径依赖问题依然存在。重牌子、轻建设现象突出。争试点、“戴帽子”一拥而上，抓落实、出成绩松松垮垮。向前看创新思维不足。遇到新矛盾、新问题习惯向后看，老办法不好用、新办法不会用。政策研究及应用不够。政策出台得多，真正好用实用的不多。好用的政策有，落地还不够。

（二）商务运行主要指标结构性矛盾未有改观。外贸方面，从市场结构看，中高端市场出口占比低。从出口商品结构看，高附加值产品占比低。从进口商品结构看，大宗资源型商品进口占比过高。从企业主体看，外资企业贡献度较低。外资方面，制造业吸收外资大幅下降，高技术产业吸收外资占比低，大项目带动作用不强。

（三）新业态新模式体量小、贡献低。跨境电子商务、市场采购贸易、外贸综合服务企业进出口额占进出口总额的2.8%，新业态对全省外贸增长贡献低。新兴服务贸易规模低于对标省份。新放开市场准入领域的外资企业首家或首个数量少。首店经济、步行街、夜间经济等新的消费业态发展缓慢。

（四）“四区”平台效应发挥不够。制度创新方面，自贸试验区多以效率提升和流程优化

为主，缺乏投资负面清单、国际贸易单一窗口、自由贸易账户等集成性创新。上合示范区四大中心建设进展缓慢。海关特殊监管区域部分复制推广政策落地慢。外贸、外资发展方面，“四区”对全省的贡献度低，与对标省份相比规模差距较大。

（五）区域协调发展问题突出。从外部看，毗邻日韩是山东最大的区位优势，与日韩地方经贸合作应在全省开放型经济发展中发挥更大带动作用，但去年对日韩进出口和实际使用外资增幅均低于全省平均水平。从内部看，各市发展不平衡，外贸、外资主要集中在少数城市。全省只有青岛、烟台、潍坊三市出口过千亿元，占全省的56.2%。青岛、济南、烟台、威海四市实际使用外资过10亿美元，占全省的79.7%。

（六）商务高质量发展人才短缺问题凸显。当前，全省商务人才队伍远不能满足高质量发展的需要，正成为影响和制约商务事业发展的瓶颈。高层次、专业性人才缺口较大，熟悉国际经贸规则、具有实践经验的综合性商务人才缺乏，从事新业态、新模式的人才较少，商务中介服务高级人才不足。

在看到差距和挑战的同时，也要看到商务发展面临的重要机遇和有利条件。中国经济稳中向好、长期向好的基本趋势没有改变。山东经济结构优化的形和此消彼长的势越来越明显，商务发展的基础不断夯实、韧性不断增强。这些都是做好今年商务工作的底气。要变挑战为机遇，化压力为动力，视差距为潜力，坚定信心，积极作为，推动商务运行实现量的合理增长和质的稳步提升。

三、抓重点、补短板、强弱项，扎实做好2020年商务工作

今年是全面建成小康社会、实现“十三五”规划目标和山东新旧动能转换初见成效的决战决胜之年，高标准、高质量做好商务工作意义重大、使命光荣。

商务工作总体要求：以习近平新时代中国特色社会主义思想为指导，全面贯彻党的十九大和十九届二中、三中、四中全会精神，增强“四个意识”，坚定“四个自信”，做到“两个维护”，紧扣全面建成小康社会目标任务，坚持稳中求进工作总基调，坚持新发展理念，坚持深化供给侧结构性改革，落实省委重点工作攻坚年部署，聚焦打造对外开放新高地，稳外贸、稳外资、促消费，推动商务高质量发展，为全面建成小康社会、建设新时代现代化强省作出新的贡献。

主要预期目标：社会消费品零售总额平稳增长；对外贸易稳中提质，利用外资稳定增长，力争外贸、外资两项指标增幅高于全国平均水平，高于对标省份；对外投资平稳发展。

重点任务、重点领域有新突破：自贸试验区，每个片区形成不少于两条在全国复制推广的改革试点经验。上合示范区，四个中心建设取得明显阶段性成果。开发区、海关特殊监管区，在全国排名位次明显前移，外贸、外资主要指标保持较快增长。步行街和首店经济，每个市至少打造1条省级步行街、2条市级步行街，全省首店突破300家。外贸新业态，跨境电子商务零售进出口实现倍增，外贸综合服务企业出口增幅高于全省平均水平，市场采购贸易出口突破350亿元。

（一）聚焦稳外贸，加快培育国际竞争新优势，推动贸易高质量发展。贯彻推进贸易高质量发展指导意见，出台具体落实措施。稳步推进市场多元化。创新“境外百展+”计划，一国一策加大对20国重点市场开拓力度，支持各市瞄准6～7个重点市场深耕细作。抢抓

区域全面经济伙伴关系建成机遇，研究与日韩贸易创新的突破口，深挖十四国市场贸易潜力，巩固提升传统市场。加快优化出口商品结构，大力发展高质量、高技术、高附加值和自主品牌产品出口。支持各地创建国家级外贸转型升级基地，培育认定第三批外贸转型升级试点县（市、区）。推动青岛、济宁扩大二手车出口规模。积极主动扩大进口，扩大十强产业关键零部件、核心装备进口，增加紧缺和特色日用消费品进口，支持东营、淄博等市扩大原油进口，拓展重要原材料进口来源。重点支持创建国家进口贸易促进创新示范区。创新发展服务贸易，推动国家深化服务贸易创新发展试点、重点文化出口基地、中医药服务出口基地和中国服务外包示范城市建设，大力发展数字服务、技术贸易。培育文化贸易品牌，推动服务外包转型升级。

（二）聚焦稳外资，牢牢把握项目导向，推动利用外资稳中有进。全面贯彻《中华人民共和国外商投资法》及其实施条例，落实国务院进一步做好利用外资工作的意见，出台具体政策措施。抓好“三个一批”。加强重大经贸活动前期论证和后期评估，洽谈推进一批高质量项目。发挥“双招双引”考核的指挥棒作用，强化项目跟踪调度，早日落地见效一批好项目。聚焦八大发展战略，谋划储备一批带动力强的新项目。加强引资服务。绘制全省产业招商地图，构建产业链招商体系。完善选择山东云平台，发挥驻外经贸代表处的作用，形成省市“双招双引”合力。优化投资环境。实施外商投资企业信息报告制度，加强事中事后监管。完善省级外商投诉工作协调机制，保护外商投资企业合法权益。

（三）聚焦促消费，挖掘居民消费潜力，推动消费平稳增长。加快商贸流通体制改革，增强消费对经济发展的基础性作用。扩大提升城市消费。大力发展首店经济。活跃夜间商业和市场，繁荣发展夜间经济。推进步行街改造提升。落实二手车流通、机动车报废政策，积极促进汽车消费。支持开展保税展示交易业务，积极发展进境口岸免税店，吸引境外消费回流。建设和改造一批社区生活服务中心。支持济南、青岛建设国际消费中心城市。有效启动农村市场，推进农村商业体系创新，改造提升乡镇商业网点，把乡镇打造成连接城乡消费的重要节点。深入实施农商互联，打造特色农产品产销一体化供应链条，促进产销对接。支持潍坊、临沂、聊城等市扩大对粤港澳蔬菜供应。积极培育服务消费。实施商贸服务业345品牌培育工程，重点培育30家骨干餐饮品牌企业、40个品牌展会项目及会展企业、50家品牌家政企业。加快家政信用体系建设，促进家政业提质扩容。巩固扩大山东品牌中华行活动。创新发展老字号，办好第四届老字号博览会。推动枣庄等市重要农产品追溯体系建设。加强成品油流通监督管理。强化市场监测，提升应急保供能力。

（四）聚焦拓空间，加强贸易投资往来，推动融入共建“一带一路”。加强与沿线国家和地区的交流合作，扩大双向贸易投资规模。坚持以“走出去”带动引进来。引导企业开展跨国并购，加快培育一批源自山东的跨国公司，提高企业全球范围内资源配置能力，带动境外企业回归发展。大力发展对外承包工程。聚焦设施联通和产能合作，在“一带一路”沿线国家建设一批大项目，带动山东产品、技术、服务出口。举办央企鲁企经贸合作对接会。强化平台建设和风险防范。健全促进对外投资政策和服务体系。深化商务、银行、信保与企业之间的“3+1”合作机制，对接丝路基金、中非基金等政策性资金，拓展企业融资渠道。完善“走出去”公共服务平台和风险保障平台，及时提供政策、法律、风险预警服务。

（五）聚焦攻坚年，担当作为狠抓落实，高质量完成“10+2”重点任务。今年是省委确定的重点工作攻坚年，坚持问题导向、目标导向、结果导向，聚焦短板、精准施策、靶向发力，进一步夯实稳的基础，增强进的动能，争取更大突破、见到更大成效。“10”包括：

一是加快推进自贸试验区建设。坚持首创式改革、差异性探索、集成式借鉴，推进112项试点任务落实落细，对保税油品、融资租赁、保税维修等重点任务进行专项攻关。健全体制机制，理顺片区管委会与跨行政区、片区各功能区的关系。做好制度创新研究储备、业务培训、案例跟踪问效和成果评估等工作。推动制定《中国（山东）自由贸易试验区条例》，为先行先试政策提供法律保障。

二是扎实推进上合示范区建设。出台《山东省支持中国—上海合作组织地方经贸合作示范区建设的若干措施》。建立与上合组织国家常态化互访交流机制，加强旅游、文化合作，扩大农产品和资源能源型产品进口。加大对上合组织国家的援外培训力度。推动上合组织国家在山东设立经贸代表处。完善指标体系，加强对上合示范区建设的督导考核。

三是全面推开开发区体制机制改革。总结提炼典型案例，复制推广成熟经验，将改革试点中有效的经验做法上升为制度性安排。做好开发区优化整合、国际合作园区认定等重点工作。建立健全开发区综合评价办法和海关特殊监管区域发展绩效评价办法，实施动态管理，对排名末位的进行约谈、亮牌。

四是办好第二届跨国公司领导人青岛峰会。落实习近平总书记关于峰会的目标定位，立足山东、服务全国、面向世界，以打造国家主场外交新平台为努力方向，着力把峰会建设成为国际化、机制化、品牌化永久性论坛。

五是加快推进步行街改造提升。建立省、市、区、街四级联动工作机制。研究出台步行街改造提升的意见，制定评价标准，推动淄博、泰安、日照、德州等首批省级试点建设，开展第二批省级试点。支持各市建设市级步行街，各县（市、区）建设特色街区。学习借鉴省外发展知名步行街的做法，加强省内步行街交流，及时总结推广经验。

六是创新发展电子商务。实施优质鲁货与电子商务平台对接工程，培育线上线下互动消费市场。加快推进村播产业带、示范县和直播基地建设。深入实施电子商务进农村综合示范，健全县乡村三级物流配送体系，促进农产品进城和工业品下乡。推动菏泽、滨州等市农村电子商务提质增效。今年全省电子商务网络零售额增幅要高于全国平均水平、高于对标省份。

七是大力发展新业态新模式。加快推进国家跨境电子商务综合试验区建设，推动青岛、威海参与全国综合试验区B2B平台建设，推动济南、烟台复制推广前三批综合试验区的经验做法。支持有条件的综合保税区开展跨境电子商务1210保税进口业务。举办第六届全省跨境电子商务生态峰会。推动外贸综合服务企业信息共享和联合监管。支持临沂工程物资市场扩大市场采购贸易规模，积极争取新一批采购贸易试点。

八是着力提升境外经贸合作区发展水平。出台境外经贸合作区高质量发展的意见。统筹做好合作区国别布局。引导合作区有序承接国内产能转移，把关键技术、关键环节留在国内。发挥境外经贸合作区的平台载体作用，与日韩等国企业合作，共同开拓第三方市场。支持企业在合作区建设跨境电子商务海外仓。

九是深化与日韩区域经贸合作。落实好省委、省政府主要领导去年出访日韩所确定的任务，办好与韩国产业通商资源部省部联席会议和山东省—韩国经贸合作交流会，举行山东省—釜山市第一次交流会，推动与希杰公司、SK 集团公司、住友商事株式会社等世界 500 强企业的合作。在自贸试验区设立与日韩合作的专属区，建设 3 个中日产业园区，打造高端产业合作平台。支持威海与仁川之间的服务贸易合作。今年要形成 1 ~ 2 条可在全国复制推广的经验做法。

十是办好重大经贸活动。积极参加第三届进博会。高水准筹备组织第二届儒商大会。创新组织粤港澳山东周。提升美国商务周、欧洲商务周、日韩山东周质量水平。

“2”指的是应对中美经贸摩擦和加强开放人才队伍建设。

应对中美经贸摩擦。关键是办好自己的事，推动更高水平对外开放，以开放促改革促发展促创新。学习借鉴先进省市“订单 + 清单”的经验做法，强化贸易摩擦法律服务和业务培训，推动稳外贸政策落地见效，促进企业转型升级、增强国际竞争力。

加强开放人才队伍建设。从今年起，用 3 年时间实施全省开放人才专业化能力提升工程，分层次开展全省开放人才培训，努力培养高素质、专业化对外开放干部人才队伍，为全省对外开放工作提供智力支撑。

加强党对商务工作的全面领导。商务机关首先是政治机关，要坚持把党的政治建设摆在首位，不断增强贯彻落实中央决策部署以及省委、省政府重点工作的自觉性和坚定性，在思想上政治上行动上同以习近平同志为核心的党中央保持高度一致。坚持把抓好党建作为最大的政绩，推动党建和业务相互促进、深度融合，把党领导经济工作的制度优势转化为治理效能。加强商务系统党风廉政建设，坚决做到正风肃纪。巩固深化“不忘初心、牢记使命”主题教育成果，落实一线工作法，服务好企业和群众。全力抓好商务领域扶贫协作工作。坚持过紧日子，加强资金管理，严格绩效考核和第三方评估，提高使用效益。

做好今年商务工作任务艰巨，我们要以习近平新时代中国特色社会主义思想为指导，增强“四个意识”，坚定“四个自信”，做到“两个维护”，敢于啃硬骨头，敢于蹚地雷阵，担当作为、攻坚克难，全力推动全省商务高质量发展，为全面建成小康社会、建设新时代现代化强省作出新的贡献。

2019 年山东省商务工作要点

Provincial Commerce Work Keypoints in 2019

山东省商务厅

（2019 年 1 月 29 日）

2019 年是中华人民共和国成立 70 周年，是全面建成小康社会关键之年。全省商务工作总的要求是：以习近平新时代中国特色社会主义思想为指导，深入贯彻习近平总书记视察山东重要讲话、重要指示批示精神，认真落实省委、省政府和商务部的决策部署，坚持稳中求进工作总基调，坚持以供给侧结构性改革为主线，坚持以新旧动能转换重大工程为重点，坚持以打造对外开放新高地为引领，深入开展工作落实年活动，大力推进十大专项工程，着力稳外贸稳外资扩消费，形成大开放、大市场、大商务的发展格局，推动全省商务实现高质量发展，以优异成绩庆祝中华人民共和国成立 70 周年。主要预期目标：社会消费品零售总额保持稳定增长，外贸进出口稳中提质，利用外资稳中有进，对外投资务实有序。

一、全面加强党建引领工程

（一）把党的政治建设摆在首位。坚持用习近平新时代中国特色社会主义思想武装头脑、指导实践、推动工作，牢固树立“四个意识”，坚定“四个自信”，做到“两个维护”，在思想上政治上行动上同以习近平同志为核心的党中央保持高度一致。进一步落实意识形态工作责任制。尊崇党章，严肃党内政治生活，落实民主集中制，全面加强党对商务工作的领导。

（二）落实全面从严治党主体责任。厅党组切实履行好管党治党政治责任，以过硬措施深入推进党风廉政建设和反腐败斗争。持之以恒抓好中央八项规定实施细则落实，驰而不息强化作风建设，坚决破除形式主义、官僚主义，营造风清气正的商务发展环境。支持驻厅纪检组开展工作，强化监督执纪问责，加强警示教育。修订完善厅廉政风险防控手册，对厅直属单位巡察实现全覆盖。严肃财经纪律，强化预算监管，开展政策项目全面绩效管理，推进业务项目绩效目标管理。

（三）深入推进党支部标准化建设。把抓好党建作为最大政绩，实施党支部标准化建设三年行动计划，开展标准支部、先进支部、过硬支部梯级争创活动，年内标准以上支部超过 90%。进一步丰富完善党支部组织生活，创新组织生活方式，推行党员“政治生日五个一”制度，开展党课我来讲活动。依托党建微信公众号、网上党支部创新党建载体。加强商务系统离退休干部和非公有制企业党建工作。

（四）打造高素质商务干部队伍。坚持党管干部原则，落实激励干部担当作为干事创业的意见，树立鲜明的结果导向、素质导向、制度导向、用人导向，建设忠诚干净担当的高素质、专业化干部队伍。建立正向激励和容错纠错机制，鼓励干部担当作为、干事创业。强化能力培训和实践锻炼，提升干部综合素质。建立驻外代表综合业绩年度考评制度，全面提升驻外人员的政策宣讲、项目推介、客户推荐、招商引资、贸易促进能力和工作业绩。

（五）抓铁有痕推进工作落实。贯彻省委、省政府全面深化改革、扩大高水平开放的要求，加快制度创新步伐，构建一批高层次的商务发展平台，推出一批引领全国的改革举措。落实商务部支持山东新旧动能转换的政策措施，继续争取一批有较强影响力的试点、示范项目。总结提升“六个一”建设水平，丰富拓展工作手段和路径。加强商务领域法治建设，深化“放管服”改革，巩固提高一次办好改革成效。持续开展营商环境综合评价。按照事业项目化、项目责任化、责任数字化要求，健全督导、协调机制，确保各项工作有部署、有督查、有落实。

二、重大开放平台创建工程

（一）全力做好山东自贸试验区申建创建工作。研究提出山东自贸试验区的战略定位、四至范围、试点任务，争取更大改革自主权。出台自贸试验区建设实施方案、管理办法。扎实推进自贸试验区改革试点经验的复制推广工作，研究提出进一步扩大开放和差别化创新政策措施，力争在海洋经济、新旧动能接续转换、园区创新发展、中日韩深度合作、现代金融、大通道建设等领域探索形成富有山东特色的制度创新成果。

（二）聚力办好跨国公司领导人青岛峰会。创新峰会组织模式，积极争取商务部支持和各省市参与，高水平办好首届跨国公司领导人青岛峰会。筹备成立峰会常设机构，建立与世界500强及行业领军企业领导人的沟通机制和合作项目对接机制。高标准策划征集跨国公司领导人青岛宣言、跨国公司领导人青岛峰会年度倡议等，打造跨国公司领导人与国内外政界、学界人士高层次对话合作的永久性平台和富有国际影响力的高端商务品牌。

（三）务实推动中日韩地方经济合作示范区建设。落实省政府《中韩（烟台）产业园建设实施方案》，扎实推进《深化威海中韩自贸区地方经济合作示范区建设三年行动计划（2018—2020年）》，打造山东与日韩产业对接的平台，加强与日韩在人文、旅游、医疗、金融及高端制造、节能环保、技术研发等领域的交流合作。支持青岛申建中日韩地方经济合作示范城市。办好第18届泛黄海中日韩经济技术交流会议。

（四）推进东西互联互通国际大通道建设。围绕构建东联日韩、西接欧亚、面向“一带一路”的东西互联互通国际大通道，进一步完善通道建设思路、方案，争取将其列入国家“一带一路”重点建设项目。利用日韩高端平台宣传推介山东大通道建设方案，鼓励日韩及沿线国家跨国公司参与大通道项目建设，吸引日韩、欧美及中亚等国家制造业、物流业实体向山东转移。

（五）高水平建设上合组织地方经贸合作示范区。推动出台《中国—上合组织地方经贸合作示范区发展规划》，启动建设境内先导区、合作建设境外经贸合作区，在经贸、投资、产能、能源、资源及设施联通等领域与上合组织有关国家加强地方合作。努力争取国家层面更多政策支持，争取引入上合组织融资机构、设立中国—亚欧经济合作基金总部。举办首届上合组织地方经贸合作论坛和投资贸易博览会。

三、外贸稳中提质工程

（一）千方百计稳定外贸增长。健全外贸运行监测体系，做好贸易摩擦预警工作。运用以补抵减、以增补缺、以彼制彼、以质取胜、以外拓外、以内补外六大组合拳，综合施策，定向发力，分类指导重点地区、重点行业、重点企业、重点产品有针对性地开展中美经贸摩擦应对工作。强化省贸易便利化联席会议的作用，建立银信保、银关保、银税保会商工作机制，形成合力，全面提升贸易便利化水平。

（二）着力开拓多元化国际市场。深入实施“境外百展 +”计划，加快发展一批境外自主品牌展会，深耕欧美日韩等国家细分市场，力拓东欧、中亚、东南亚等新兴市场。鼓励企业在欧美、东盟加快布局集商品展示、仓储物流、售后服务于一体的境外营销网络和公共海外仓，在“一带一路”沿线节点城市规划建设一批山东品牌产品展示中心，扩大自主品牌、自主产权、自主营销等产品出口，增强出口内生动力。

（三）推动外贸转型升级。培育发展一批国家级外贸转型升级基地，加快形成布局结构优化、规模体量大、延伸配套性好、支撑带动力强的出口产业集群。按照“特色产业集群 + 国际自主品牌 + 跨境电子商务 + 综合服务企业 + 境外营销网络”的模式，统筹推进外贸转型升级试点县建设。加强外贸经营主体建设，争取更多企业进入全国外贸进出口 500 强行列。做强一般贸易，提升加工贸易，全面推动外贸优进优出。

（四）发展外贸新业态新模式。发挥青岛、威海国家级跨境电子商务综合试验区的引领作用，放大综保区政策效应，扩大 1210 项下保税进口和 9610 项下零售出口。继续开展跨境电子商务进万企活动，大力发展 B2B、B2C、B2B2C 跨境电子商务新模式，建设一批有影响的跨境电子商务垂直平台，打造更具活力的跨境电子商务产业链和生态圈。深入推进市场采购贸易方式试点，完善外贸综合服务企业发展的政策措施。

（五）做好进口促进工作。精心筹备参加第二届中国国际进口博览会。支持海关特殊监管区域申建国家级进口贸易促进创新示范区。培育日韩进口商品集散消费中心、优质进口商品总部基地和分拨中心，推动形成北方地区有影响力的国际进口贸易平台。开辟鲜活农水产品快速通关绿色通道。扩大十强产业先进技术设备、关键零部件进口，增加紧缺能源资源及优质消费品进口。

四、服务贸易创新发展工程

（一）打造服务贸易创新发展高地。统筹推进威海国家深化服务贸易创新发展试点、济南青岛中国服务外包示范城市、博山国家文化出口基地建设，因地制宜探索服务贸易管理体制和发展模式。积极申建国家数字服务出口基地、中医药服务出口基地。做好烟台中国服务外包示范城市申创工作。推动发展技术贸易。复制推广省级服务贸易创新发展试点和服务外包示范城市创新经验，加强对省级特色服务出口基地、服务外包示范基地及培训机构的考核管理。

（二）开拓服务贸易多元化市场。在巩固日韩、欧美等传统服务市场的同时，积极开拓“一带一路”等新兴市场。做大做强孔子家乡山东文化贸易展品牌，联合省委宣传部、省文化和旅游厅、省广播电视局、省中医药管理局等单位，在日韩、中东欧、美加举办服务贸易展会及推介活动，创新“外贸 + 内贸、商品 + 服务、出口 + 进口、线上 + 线下”模式，推动新兴服务走出去。

（三）完善服务贸易促进政策。复制推广国家服务贸易 29 条创新经验，扩大技术先进型服务企业所得税优惠政策覆盖面。实施服务贸易政策性优惠利率贷款、出口信用保单及知识产权质押、重点服务进口贴息等融资便利化措施。推动将小微服务贸易企业纳入出口信用统保平台。利用好国家服务贸易发展引导基金，加大对公共服务平台的支持。加强全国服务贸易重点监测企业统计直报系统数据报送，加快地方统计直报系统试点工作。建立健全全省服务贸易双考核机制。

五、高质量招商引资工程

（一）组织高层次招商引资活动。创新提升港澳山东周、日韩山东周、欧美商务周、鲁新经贸理事会、选择山东全球路演和各类高层出访活动，健全对外合作项目库、重大活动签约项目库和外资并购项目库，完善重大活动、重大项目推进责任制，提高招商引资成效，加快推进签约项目落地。省、市每年组织境内外重要投资促进活动分别不少于 10 个和 100 个。

（二）创新招商引资方式。举办高质量招商引资、招才引智培训活动，引导各地学习借鉴兄弟省市先进经验，创新开展专业化、市场化、产业链式的招商活动。鼓励各地通过政府购买服务等方式做好招商引资工作。探索“团队 + 技术 + 资本”招商新模式。发挥选择山东云平台、省政府驻外代表处和各级投促机构的作用，完善投资促进机制。

（三）加强山东与欧美的高端对接。实施与世界 500 强及行业领军企业合作三年行动计划，举办驻京沪跨国企业山东行系列活动，重点围绕四新经济、十强产业，瞄准新能源汽车、高端化工、人工智能、工业互联网、物联网、医养健康、金融保险等领域，加强与欧美企业的对接合作，吸引高端资源要素助推山东新旧动能转换。

（四）全面深化鲁港澳合作。落实《关于全面深化鲁港澳合作加快推进新旧动能转换的意见》，利用香港在金融及其他专业服务领域的优势，把香港作为外资引进来、企业“走出去”的重要平台，联手开拓国际市场。深度对接香港创新科技战略，推动建立鲁港产业合作园区。建立山东企业赴港上市资源信息库，推动山东企业通过赴港上市、并购等方式吸收境外投资。

（五）优化外商投资环境。落实准入前国民待遇加负面清单管理模式，全面清理负面清单以外的外资准入限制，全方位提高外商投资便利化水平。制定优化外商投资环境三年行动计划。完善外商投资投诉机制，加大外资合法权益保护力度。建立外商投资综合服务体系，健全外资企业服务大使制度，打造亲、清政商关系。

（六）发挥中小企业对双向投资的促进作用。总结推广济南、淄博、烟台、威海和中以科技中小企业双向投资促进平台建设的经验做法。加快推进山东省—巴伐利亚州中小企业双向投资促进国际合作平台建设。深化新加坡—山东经贸合作机制。探索鲁日、鲁韩、鲁以中小企业交流与孵化合作新模式。

六、积极融入“一带一路”建设工程

（一）深化“一带一路”经贸合作。积极参与商务部丝路明珠工程，与沿线国家探索建立产业产能合作、基础设施建设及服务贸易、电子商务等地方政府间合作机制，布局一批与国内产业互补性强的境外经贸合作园区和境外资源保障基地。完善省级境外经贸合作区考核确认办法。务实推进“一带一路”框架下的第三方合作。

（二）加快培育跨国公司主体。加强“走出去”公共信息服务平台建设，完善跨国公司政策促进体系，加强境外风险防控，加快培育源自山东的跨国公司。鼓励企业跨境并购技术型、品牌型、渠道型企业，建设境外研发中心，整合全球智力、技术创新和品牌管理资源，提升企业核心竞争力。支持龙头企业或行业协会组建对外投资联合体。鼓励企业回归投资。强化“走出去”银企合作联盟和“3+1”合作机制。

（三）提升对外承包劳务层次。鼓励企业创新合作方式、融资方式，以 EPC+F、EPC+I、BOT 等多种模式参与海外项目，更多带动装备、技术、标准、服务和劳务对外输出。认定一批专业特色鲜明的省级外派劳务培育基地，大力发展高端劳务。支持企业申请国家援外资质，承担援外项目，打造援外品牌。做好外派劳务扶贫工作。

七、园区转型升级工程

（一）深化开发区体制机制创新。总结推广开发区体制机制创新试点经验。以市场化为改革方向，推行去行政化管理，实行管委会 + 公司运营机制，深度推进开发区管理体制、运营机制、项目审批、招商促进、绩效薪酬等方面的改革创新、先行先试。筹办好全省促进开发区高质量发展大会。建立园区“亩均税收”领跑者激励机制，完善全省经济（技术）开发区综合发展水平评价指标体系。

（二）加强特色园区建设。加强特色产业园区、生态工业园区、循环化改造园区、国际合作园区、产才融合发展示范园区和产城融合示范区建设。持续推进东西部开发区合作共建工作。开展一区多园、区中园等试点，优化园区产业结构，提升园区承载能力，把省级以上开发区建设成为高质量发展平台，着力培育一批千亿级的产业集群和开发区。

（三）优化完善创新创业发展环境。指导开发区打造专业资本集聚型、大中小企业融通型、科技资源支撑型、高端人才引领型的创新创业特色载体。鼓励开发区建设政、产、学、研、金、服、用协同创新平台，搭建科技人才与产业对接平台。支持开发区探索推行多元参与、混合所有、企业主导、市场化运行的模式，完善招商激励机制。

（四）促进海关特殊监管区域功能提升。放大海关特殊监管区域政策功能优势，推进高新技术、高附加值的保税维修、融资租赁、期货保税交割、大宗商品交易平台等新业态发展，打造加工制造、研发设计、物流分拨、检测维修、销售服务五大中心。开展海关特殊监管区域体制机制创新试点示范。推动出口加工区等海关特殊监管区升级，支持济宁、淄博、即墨、青岛等地空港申建综合保税区。

八、促进消费升级工程

（一）扩大品质消费品牌消费。扎实推进惠民三进工程，新布局 360 个智慧便利店进社区、40 个品牌农产品进超市、2000 件组智能快件箱进楼宇。实施美食山东推介活动，进一步提高鲁产国际品牌产品全球行、中华行、网上行活动实效。开展老字号创新提升年活动，举办中华老字号（山东）博览会暨品牌发展高峰论坛。推动建立家政服务标准和服务规范。支持青岛申建国际消费中心城市试点。

（二）完善消费促进机制。出台加快实施消费升级行动计划的措施意见，组织开展促消费系列活动。利用商务预报平台、新媒体等加强市场动态信息、预测预警信息、政策解读信息发布，加强消费引导，稳定市场预期。筹办好全国绿色商场示范创建座谈会暨现场观摩会、2019 中国全零售大会暨第 21 届中国零售业博览会、第六届泰山商务论坛暨第五届中国生活服务业大会。扩大汽车平行进口。

（三）优化居民消费环境。加强成品油流通、散装水泥、茧丝绸、报废汽车回收拆解以及直销、拍卖等特殊行业管理。组织评审一批再生资源示范产业园和回收分拣示范中心。健全应急保供快速反应机制。加快推进重要产品追溯体系示范省建设。健全消费宣传推介和信息引导机制。深入推进商务领域诚信体系建设，营造安全放心的消费环境。开展特色商贸小镇创建活动。

九、流通降本增效工程

（一）启动商贸流通“十百千工程”。加强商贸流通主体培育工作，着力打造10条有代表性的高品位步行街、100家商贸龙头企业、1000个标志性智慧便利店，培育壮大商贸流通新动能。鼓励传统实体零售企业线上线下融合发展，加快向生活性、体验式、社交型转型。支持济南、青岛申报国家级步行街改造提升试点。

（二）加快构建现代供应链。复制推广商贸流通体制改革发展综合试点经验。做好供应链创新与应用以及流通领域现代供应链体系建设试点工作，降低供应链采购、仓储、制造、物流、运营成本，培育一批现代供应链综合服务企业和龙头流通企业。推进物流标准化及城乡互联互通的高效配送体系建设，创建一批省级城乡高效配送示范城市和示范企业。开展供应链上下游企业结对子活动，推广带板运输模式，发展单元化物流。

（三）促进流通转型升级。深入实施“互联网+流通”行动计划，推动流通与生产、消费对接融合，提高流通信息化、标准化、集约化水平。持续推进电子商务与物流快递协同发展。组织召开全省会展经济发展工作会议，加快现代会展业发展，增强会展产业对经济发展的促进作用。推动济南、青岛进一步完善会展产业链，优化服务等软环境，构建以济南、青岛为两核，四新经济推动十强产业发展的会展经济格局。

十、电子商务提升发展工程

（一）提升电子商务企业发展质量。实施电子商务领域标杆企业培育工程，举办电子商务创新创业路演活动，搭建创新型电子商务企业与金融资本对接平台。深化“互联网+品牌”创建，打造电子商务品牌赋能服务平台，提升互联网品牌运营能力。适应电子商务发展新趋势，大力推动“电子商务+新媒体”转型发展，推动线上线下融合发展。

（二）优化电子商务发展载体。深入推进电子商务示范基地、示范企业及电子商务特色小镇等创建工作。提升电子商务园区建设水平，促动电子商务产业集群集约发展。支持举办2019农商互联大会。深化与电子商务领军企业的战略合作，促进电子商务与农林业、工业和服务业深度融合。推进电子商务大数据建设，建立健全全省电子商务监测分析体系。精心谋划第五届电博会，打造电子商务品牌展会。

（三）提高电子商务扶贫水平。推进电子商务精准扶贫，争取更多的县入选国家电子商务进农村示范县。大力发展农村特别是贫困县电子商务产业生态圈，畅通工业品下乡和农产品进城渠道。深化对口支援和东西部扶贫协作，加强鲁渝、鲁藏农产品产销对接，在大型商超设立重庆、西藏、新疆等地特色农畜产品专柜。

中国（山东）自由贸易试验区总体方案

Overall Plan of Shandong Pilot Free Trade Zone

国务院

（2019 年 8 月 2 日）

建立中国（山东）自由贸易试验区（以下简称自贸试验区）是党中央、国务院作出的重大决策，是新时代推进改革开放的战略举措。为高标准高质量建设自贸试验区，制定本方案。

一、总体要求

（一）指导思想。以习近平新时代中国特色社会主义思想为指导，全面贯彻党的十九大和十九届二中、三中全会精神，统筹推进“五位一体”总体布局和协调推进“四个全面”战略布局，坚持稳中求进工作总基调，坚持新发展理念，坚持高质量发展，以供给侧结构性改革为主线，主动服务和融入国家重大战略，更好服务对外开放总体战略布局，解放思想、大胆创新，把自贸试验区建设成为新时代改革开放的新高地。

（二）战略定位及发展目标。以制度创新为核心，以可复制可推广为基本要求，全面落实中央关于增强经济社会发展创新力、转变经济发展方式、建设海洋强国的要求，加快推进新旧发展动能接续转换、发展海洋经济，形成对外开放新高地。经过三至五年改革探索，对标国际先进规则，形成更多有国际竞争力的制度创新成果，推动经济发展质量变革、效率变革、动力变革，努力建成贸易投资便利、金融服务完善、监管安全高效、辐射带动作用突出的高标准高质量自由贸易园区。

二、区位布局

（一）实施范围。自贸试验区的实施范围 119.98 平方千米，涵盖三个片区：济南片区 37.99 平方千米，青岛片区 52 平方千米（含青岛前湾保税港区 9.12 平方千米、青岛西海岸综合保税区 2.01 平方千米），烟台片区 29.99 平方千米（含烟台保税港区区块二 2.26 平方千米）。

自贸试验区土地开发利用须遵守土地利用、生态环境保护、城乡规划法律法规，符合土地利用总体规划和城乡规划，并符合节约集约用地的有关要求。涉及海洋的，须符合《中华人民共和国海域使用管理法》《中华人民共和国海洋环境保护法》等法律法规有关规定。

（二）功能划分。济南片区重点发展人工智能、产业金融、医疗康养、文化产业、信息技术等产业，开展开放型经济新体制综合试点试验，建设全国重要的区域性经济中心、物流中心和科技创新中心。青岛片区重点发展现代海洋、国际贸易、航运物流、现代金融、先进制造等产业，打造东北亚国际航运枢纽、东部沿海重要的创新中心、海洋经济发展示范区，助力青岛打造全国沿海重要中心城市。烟台片区重点发展高端装备制造、新材料、新一代信息技术、节能环保、生物医药和生产性服务业，打造中韩贸易和投资合作先行区、海洋智能制造基地、国家科技成果与国际技术转移转化示范区。

三、主要任务和措施

（一）加快转变政府职能

1. 打造国际一流营商环境。深化商事制度改革，推进证照分离改革全覆盖。山东省能够下放的经济社会管理权限全部下放给自贸试验区。推行极简审批、不见面审批（服务），深化一次办好改革。全面开展工程建设项目审批制度改革。应用人工智能技术，提高社会治理水平。建立健全以信用监管为核心、与负面清单管理方式相适应的事中事后监管体系。强化竞争政策的基础性地位。配合做好外商投资安全审查工作。

（二）深化投资领域改革

2. 深入推进投资自由化、便利化。全面落实外商投资准入前国民待遇加负面清单管理制度。探索建立外商投资信息报告制度。支持外商投资企业参与氢能源汽车标准制定。支持外商独资设立经营性教育培训和职业技能培训机构。支持外商投资设立航空运输销售代理企业。统一内外资人才中介机构投资者资质要求，由自贸试验区管理机构负责审批，报省级人力资源社会保障部门备案。允许注册在自贸试验区内的符合条件的外资旅行社从事除台湾地区以外的出境旅游业务。

3. 完善投资促进和保护机制。建立健全外商投资服务体系，完善外商投资促进、项目跟踪服务和投诉工作机制。鼓励自贸试验区在法定权限内制定外商投资促进政策。试点建设面向中小企业的双向投资促进公共服务平台。完善企业“走出去”综合服务体系。支持“走出去”企业以境外资产和股权、采矿权等权益为抵押获得贷款。

（三）推动贸易转型升级

4. 提升贸易便利化水平。探索食品、农产品等检验检疫和追溯标准国际互认机制，扩大第三方检验结果采信商品和机构范围。创新出口货物专利纠纷担保放行方式。大力发展过境贸易。集中开展境内外货物中转、集拼和国际分拨配送业务。在海关特殊监管区域全面实施货物状态分类监管。对注册在自贸试验区海关特殊监管区域内的融资租赁企业进出口飞机、船舶、海洋工程结构物等大型设备涉及跨关区的，在确保有效监管和执行现行税收政策的前提下，实行海关异地委托监管。探索取消自贸试验区海关特殊监管区域内企业从事贸易经纪与代理的经营许可或改为备案，法律法规另有规定的除外。对符合国家环保要求允许进口的高附加值数控机床、工程设备、电子设备、通信设备等旧机电设备的进口、加工后再出口，海关给予通关便利。支持在自贸试验区符合条件的片区设立综合保税区。

5. 培育贸易新业态新模式。支持自贸试验区内企业开展跨境电商进出口业务，逐步实现自贸试验区内综合保税区依法依规全面适用跨境电商零售进口政策。在风险可控、依法依规前提下，积极开展飞机零部件循环再制造。支持自贸试验区的汽车整车进口口岸建设。支持青岛片区适时增加汽车平行进口试点企业数量。加快发展数字化贸易。促进文物及文化艺术品在自贸试验区内综合保税区存储、展示等。

6. 持续优化贸易结构。根据石油天然气体制改革进程和产业需要，研究赋予自贸试验区内符合条件的企业原油进口资质。允许自贸试验区内注册企业开展不同税号下保税油品混兑调和。支持具备相关资质的船舶供油企业开展国际航行船舶保税油供应业务。支持依托现有交易场所依法依规开展棉花等大宗商品交易。支持设立食品、农产品进口指定监管作业场地，打造食品农产品、葡萄酒进出口集散中心。对海关特殊监管区域外有条件的企业开展高附加值、高技术含量、符合环保要求的两头在外检测、维修和再制造业态实行保税监管。

（四）深化金融领域开放创新

7. 扩大人民币跨境使用。探索通过人民币资本项下输出贸易项下回流方式，重点推动贸易和投资领域的人民币跨境使用。支持符合条件的跨国公司按规定开展跨境人民币资金池业务。支持自贸试验区内银行按规定发放境外人民币贷款。探索自贸试验区内金融机构按规定开展跨境资产转让等业务时使用人民币计价结算，并纳入全口径跨境融资宏观审慎管理。

8. 促进跨境投融资便利化。开展资本项目收入支付便利化改革试点。自贸试验区内货物贸易外汇管理分类等级为 A 类的企业货物贸易收入可直接进入经常项目结算账户。研究开展合格境内有限合伙人（QDLP）试点工作。支持在自贸试验区依法依规设立外商投资金融机构。探索设立专业从事境内股权投资类基金公司。支持外资股权投资管理机构、外资创业投资管理机构在自贸试验区发起管理人民币股权投资和创业投资基金。

9. 探索实施金融创新。在严格监管前提下审慎有序地进行金融综合经营试点。支持本地法人银行开展股债联动业务试点。探索发展私募股权投资二级交易基金。鼓励创新知识产权保险业务，开展基金管理服务专项改革创新。支持自贸试验区内保险法人机构依法依规开展境外投资。支持符合条件的融资租赁公司在自贸试验区内设立专业子公司。根据期货保税交割业务需要，允许拓展仓单质押融资功能，推动完善仓单质押融资所涉及的仓单确权等工作。加强对重大风险的识别和系统性金融风险的防范。强化反洗钱、反恐怖融资、反逃税工作。

（五）推动创新驱动发展

10. 加强创新能力建设。支持建设海外创新孵化中心、海外人才离岸创新创业基地等创新平台。支持企业联合金融机构、高校、科研院所建设产业创新平台。支持建设山东产业技术研究院。鼓励外国著名高校来华开展合作办学。推动双元制职业教育发展，设立智能制造技师学院。支持青岛片区开展高水平中德合作办学。

11. 推进医疗医药行业发展。在相关制度安排框架下，允许港澳服务提供者按规定设立独资医疗机构。支持整形美容、先进医疗技术研发和孵化等行业发展。自贸试验区内医疗机构可按有关规定开展干细胞临床前沿医疗技术研究。加快创新药品审批上市，对抗癌药、罕见病用药等临床急需创新药品实施优先审评审批。优化生物医药全球协同研发试验用特殊物品的检疫查验流程。开展医疗器械注册人制度试点，允许自贸试验区内医疗器械注册人委托山东省医疗器械生产企业生产产品。允许引入和创建国际医学组织，承办国际医学会议。给予医疗人才、先进医疗技术优先准入。鼓励符合条件的人员在医疗机构提供中医治未病服务、医疗机构中医治未病专职医师职称晋升等方面先行先试。

12. 健全知识产权保护和运用体系。建立知识产权争端解决与快速维权机制。支持建立知识产权运营中心。完善知识产权评估机制、质押融资风险分担机制和方便快捷的质物处置机制。探索人才和技术资本化评估机制，实现知识产权可作价、成果转化能估价、人才团队有身价。放宽对专利代理机构股东和合伙人的条件限制。

13. 优化外籍及中国港澳台人才发展环境。支持中国港澳台专业人才和符合条件的外籍专业人才到自贸试验区工作。进一步为来自贸试验区开展商务、旅游等活动的外国人提供入出境便利。开展外国高端人才服务一卡通试点。在国际会议、对外邀请、使节来访等需审核审批事项上建立外事审核审批直通车制度。

（六）高质量发展海洋经济

14. 加快发展海洋特色产业。建设东北亚水产品加工及贸易中心。推进海洋工程装备研究院及重大研发、试验验证平台和智慧码头建设，发展涉海装备研发制造、维修、服务等产业。支持探索建设现代化海洋种业资源引进中转基地，加快优质水产苗种的检疫准入。优化海洋生物种质及其生物制品进口许可程序，加强海洋生物种质和基因资源研究及产业应用。推进国家海洋药物中试基地、蓝色药库研发生产基地建设，将海洋药物按规定纳入国家医保目录。支持自贸试验区内有条件的金融机构提供各类涉海金融服务。

15. 提升海洋国际合作水平。发挥东亚海洋合作平台作用，区内区外联动，深化开放合作。支持涉海高校、科研院所、国家实验室、企业与国内外机构共建海洋实验室和海洋研究中心。支持国际海洋组织在山东省设立分支机构。搭建国际海洋基因组学联盟，开展全球海洋生物基因测序服务。支持涉海企业参与国际标准制定。

16. 提升航运服务能力。建设航运大数据综合信息平台。探索依托现有交易场所依法依规开展船舶等航运要素交易。支持青岛国际海洋产权交易中心试点开展国际范围船舶交易。支持设立国际中转集拼货物多功能集拼仓库。逐步开放中国籍国际航行船舶入级检验。支持开展外籍邮轮船舶维修业务。发挥港口功能优势，建立以一单制为核心的多式联运服务体系，完善山东省中欧班列运营平台，构建东联日韩、西接欧亚大陆的东西互联互通大通道。加强自贸试验区与海港、空港联动，推进海陆空邮协同发展。

（七）深化中日韩区域经济合作

17. 探索三国地方经济合作。强化优势互补，探索共同开拓第三方市场。高标准建设中韩（烟台）产业园，创新“两国双园”合作模式。支持合作建设医养健康中心。推动建立国际化科技成果转移转化平台。支持依规开展人民币海外基金业务。允许国外交易所在自贸试验区内设立办事机构。

18. 推进区域合作交流便利化。加强中日、中韩海关间经认证的经营者（AEO）互认合作，构建信息互换、监管互认、执法互助以及检验检疫、标准计量等方面高效顺畅的合作机制。与日本、韩国合作确定鲜活农副产品目录清单，加快开通快速通关绿色通道。创新自由贸易协定缔约方之间班轮卫生检疫电讯申报、无疫通行监管模式。

四、保障机制

坚持和加强党对改革开放的领导，把党的领导贯穿于自贸试验区建设的全过程。强化底线思维和风险意识，完善风险防控与处置机制，实现区域稳定、安全、高效运行，切实维护国家安全、社会安全。在国务院自由贸易试验区工作部际联席会议统筹协调下，充分发挥地方和部门积极性，抓好各项改革试点任务落实，高标准、高质量建设自贸试验区。山东省要完善工作机制，构建精简高效、权责明晰的自贸试验区管理体制，加强人才培养，打造高素质管理队伍；要加强地方立法，建立公正透明、体系完备的法治环境。自贸试验区各片区要把工作做细，制度做实，严格监督，严格执纪执法。各有关部门要及时下放相关管理权限，给予充分的改革自主权。本方案提出的各项改革政策措施，凡涉及调整现行法律或行政法规的，按规定程序办理。重大事项及时向党中央、国务院请示报告。

（摘编自《国务院关于印发6个新设自由贸易试验区总体方案的通知》）

国务院关于中国—上海合作组织地方经贸合作示范区建设总体方案的批复

Permission of the State Council on the Overall Plan for the Construction of Shanghai Cooperation Organization Local Economic and Trade Cooperation Demonstration Zones in China

国函〔2019〕87号

山东省人民政府、商务部：

你们关于中国—上海合作组织地方经贸合作示范区建设总体方案的请示收悉，现批复如下：

一、原则同意《中国—上海合作组织地方经贸合作示范区建设总体方案》（以下简称《总体方案》），请认真组织实施。

二、中国—上海合作组织地方经贸合作示范区建设要以习近平新时代中国特色社会主义思想为指导，全面贯彻党的十九大和十九届二中、三中全会精神，统筹推进“五位一体”总体布局，协调推进“四个全面”战略布局，坚持以人民为中心的发展思想，牢固树立新发展理念，按照党中央、国务院决策部署，打造“一带一路”国际合作新平台，拓展国际物流、现代贸易、双向投资、商旅文化交流等领域合作，更好发挥青岛在“一带一路”新亚欧大陆桥经济走廊建设和海上合作中的作用，加强中国同上海合作组织国家互联互通，着力推动形成陆海内外联动、东西双向互济的开放格局。

三、山东省人民政府要切实加强组织领导，健全机制，明确分工，落实责任，按照《总体方案》明确的目标定位和重点任务，扎实有序推进中国—上海合作组织地方经贸合作示范区建设发展。

四、商务部要会同有关部门按照职责分工，加强对《总体方案》实施的统筹协调和督促指导，注重总结经验，协调解决建设工作中遇到的困难和问题，为中国—上海合作组织地方经贸合作示范区建设发展营造良好环境。重大问题及时向国务院报告。

国务院

2019年9月20日

中国—上海合作组织地方经贸合作示范区建设总体方案

为落实习近平总书记在上海合作组织（以下简称上合组织）成员国元首理事会第十八次会议上关于中国政府支持在青岛建设中国—上海合作组织地方经贸合作示范区（以下简称上合示范区）的重要讲话精神，高标准规划建设好上合示范区，制定本方案。

一、总体要求

（一）指导思想。以习近平新时代中国特色社会主义思想为指导，全面贯彻党的十九大和十九届二中、三中全会精神，紧紧围绕统筹推进“五位一体”总体布局和协调推进“四个全面”战略布局，坚持以人民为中心的发展思想和新发展理念，深入落实党中央、国务院决策部署，深刻把握建设上合示范区的重要政治意义，服务国家对外工作大局，强化地方使命担当。加快落实上合组织青岛峰会重要成果，深度融入“一带一路”建设，拓展山东青岛与上合组织国家相关地区间的交流合作，把上合示范区建设成国际多双边框架下地方经贸合作样板，力争在国家开放新格局中发挥更大作用。

（二）目标定位。充分发挥上合示范区在青岛口岸海陆空铁综合交通网络中心的区位优势，统筹海港、陆港、空港、铁路联运功能，更好发挥青岛市在“一带一路”新亚欧大陆桥经济走廊建设和海上合作中的作用，按照物流先导、贸易拓展、产能合作、跨境发展、双园互动模式运作，着力推进绿色化建设。上合示范区实施范围在胶州经济技术开发区内。近期目标是立足与上合组织国家相关城市间交流合作，通过建设区域物流中心、现代贸易中心、双向投资合作中心和商旅文交流发展中心，打造上合组织国家面向亚太市场的出海口，形成与上合组织国家相关城市交流合作集聚的示范区。中远期目标是努力把上合示范区建成与上合组织国家相关地方间双向投资贸易制度创新的试验区、企业创业兴业的聚集区、“一带一路”地方经贸合作的先行区，打造新时代对外开放新高地。

二、重点任务

（一）加强互联互通，建设区域物流中心

1. 畅通多式联运通道。建设上合示范区多式联运中心，统筹齐鲁号等国际班列发展，提升班列开行密度和运行效益，拓展货物回运业务，打造山东半岛多式联运物流枢纽。探索发展国际班列内外贸货物混编运输业务。推动保税物流中心（B）型申建设立工作。建设多式联运综合服务平台，整合上合示范区周边陆海空铁口岸资源，促进上合示范区与青岛港、青岛胶东国际机场、中铁联集青岛中心站有效衔接。

2. 集聚发展现代物流产业。发挥青岛港口岸优势，发展出口拼箱、仓储加工业务。依托青岛胶东国际机场拓展“空空＋空地”货物集疏模式，开展进出境全货机境内续驶段混载业务，发展国际中转、国际配送、国际采购、国际物流业务。建设国际冷链食品交易分拨中心，发展冷链物流。规划建设上合物流园、中铁物流园等国际物流园区，发展物流、仓储、加工等产业。推动综合保税区申建设立工作。

3. 开展国际物流合作。充分发挥现有上合组织成员国交通部长会议机制的作用，推动地方交通部门开展政策法规、规划标准等领域合作交流。支持青岛港对接上合组织国家的重要港口以及日本横滨港、福冈港和韩国釜山港、仁川港等港口，开展面向上合组织内陆国家的海铁联运服务合作。支持企业在上合组织国家主要城市建设国际物流节点，拓展国际物流业务。

（二）加强贸易合作，建设现代贸易中心

4. 拓展货物贸易合作。支持青岛试点建设上合组织国家特色农产品进口指定监管场地，加快推进上合组织国家优质农产品和食品准入进程，扩大优质农产品进口及向其他国家转口。建设汽车整车及零部件、能源及原材料大宗商品平台，发展二手车出口业务。支持企业在俄罗斯圣彼得堡、哈萨克斯坦阿拉木图等伙伴城市设立产品采购、营销中心，扩大进口商品规模。

5. 发展跨境电子商务。依托中国（青岛）跨境电子商务综合试验区，鼓励企业建设跨境电子商务配套平台，集聚跨境电子商务企业，发展跨境电子商务业务。培育网上上合地方特色商品展。支持青岛优势企业建设货物集散基地和海外仓。

6. 推进服务贸易合作。复制推广国家服务贸易创新发展试点经验。支持企业扩大与上合组织国家相关城市在软件信息、检验检测、研发设计、数据处理等服务贸易领域的合作。以国家服务外包示范城市为依托，与上合组织国家相关城市开展多种形式的服务外包合作。依托空港功能，创新发展维修服务、技术服务、供应链服务等服务贸易新业态。

7. 搭建国际贸易发展平台。规划建设现代贸易综合服务载体，集聚国际贸易企业和服务机构。建设上合组织国家地方特色商品进口展示体验交易中心和特色商品馆，丰富常年展示商品种类，开展线上线下交易。举办上合组织地方经贸合作青岛论坛（暨上合组织国际投资贸易博览会），逐步打造有影响力的重要展会。

8. 推动贸易服务便利化。与上合组织国家相关城市开展通关、贸易、物流等信息互换共享，探讨投资贸易便利化，推动口岸通关模式改革创新。探索实行外汇资本项目收入结汇支付便利化试点，企业外债注销登记下放至银行办理试点。落实融资租赁出口退税政策。

（三）加强产能合作，建设双向投资合作中心

9. 扩大城市间合作网络。巩固和发展青岛市与现有友好城市和经济合作伙伴城市关系，发展新伙伴城市，实现在上合组织成员国均有伙伴城市。定期在青岛和友好城市、经济合作伙伴城市举办双向投资贸易推介活动，举办经济合作伙伴城市工商界经贸合作发展论坛，共商地方经贸合作。

10. 加强研发和加工领域合作。鼓励企业与上合组织国家相关城市的企业和研究机构开展新材料、生物医药等领域合作。推动上合组织国家科技成果转移合作，提升科技孵化、技术研发、工业设计、工艺管理、检验检测能力。规划建设上合示范区总部经济和科技创新载体，完善鼓励政策，吸引企业、机构设立区域总部、技术研发中心、工业设计中心和孵化器。充分利用上合组织地区的资源和产品优势，建设加工基地。

11. 开展现代农业合作。建立农业合作基地，与上合组织国家相关城市开展旱作农业种植和育种合作。引进优质畜牧品种，推进畜牧繁育养殖基地建设。支持青岛企业在乌兹别克斯坦纳莫干州等地区开展生态修复、生态建设合作，在柬埔寨开展农业资源开发合作。拓展在农业新技术、新品种、新业态、节水灌溉等

领域的研究和合作。

12. 推进国际园区互动合作。加强与上合组织国家现有境外经贸合作区在园区管理、信息共享、产业对接、人员交流等方面的合作，实现资源和生产要素在境内外园区间双向流动，推动双园互动发展。

13. 便利优势企业“走出去”。为有条件的企业在上合组织国家因地制宜开展家电、油气、矿产、环保等领域合作提供优质服务。

14. 强化金融支持力度。支持青岛引进金融机构区域运营总部、分支机构或事业部。加强与亚洲基础设施投资银行等多边开发银行、丝路基金、中国—欧亚经济合作基金、上合组织银联体的合作，为上合示范区建设提供金融支持。支持在上合示范区注册企业的境外母公司或控股子公司按规定在境内发行人民币债券。支持上合示范区跨境人民币业务创新。

（四）加强商旅文融合，建设商旅文交流发展中心

15. 开展文化旅游交流合作。加强与上合组织国家重点旅游城市合作，开发观光度假、专题游览、颐养健康和生态休闲等现代旅游项目。支持旅游服务企业结合直航航线开通，开发以主要城市为目标市场的旅游线路。开展青岛和主要旅游城市间互为目的地的旅游宣传推广活动。开展与上合组织国家城市间竞技体育赛事、城市形象大使、地方特色餐饮、民间传统文化、影视文化艺术、媒体、智库等领域的交流合作。

16. 开展教育和法律服务合作。支持青岛与上合组织国家相关教育机构开展职业教育领域合作，开展多种形式中外合作办学。鼓励城市间多种形式的学术交流活动。建设中国—上合组织法律服务委员会上合示范区法律服务交流合作基地。建立涉外法律服务专家智库，探索法律服务保障经贸合作新模式。

17. 开展技能培训合作。建设地方国际经贸人才培训基地，探索伙伴城市来华职业技能培训实习模式。支持青岛承办针对上合组织国家人员的援外培训项目。支持上合组织国家青年科学家在上合示范区从事短期科研或学习进修。为上合示范区建设发展需要的外籍人员入出境、办理签证、申请居留提供便利。

18. 开展绿色生态园区建设交流。开展城市间绿色生态发展交流，提升园区自然生态系统生态功能，建设绿色生态合作示范基地。

三、保障措施

19. 加强统一领导。贯彻落实习近平总书记在上合组织青岛峰会上提出的发展观、安全观、合作观、文明观和全球治理观，把上合示范区建设纳入上合组织区域经济合作框架统筹推进，推进上合示范区高质量发展。

20. 省部协作支持。有关部委按职责对上合示范区建设提供必要支持。依托有关部委与山东省现有部省协作机制，突出高点定位、科学规划、创新引领，对上合示范区建设给予指导。支持青岛市参与和承办上合组织地方领导人论坛。中国与上合组织国家签署协议的相关成果和试点项目在上合示范区探索实施。

21. 依托国际协调机制。利用上合组织现有工作机制，充分发挥上合组织经贸部长会议等机制作用，加强与各成员国地方在政策沟通、项目推介、企业交流等领域合作。与上合组织中国实业家委员会建立工作机制，与上合组织实业家委员会秘书处建立联合工作组。依托双边合作机制，推进与重点国家地方合作率先突破，探索与上合组织国家地方经贸合作体制机制创新模式。发挥在俄罗斯（圣彼得堡）的青岛工商中心作用，推动地方经贸合作。

22. 反恐保障工作。充分发挥上合组织地

区反恐怖机构理事会会议机制，围绕上合示范区开展反恐务实合作，确保合作区建设安全推进，健康发展。

23. 推进工作落实。上合示范区实施主体为山东省青岛市。山东省全力支持青岛市建设上合示范区，依托全省资源提升上合示范区影响力和辐射作用。青岛市建立上合示范区领导工作机制，统筹推进上合示范区建设工作。制定促进上合示范区发展的鼓励政策。上合示范区实施“管委会 + 平台公司”管理模式，探索体制机制创新，建立精简高效的管理体制。

知识窗

跨境电子商务 1210 业务

跨境电子商务 1210 业务的全称为保税跨境贸易电子商务，其名称源于海关总署 2014 年为这一贸易方式增列的海关监管方式代码。它适用于境内个人或电子商务企业在经海关认可的电子商务平台上所进行的跨境交易，并通过海关特殊监管区域或保税监管场所进出境的电子商务零售商品。

进出口货物海关监管方式是以国际贸易中进出口货物的交易方式为基础，结合海关对进出口货物的征税、统计及监管条件综合设定的海关对进出口货物的管理方式。

以 1210 海关监管方式开展跨境贸易电子商务零售进出口业务的电子商务企业、海关特殊监管区域或保税监管场所内跨境贸易电子商务经营企业、支付企业和物流企业应当按照规定向海关备案，并通过电子商务平台实时传送交易、支付、仓储和物流等数据。

跨境电子商务 1210 进口业务区域仅限于经批准开展跨境贸易电子商务进口试点的海关特殊监管区域和保税物流中心（B 型）。

知识窗

自由贸易试验区

自由贸易试验区是指在贸易和投资等方面比世界贸易组织有关规定更加优惠的贸易安排，在主权国家或地区的关境以内，划出特定的区域，准许外国商品豁免关税自由进出，实质上是采取自由港政策的关税隔离区。狭义仅指提供区内加工出口所需原料等货物的进口豁免关税的地区，类似出口加工区，广义还包括自由港和转口贸易区。

2013年9月—2018年4月，国务院先后批复成立中国（上海）自由贸易试验区、中国（广东）自由贸易试验区、中国（天津）自由贸易试验区、中国（福建）自由贸易试验区、中国（辽宁）自由贸易试验区、中国（浙江）自由贸易试验区、中国（河南）自由贸易试验区、中国（湖北）自由贸易试验区、中国（重庆）自由贸易试验区、中国（四川）自由贸易试验区、中国（陕西）自由贸易试验区、中国（海南）自由贸易试验区。

2017年10月18日，习近平总书记在中共十九大报告中指出，赋予自由贸易试验区更大改革自主权，探索建设自由贸易港。2018年11月23日，国务院印发《关于支持自由贸易试验区深化改革创新若干措施的通知》。商务部数据显示，2019年1至6月，自贸试验区吸收外资实现高速增长，自贸试验区实际使用外资同比增长20.1%。

2019年8月，国务院印发《中国（山东）、（江苏）、（广西）、（河北）、（云南）、（黑龙江）自由贸易试验区总体方案》。至此，全国自贸试验区阵容扩大到18个。

2020年8月，国务院印发《中国（北京）自由贸易试验区总体方案》《中国（湖南）自由贸易试验区总体方案》《中国（安徽）自由贸易试验区总体方案》，全国自由贸易区总数增加到21个。

大事记

Chronicle of Events

简要说明

一、栏目内容

本栏目刊载2019年度山东省商务工作重要事件、重要举措以及国内外重要商务事件、商务举措。

二、资料来源

山东省商务厅、各市商务主管部门

Brief Introduction

Ⅰ. Content

The column publishes significant events in commerce work of Shandong Province, significant measures as well as significant domestic and foreign commerce events and commerce measures in 2019.

Ⅱ. Data sources

Commerce Department of Shandong Province and Municipal Commerce Departments

1 月
January

10 日　山东省副省长任爱荣在青岛走访山东海事局、中国出口信用保险公司山东分公司、中国进出口银行山东省分行，听取相关单位负责人对山东经济发展的意见建议，并提出工作要求。

15 日　山东省商务厅与中国美国商会在济南举办中国美国商会山东省办公室筹备工作恳谈会，双方负责人就进一步拓展经贸合作进行互动交流。

17 日　威海市人民政府、威海港集团有限公司、威海国际机场集团有限公司与韩国仁川市政厅、仁川港湾公社、仁川空港公社相关负责人在威海签署《威海—仁川打造东北亚物流中心谅解备忘录》，威海、仁川两地四港联动物流一体化工作正式启动。

21 日　山东省副省长任爱荣在济南会见美国惠普公司全球副总裁玛利亚·廷德尔，希望惠普公司积极参与山东新旧动能转换重大工程，在投资、贸易、技术、市场开拓等方面与山东企业加强合作。

22 日　山东省商务厅在济南召开全省商务工作会议，贯彻落实全省经济工作会议、全国商务工作会议决策部署，总结 2018 年全省商务工作，研究部署 2019 年商务工作任务。

同日　济南市泉城路商业街被中国步行商业街工作委员会授予中国著名商业街称号。

27 日　中共山东省委书记刘家义在青岛市调研埃地沃兹真空泵制造（青岛）有限公司、青岛四方庞巴迪铁路运输设备有限公司、海克斯康测量技术（青岛）有限公司、杰华生物技术（青岛）有限公司等外商投资企业，并考察中车青岛四方机车车辆股份有限公司。

28 日　故宫博物院、山东省商务厅主办的中华老字号故宫过大年活动在北京故宫隆宗门广场启幕，文化和旅游部副部长项兆伦、商务部部长助理任鸿斌、山东省副省长任爱荣、故宫博物院院长单霁翔出席。

2 月
February

1 日　商务部、公安部、交通运输部、国家邮政局、中华全国供销合作总社印发《关于进一步落实城乡高效配送专项行动有关工作的通知》，明确首批 30 个城市的专项行动目标、任务和具体举措，山东烟台、潍坊、淄博三市分别承担完善配送网络、发展单元化物流、发展农产品物流、强化管理机制、探索区域托盘循环共用体系、推动绿色发展、加强资源整合等重点任务。

11 日　山东省商务厅、山东省发展和改革委员会、山东省工业和信息化厅、山东省财政厅、山东省自然资源厅、山东省住房和城乡建设厅、山东省生态环境厅、山东省供销合作社联合社印发《山东省再生资源示范产业园建设规范》和《山东省再生资源回收分拣示范中心建设规范》，推动相关园区、中心建设规范化、标准化。

26 日　山东省商务厅在济南召开山东省开发区管理体制改革座谈会，并邀请商务部苏州国家级开发区培训中心特聘授课专家讲授开发区体制机制创新相关知识。中共山东省委组织部、中共山东省委政策研究室、山东省发展和改革委员会、山东省科学技术厅、山东省人力资源和社会保障厅等单位负责人参会。

3月
March

5—8日　山东省商务厅在日本千叶幕张国际展览中心举办第5届山东品牌农产品东京展，设置60个展位，12个市的60家企业参展，展品包括蔬菜、肉食品、水海产品、调味品等优质农产品。展会接待采购商3400余人，达成出口意向3455.5万美元。

6日　泰国山东总商会会长冯文亮访问山东省商务厅，与山东省商务厅相关负责人探讨经贸合作事宜。

7—14日　山东省商务厅在日本东京、大阪举办第5届山东品牌农产品东京展、第21届中国山东出口商品（日本大阪）展览会暨孔子家乡山东文化贸易展览会，相关负责人与日本能率协会、日中经贸中心、韩国动漫学会负责人就共同开拓第三方市场、鲁韩动漫领域合作进行工作对接。

19—20日　商务部驻青岛特派员办事处特派员孔令羽在山东省商务厅调研，了解山东商务运行情况，并考察济南宽厚里步行街。

21日　山东省商务厅在济南召开外贸政策送万企——全省稳外贸政策集中宣讲培训视频会议。山东省商务厅、山东省财政厅、山东省人民政府口岸办公室、中国人民银行济南分行、青岛海关、山东省税务局、中国进出口银行山东省分行、中国出口信用保险公司山东分公司、山东高速物流集团有限公司等单位负责人宣讲国家和山东省出台的稳外贸政策措施，指导基层和企业用足用好政策，推动政策早落实早见效。

24日—4月2日　山东省省长龚正率山东省代表团访问日本、韩国、菲律宾。

25日　山东省人民政府与世贸集团控股有限公司负责人在济南签署战略合作协议。

27日　山东省人民政府在日本东京举办山东省（东京）投资合作交流会，山东省省长龚正出席会议并作主旨演讲。

同日　山东省商务厅召开处级以上干部会议，中共山东省委组织部常务副部长于富华宣布省委决定：张德平任中共山东省商务厅党组书记，提名担任山东省商务厅厅长。

28日　山东省商务厅在济南召开全省老字号企业工作会议，其间举办第五批山东老字号授牌仪式、山东省老字号文创产业创新成果转化中心揭牌仪式等活动。

29日　山东省商务厅在韩国首尔举办山东—韩国经贸合作交流暨新品发布会、企业展示洽谈会，山东省省长龚正出席并致辞。山东、韩国有关企业分别发布中韩医养健康产业示范基地、阿胶红参饮品、东北亚房车制造中心等新产品、新项目。山东50余家进口采购、跨境电子商务、服务贸易企业与260多家韩国企业在日用消费品、汽车零部件、机械设备、生物制药、服务进口等领域进行对接洽谈。会议现场设置中韩自由贸易区政策服务台、山东图片展和韩国15家企业产品展位，集中展示山东持续优化的营商环境、自韩国主要进口产品以及中韩（烟台）产业园、鲁韩重点项目，达成采购意向5300万美元。

30日　山东省商务厅在韩国仁川举办中韩地方经济合作与自由贸易区政策推介会，山东省省长龚正出席并致辞。青岛海关、仁川海关、威海市人民政府、烟台市人民政府、青岛市人民政府相关责任人推介中韩自贸协定优惠政策以及加强威海—仁川四港联动、中韩（烟台）产业园、青岛中日韩地方经济合作示范城市和构建中韩贸易与物流黄金通道等方面的举措，威海市与仁川市政府及两地海关负责人就威海港、威海机场与仁川港、仁川空港四港联动通关与物流合作达成共识，签署合作协议。

4 月
April

3 日　中共山东省商务厅党组书记张德平在济南会见美国奥美集团公司大中华区董事长宋秩铭，介绍跨国公司领导人青岛峰会筹备情况，商谈经贸合作事宜。

同日　中共山东省商务厅党组书记张德平主持召开跨国公司领导人青岛峰会专家咨询会，邀请中国高层发展论坛、博鳌亚洲论坛、麦肯锡公司、福布斯集团公司、奥美集团公司、英国《经济学人》杂志社、中国美国商会、北京新世纪跨国公司研究所、香港笔克公司、北京北辰集团公司等机构的专家学者，就跨国公司领导人青岛峰会相关事宜进行专题咨询。

4 日　山东省“一带一路”建设工作协调推进领导小组召开第一次会议，深入学习贯彻习近平总书记在推进“一带一路”建设工作 5 周年座谈会上的重要讲话精神，审议通过领导小组工作规则和办公室工作细则，听取 2018 年全省推进“一带一路”建设工作情况汇报，部署安排 2019 年工作。中共山东省委书记、省“一带一路”建设工作协调推进领导小组组长刘家义主持会议并讲话，常务副组长龚正，副组长王书坚、任爱荣出席会议，中共山东省商务厅党组书记张德平等参加会议。

同日　中共山东省委书记刘家义在济南会见由上海合作组织秘书长弗拉基米尔·诺罗夫率领的上海合作组织成员国使节代表团。山东省副省长任爱荣、中共山东省商务厅党组书记张德平等参加会见。

10 日　山东省副省长任爱荣在济南会见乌兹别克斯坦撒马尔罕州州长图尔季莫夫·埃尔金容，希望双方密切政府间交往，加强经贸、基础设施建设、人文等领域的交流合作。

同日　中共山东省商务厅党组书记张德平带队赴商务部国际贸易经济合作研究院专题对接跨国公司领导人青岛峰会筹备工作，与国际贸易经济合作研究院院长顾学明等就加强合作进行交流洽谈。

12 日　山东省商务厅再次召开跨国公司领导人青岛峰会专家咨询会。

同日　山东省商务厅举办第一期对外经贸合作路演活动，邀请德国莱法州驻中国经济代表处首席代表邹冰、巴伐利亚州驻山东总代表刘玉作为主讲嘉宾，通过视频会议形式向省内 16 个市商务部门及经济园区相关负责人介绍莱法州和巴伐利亚州经济发展情况，推介拟合作企业和项目。

同日　商务部在肥城市召开全国绿色商场示范创建座谈会暨现场观摩会。

15 日　中共山东省委书记刘家义在济南会见美国驻华大使特里·布兰斯塔德，希望双方在高端装备制造、经贸、科技、教育、文化、体育、旅游等领域加强合作。

同日　山东商务微信公众号上线，主要推送山东营商环境、合作项目、商务政策、商务厅负责人及有关业务处室联络信息等内容，并配备线下机构为外商提供包括投资、咨询、投诉在内的个性化专属服务。

16 日　中共山东省委书记刘家义在济南会见瑞士阿尔高州州长武尔斯·霍夫曼，希望双方继续按照互惠、互利、互信的原则，在装备制造、现代农业、科技、教育、旅游等领域加强交流合作。

同日　山东省副省长王书坚在济南会见空

中客车直升机集团公司全球执行副总裁兼德国公司首席执行官沃尔夫冈·绍尔德。

同日　中共山东省商务厅党组书记张德平在济南分别与瑞士阿尔高州州长武尔斯·霍夫曼、英国石油公司中国业务董事长兼总裁杨筱萍举行工作会谈。

20 日　中共山东省委书记刘家义、山东省省长龚正在济南会见美国惠普公司全球高级副总裁、首席供应链执行官斯图尔特·潘恩，希望惠普公司在山东投资企业朝基地化、园区化、集群化方向发展，打造集研发、生产、营销于一体的产业基地。山东省副省长任爱荣，山东省人民政府秘书长申长友，中共山东省委副秘书长、办公厅主任陈迪桂，中共山东省商务厅党组书记张德平等参加会见。当日，山东省人民政府与美国惠普公司负责人在济南签署全面战略合作框架协议，山东省省长龚正，美国惠普公司全球高级副总裁、首席供应链执行官斯图尔特·潘恩出席签约仪式。

22—23 日　中共山东省商务厅党组书记张德平在泰安调研外贸、外资、开发区体制机制创新工作，实地考察华润万象汇、益海嘉里有限公司、泰山玻璃纤维有限公司、泰安蒙牛乳业有限公司、泰开集团有限公司、泰邦生物有限公司、峰松电子有限公司等企业，与泰安市人民政府和高新区管委负责人座谈，督导香港山东周等重大活动签约外资项目落地，并参加外贸政策送万企相关活动。

24 日　中共山东省商务厅党组书记张德平与淄博市委副书记、市长于海田在济南举行工作会谈，就进一步推动淄博商务事业发展、促进淄博对外开放进行深入交流。

25 日　中共山东省商务厅党组书记张德平在济南会见韩国驻青岛总领事朴镇雄，就举办山东省商务厅—韩国驻青岛总领事馆经贸合作会议、深化跨境电子商务和医疗健康领域合作等进行交流。

26 日　山东省商务厅在济南举办境外驻华商协会工作座谈会，中国美国商会、中国欧盟商会、德国工商大会、英中贸易协会、日本贸易振兴机构、大韩贸易投资振兴公社、新加坡企业发展局、香港贸易发展局等机构负责人参会。中共山东省商务厅党组书记张德平主持会议，山东省商务厅相关负责人推介山东新旧动能转换等重大发展战略、十强产业重大工程以及吸引外商投资的政策措施，介绍跨国公司领导人青岛峰会筹备情况。

28 日—5 月 7 日　山东省商务厅在德国、瑞士、法国开展以双招双引助推新旧动能转换和十强产业发展为主题的路演暨项目对接系列活动。

29 日　山东省商务厅召开驻外代表处座谈会，听取 10 个驻外代表处工作汇报。中共山东省商务厅党组书记张德平对各驻外代表处提出工作要求。

30 日　中共山东省商务厅党组书记张德平主持召开新旧动能转换十强产业国际合作及跨国公司领导人专家咨询会，与中国电子信息产业发展研究院院长卢山、赛迪顾问股份有限公司总裁孙会峰、北京赛普信科技术有限公司总经理胡红梅等专家进行座谈，就相关问题进行咨询。

5 月
May

7 日　山东省商务厅相关负责人与新加坡企业发展局中国司司长黄祖信在济南举行工作会谈，商讨召开新加坡—山东经贸理事会第 21 次全体会议等事宜。

8 日　山东省商务厅与德国莱法州经济部在济南举办德国莱法州推介会暨山东省—莱法州企业对接洽谈会。

9 日　山东省商务厅在济南举办以智汇创新、数聚未来为主题的招商引资路演活动。

10 日　中共山东省委书记刘家义在济南会见津巴布韦民盟全国主席、国防和退伍军人事务部部长奥帕·穆春古丽，希望加强在农业和基础设施建设等领域的合作，取得更多合作成果。中共山东省商务厅党组书记张德平等参加会见。

同日　山东省副省长任爱荣在济南会见柬埔寨商业大臣班守拉萨，希望进一步加强基础设施、产业园区、人文、旅游及农业等领域的交流合作。

14—16 日　山东省商务厅在上海新国际博览中心举办 2019 年山东品牌中华行上海站活动，省内 20 家老字号企业参展。

20 日　山东省商务厅与欧洲科技商会在济南举办山东省—欧洲商务对接会，欧洲科技商会及 11 家欧洲企业相关负责人各自推介合作优势和需求，双方有关机构负责人就开展智能制造、生物技术、生命科学、信息技术、工程建筑等领域的合作进行对接洽谈。中共山东省商务厅党组书记张德平会见欧洲科技商会董事会副主席哈维·卢比，洽商经贸合作事宜。

22 日　山东省商务厅在济南举办国际资本对接山东路演之山东老字号专场活动。

23 日　中共山东省商务厅党组书记张德平在济南会见苏宁置业集团有限公司副总裁陈艳，就引进苏宁易购、苏宁购物广场、苏宁置业、苏宁智慧社区店等业态以及在谈、在建项目进行交流。

24 日　青岛市人民政府在胶州市举办上海合作组织地方经贸合作青岛论坛暨国际投资贸易博览会，山东省副省长任爱荣致辞。

27 日　山东省商务厅以视频会议方式举办第三期对外经贸合作路演活动，邀请日本伊藤忠商事（青岛）有限公司总经理能势稔彦、和歌山县驻山东代表蒲原大介推介合作项目。

28 日　山东国惠投资有限公司、济南新旧动能转换先行区管委会、以色列库克曼投资集团及 Catalyst 基金在济南举办 2019 中国—以色列跨境投资论坛。论坛以中国—以色列跨境投资合作为主题，120 家以色列创新企业、800 多家国内企业、机构负责人参加。

29 日—6 月 7 日　山东省商务厅、中共山东省委宣传部、山东省文化和旅游厅、山东省卫生健康委员会、山东省体育局、山东省广播电视局联合组织省内有关企业在塞尔维亚、匈牙利、英国举办孔子家乡山东文化贸易走进欧洲系列经贸活动，在波兰举办中国山东出口商品展览会。

31 日　山东省十三届人大常委会第十二次会议经过表决，决定任命张德平为山东省商务厅厅长。

6 月
June

3—5 日　山东省商务厅、中共山东省委宣传部、山东省文化和旅游厅、山东省卫生健康委员会、山东省体育局、山东省广播电视局联合组织省内有关企业在匈牙利布达佩斯中欧商贸物流园区举办 2019 年山东品牌产品（中东欧）展暨孔子家乡山东文化贸易（中东欧）展。

6 日　山东省人民政府召开跨国公司领导人青岛峰会暨新动能·青岛展览洽谈会筹备工作视频会议，任爱荣副省长要求各市、各部门提高政治站位，突出嘉宾邀请、活动组织、新闻宣传、服务保障等重点任务，加强协同配合，形成筹备工作合力，确保活动办出特色、办出水平、办成精品，为创设国际化、机制化、品牌化高端开放平台打下坚实基础。山东省商务厅厅长张德平在主会场发言。省有关部门、单位和中央驻鲁有关单位负责人在主会场参会，16市政府、重点县（市、区）、园区有关负责同志在各市分会场参加会议。

10日　山东省商务厅召开“不忘初心、牢记使命”主题教育工作会议，深入学习贯彻习近平总书记在中央“不忘初心、牢记使命”主题教育工作会议上的重要讲话精神，按照全省“不忘初心、牢记使命”主题教育工作会议要求，对厅机关及直属单位扎实开展主题教育进行动员部署。中共山东省商务厅党组书记、厅长张德平作动员讲话，中共山东省委“不忘初心、牢记使命”主题教育第十四巡回指导组组长李世瑛出席会议并讲话。

11日　山东省商务厅在济南举办第四期对外经贸合作路演活动，相关负责人介绍中央惠台56条政策贯彻落实情况、山东省境外百展市场开拓计划、总部经济、台资企业入园等有关政策。

13日　山东省副省长任爱荣在济南会见密克罗尼西亚联邦科斯雷州州长卡森·西格拉，希望双方深化农业、教育、旅游及海洋领域的合作。

14日　山东省商务厅在济南和谐广场举行以绿色发展、节能先行为主题的全省商务系统2019年节能宣传周和安全生产月活动启动仪式。

18日　中共山东省委书记刘家义在济南会见到鲁参加海峡两岸新旧动能转换高峰论坛的两岸企业家峰会台湾方面理事长萧万长，希望两地企业加强在电子信息、装备制造、生物医药等领域的投资合作。国务院台湾事务办公室副主任裴金佳，山东省领导张江汀、孙立成、王忠林、任爱荣等参加会见，山东省商务厅厅长张德平等省有关部门负责人陪同会见。

同日　山东省内首个纳入中国铁路总公司欧亚班列方案的东南亚方向国际班列——齐鲁号（福山—河内）欧亚班列从山东济铁烟台物流园启程，驶向越南首都河内。

19日　济南市人民政府、山东省人民政府台港澳事务办公室在济南举办海峡两岸新旧动能转换高峰论坛。论坛以新动能、新机遇、新发展为主题，旨在搭建鲁台经贸交流合作高端平台，促进鲁台经贸合作高质量发展，助力山东新旧动能转换重大工程。两岸企业家峰会大陆方面理事长郭金龙、台湾方面理事长萧万长，国务院台湾事务办公室副主任裴金佳，山东省省长龚正，中共山东省委常委、统战部部长张江汀，中共山东省委常委、济南市委书记王忠林出席，山东省副省长任爱荣主持，山东省商务厅厅长张德平等省有关部门负责人、台湾工商界人士等约400人参加。

22日　山东省副省长任爱荣在济南会见香港特别行政区中华厂商联合会会长吴宏斌。

25日　瑞典驻华使馆商务参赞、瑞典贸易与投资委员会大中国区总经理霍伦伟造访山东省商务厅，就加强贸易与双向投资、信息技术和生命科学研发创新、智慧城市建设及可持续发展等领域的合作以及参与中国国际进口博览会、跨国公司领导人青岛峰会、经贸合作路演等事宜，与山东省商务厅相关负责人进行洽谈。

27—29日　山东省商务厅组织省内60余家企业参加商务部、湖南省人民政府在长沙举办的第一届中国—非洲经贸博览会。山东省副省长任爱荣出席开幕式暨中非经贸合作论坛等活动，山东省商务厅厅长张德平陪同参加相关活动。

28 日　由济南海关、山东省商务厅等单位相关人员组成的联合预验收小组对济南综合保税区进行预验收，查验保税区基础设施、隔离设施、卡口和通道设施、监管设施等。经综合评审，预验收小组确定济南综合保税区通过预验收。

7 月
July

2 日　山东省商务厅厅长张德平在济南会见宁波高启企业管理咨询有限公司总经理高小波率领的浙江投资考察团，希望鲁浙双方共谋商机、携手发展。

3 日　济南海关、山东省商务厅等单位相关人员组成的联合预验收小组对日照综合保税区进行预验收，查验保税区基础设施、隔离设施、卡口和通道设施、监管设施等。经综合评审，预验收小组确定日照综合保税区通过预验收。

4 日　山东省商务厅负责人参加山东广播电视台公共电视频道《问政山东》节目，张德平介绍相关工作情况，回应观众关切的有关问题，并于当日主持召开会议，研究部署整改工作。

5—7 日　山东省商务厅厅长张德平等带队分赴德州、潍坊、烟台、青岛、日照等地，督导整改山东广播电视台公共电视频道《问政山东》节目所反映的问题。

9 日　山东省商务厅厅长张德平与省财政厅副厅长姜龙举行工作会谈，商讨稳外贸、稳外资、促消费等方面的促进政策。

10 日　山东省商务厅在济南举办第五期对外经贸合作视频路演活动，邀请中国国际金融有限公司相关负责人讲解推动企业境内外上市、通过资本市场等方式融资等方面的知识。

11 日　阿联酋迪拜多种商品中心自由区政府在青岛举办投资推介会，并与山东省商务厅签署经贸合作谅解备忘录。

15 日　济南综合保税区通过海关总署、商务部等 8 个部委组成的联合验收组验收，正式开关运行。

15—17 日　山东省商务厅厅长张德平在青岛、潍坊调研，考察有关企业，与两市商务主管部门负责人座谈，并走访青岛海关。

16 日　日照综合保税区一期通过海关总署、商务部等 8 个部委组成的联合验收组验收，正式开关运行。

17 日　山东省副省长于国安在济南会见乌兹别克斯坦畜牧场、农场及自留地庄园所有者委员会主席哈伊托夫·阿克塔木。

17—18 日　山东省副省长任爱荣在东营调研，考察东营综合保税区、东营经济技术开发区、垦利经济开发区及部分企业，了解综保区、开发区体制机制创新及有关项目建设与企业创新发展、应对经贸摩擦情况。

18 日　山东省商务厅在济南举办第六期对外经贸合作视频路演活动，邀请有关专家学者推介基于低温三维活性打印平台的个体化组织修复、深圳艾深抗体药物平台、新技术生产蛋白药物平台、功能性纳米材料表面负载技术及其应用等项目。

24 日　山东省副省长任爱荣在济南会见日本住友商事株式会社东亚区总裁御子神大介。

同日　山东省商务厅在济南举办第七期对外经贸合作视频路演活动，邀请澳大利亚南澳洲政府驻济南代表处、阿德莱德大学能源技术中心专家推介南澳洲相关情况、阿德莱德大学能源技术中心及新能源合作项目，并播放澳大利亚弗林德斯大学制作的《海洋生物产业合作机遇》专题片。

26日　山东省商务厅召开“不忘初心、牢记使命”主题教育调研成果交流会，中共山东省商务厅党组书记、厅长张德平主持会议并讲话，中共山东省委第十四巡回指导组副组长李廷华到会指导。

29日　山东省商务厅厅长张德平与欧洲科技商会董事会副主席哈维·卢比在济南举行工作座谈，探讨推动欧洲未来城项目落户山东，以及进一步深化山东产业升级、推动山东新旧动能转换等合作事宜。

30日　山东省商务厅在济南召开全省上半年商务运行分析会，张德平厅长提出工作要求。

31日　山东省商务厅在济南举办第八期对外经贸合作视频路演活动，邀请南京熊猫电子股份有限公司、中澳创新中心专家推介智能制造、机器人整体解决方案、高新技术项目、高科技企业孵化模式。

8月
August

2日　国务院批准设立包括中国（山东）自由贸易试验区在内的6个自由贸易试验区。

5日　山东省商务厅厅长张德平在济南会见香港贸易发展局华北、东北首席代表陈嘉贤，就继续完善合作机制、联合开展经贸活动、“一带一路”市场开拓、农产品贸易、教育培训进行交流。

同日　山东省商务厅在济南举办第九期对外经贸合作视频路演活动，邀请中德橡树园国际集团负责人介绍德国莱法州中德橡树园园区情况及中资企业落户园区成功案例。

5—7日　商务部西亚非洲司司长江伟在山东调研中非合作论坛北京峰会八大行动落实情况及山东与非洲经贸合作情况，山东省商务厅厅长张德平一同调研。

6日　山东省商务厅厅长张德平在济南会见香港特别行政区投资推广署助理署长蒋学礼，洽商“一带一路”市场开拓、农产品贸易、教育培训以及医疗、文旅合作等事宜。

7日　山东省商务厅厅长张德平在济南会见韩国艾多美株式会社海外事业本部长崔承坤，洽商艾多美株式会社在中韩（烟台）产业园投资建设的生活用品、保健品生产基地项目建设相关事宜。

10日　山东省商务厅启动应对“利奇马”台风居民生活用品供应日监测应急保障机制。

16日　青岛西海岸综合保税区通过由青岛海关、山东省商务厅等8个单位相关人员组成的联合验收组的验收。

17—18日　中国发展出版社在威海举办2019中韩（威海）服务贸易创新发展高端论坛。

19—22日　山东省商务厅邀请韩国康养文旅、电子信息、智能制造、新材料、汽车及零部件制造等领域的18家企业，在威海、潍坊、日照3个市开展韩国企业投资齐鲁行活动。

21日　商务部、山东省人民政府在青岛召开跨国公司领导人青岛峰会新闻发布会，商务部副部长钱克明、山东省副省长任爱荣介绍峰会相关背景、定位和筹备情况。山东省商务厅厅长张德平参加发布会。

22日　山东省商务厅厅长张德平参与山东广播电视台公共电视频道《问政山东回头看》节目，接受电视问政。

23日　山东省商务厅召开专题会议，研究部署电视问政所曝光问题的整改工作，张德平厅长提出工作要求。

26日　国务院新闻办公室在北京举办6个新设自贸试验区总体方案有关情况吹风会，山东省副省长任爱荣介绍中国（山东）自由贸易试验区有关情况。

29 日　中共山东省委书记刘家义，中共山东省委副书记、省长龚正在济南会见阿里巴巴网络技术有限公司董事局主席马云。

30 日　中共山东省委、山东省人民政府在济南举办中国（山东）自由贸易试验区揭牌仪式，中共山东省委书记刘家义，中共山东省委副书记、省长龚正为试验区揭牌。

同日　山东省商务厅、滨州市人民政府、阿里巴巴网络技术有限公司在惠民县举办第七届中国淘宝村高峰论坛。山东省副省长孙继业、阿里巴巴网络技术有限公司董事局主席马云出席有关活动。

同日　山东省商务厅厅长张德平在济南会见韩国希杰物流公司全球总裁兼希杰集团中国区总裁朴根太，洽商希杰公司加强与山东有关机构在生物科技、食品、物流等领域的投资合作等事宜。

30 日—9 月 1 日　山东省商务厅、山东省财政厅、山东省文化和旅游厅、山东省市场监管局在济南举办第三届中华老字号（山东）博览会暨老字号品牌发展高峰论坛，25 个省、自治区、直辖市的 382 家老字号企业参展。山东省政协副主席刘均刚、山东省商务厅厅长张德平等出席有关活动。

31 日　中共山东省委书记刘家义，中共中央台湾事务办公室、国务院台湾事务办公室主任刘结一在潍坊会见由中国国民党前主席、台湾中华青雁和平教育基金会董事长洪秀柱率领的参加第 25 届鲁台经贸洽谈会的台湾嘉宾代表。

9 月
September

1 日　中共中央台湾事务办公室、国务院台湾事务办公室、山东省人民政府在潍坊举办第 25 届鲁台经贸洽谈会，会期 4 天，其间举办海峡两岸农业论坛及一系列专项对接洽谈和现场考察等活动，山东省商务厅和潍坊市人民政府在潍坊滨海新区举办第二届两岸园区共建对接会。刘结一、龚正、张江汀、任爱荣等出席开幕式，山东省商务厅厅长张德平等省有关部门负责人和潍坊市委、市政府负责人参加有关活动。

2—12 日　山东省商务厅组织经贸代表团在南非、坦桑尼亚和肯尼亚举办 6 个出口食品农产品质量安全示范省路演活动，达成进出口意向 4146 万美元。

4 日　山东省人民政府在济南召开第二届中国国际进口博览会山东省筹备工作电视电话会议，山东省副省长任爱荣提出工作要求。

5—6 日　自然资源部、山东省人民政府在青岛西海岸新区举办 2019 东亚海洋合作平台青岛论坛，山东省副省长于国安出席有关活动。

8 日　中共山东省委书记刘家义，省委副书记、省长龚正在济南会见出席青年企业家创新发展国际峰会 2019 的嘉宾代表。

9 日　共青团中央、国务院发展研究中心、山东省人民政府指导，共青团山东省委、中国青年企业家协会举办的青年企业家创新发展国际峰会 2019 在济南开幕。来自中国、加拿大、德国等国家和地区的青年企业家、经济界专家学者、商界领军人物约 1000 人与会，围绕科技赋能产业、创新引领未来这一主题，共研新旧动能转换发展路径。山东省领导刘家义、龚正、付志方、杨东奇、王书坚、孙立成、王清宪、王忠林、任爱荣，国务院发展研究中心副主任隆国强出席开幕式，山东省商务厅厅长张德平等省有关部门负责人参加有关活动。

10 日　山东省人民政府、德国安顾集团

股份公司负责人在济南签署《山东省人民政府、德国安顾集团股份公司战略合作协议》，双方拟深化医疗保险、养老保险、科技保险及精准扶贫保险等业务合作，探索开展交通、能源、环保等领域的投资合作，加强保险服务创新，共同引进和培育高端保险人才。协议签署前，山东省副省长刘强会见了安顾集团股份公司董事会主席、首席执行官瑞思，山东省商务厅厅长张德平参加会见。

同日　山东省商务厅厅长张德平在济南会见以色列化工集团公司中国业务总裁罗尼·沙米尔，洽商进一步深化合作事宜。

12 日　山东省商务厅召开第二批“不忘初心、牢记使命”主题教育工作会议，部署安排第二批主题教育工作。中共山东省商务厅党组书记、厅长张德平主持会议并讲话，省委第三巡回督导组副组长李成金及部分成员到会指导。

18 日　山东省商务厅厅长张德平在济南会见匈牙利、斯洛伐克、罗马尼亚、乌克兰、塞尔维亚、斯洛文尼亚、摩尔多瓦商会会长，洽商山东品牌产品（中东欧）展暨孔子家乡山东文化贸易展、推动齐鲁号欧亚班列项目实施、深化中医药服务交流、加强数字经济合作等合作事宜。

同日　山东省商务厅在济南举办第十期对外经贸合作视频路演活动，邀请美国 7 个州的驻华代表推介投资环境、引资政策、招商项目、重点合作领域，翎美投资咨询有限公司、普默企业管理咨询（上海）有限公司负责人讲解如何助推企业拓展国际市场。

19—23 日　中共山东省委宣传部、山东省文化和旅游厅、济南市人民政府在济南举办第八届山东国际文化产业博览交易会，山东省领导龚正、关志鸥、王忠林、王良、郭爱玲等参观展区。

20 日　国务院批准设立中国—上海合作组织地方经贸合作示范区，实施范围在山东胶州经济技术开发区内。

25 日　山东省副省长任爱荣在济南会见瑞典驻华大使宋莲。

10 月
October

16—20 日　山东省人民政府、中国人民对外友好协会在济南、青岛等地举办山东国际友城合作发展大会，中共山东省委书记刘家义出席开幕式并致辞。

17 日　商务部流通产业促进中心在济南举办 2019 全国农商互联暨精准扶贫产销对接大会，山东省商务厅组织省内 102 家农产品流通企业、重要产品追溯企业参展。其间，山东省商务厅联合重庆市、广东省、云南省、陕西省商务部门举办渝鲁扶贫交流合作大会、山东—广东农商互联交流对接会、云南绿色食品全国巡展（济南站）产销对接会、陕西名优产品（济南）展销会暨产业协作洽谈会等活动。

19—20 日　商务部、山东省人民政府举办首届跨国公司领导人青岛峰会，国家主席习近平致贺信。35 个国家和地区的 115 家世界 500 强企业、284 家行业领军企业相关负责人参会。中共中央政治局常委、国务院副总理韩正出席开幕式，宣读习近平主席贺信并致辞。山东省领导刘家义、龚正、杨东奇、王书坚、关志鸥、王忠林、于国安、任爱荣、孙继业、于杰、刘强分别出席有关活动，山东省商务厅厅长张德平等参加相关活动。

21 日　山东省商务厅与澳大利亚北领地矿业代表团在济南召开山东—北领地矿业资源合作研讨会，双方就钒钛铁矿、锂矿、油气、黄金、铝土等方面的项目合作进行对接洽谈，达成部分合作意向。

23 日　中共山东省委书记刘家义、山东省省长龚正在济南会见澳大利亚南澳州州长马潇。

23 日—11 月 1 日　山东省副省长任爱荣率山东省政府代表团访问德国、匈牙利、新加坡，山东省商务厅厅长张德平等陪同访问。

29 日—11 月 1 日　中共山东省委统战部、济南市人民政府、烟台市人民政府在济南、烟台举办第十届华商企业科技创新合作交流会暨海外华商产业发展高端论坛。

31 日　新加坡—山东经贸理事会在新加坡召开第 21 次会议，山东省副省长、新加坡—山东经贸理事会山东方联合主席任爱荣与新加坡贸工部兼教育部高级政务部长、新加坡—山东经贸理事会新方联合主席徐芳达率双方代表团参加，山东省商务厅厅长张德平等理事成员单位负责人参会。

11 月
November

3—13 日　山东省政协主席付志方率团访问摩洛哥、尼日利亚、乌干达。

5 日　第二届中国国际进口博览会在上海国家会展中心开幕，山东省领导刘家义、孙立成、王清宪、王忠林、任爱荣等参加开幕式，刘家义会见参会的部分跨国公司和贸易促进机构负责人。山东省商务厅组织省内企业开展洽谈采购活动，张德平厅长参加有关活动。

6 日　山东省人民政府在上海国家会展中心举办打造对外开放新高地推介会，中共山东省委书记刘家义作主旨演讲。商务部部长助理任鸿斌、德马泰克公司全球高级副总裁及中国业务董事总经理延斯·哈登纳克致辞。省委常委、青岛市委书记王清宪，省委常委、济南市委书记王忠林，烟台市主要领导分别推介中国（山东）自贸试验区三个片区以及中国—上海合作组织地方经贸合作示范区特色亮点。山东省领导孙立成、任爱荣以及山东省商务厅厅长张德平等参加活动。

6—9 日　山东省商务厅在尼日利亚拉各斯举办 2019 中国山东出口商品展览会，山东省政协主席付志方率山东省政府代表团出席。

7 日　山东省省长龚正在济南会见立陶宛副总理阿尔吉达斯·斯通柴蒂斯，希望双方完善交流合作机制，促进双边贸易和双向投资，在新能源、激光、文化旅游等领域深化务实合作，实现优势互补、合作共赢。山东省副省长任爱荣，省政府副秘书长、办公厅主任宋军继，省商务厅厅长张德平等参加会见。

11 日　中共山东省委书记刘家义在济南会见前来参加 2019 中德中小企业合作交流大会的中外嘉宾。山东省、济南市领导孙立成、王忠林、凌文、孙述涛以及山东省商务厅厅长张德平等省直部门负责人参加会见。

12 日　山东省商务厅在济南举办第十一期对外经贸合作视频路演活动，邀请戴德梁行、仲量联行负责人介绍企业自身优势业务领域及合作机遇，收集合作需求。

13 日　山东省商务厅在济南举办选择山东国际新能源新材料产业对接会。

15 日　山东省商务厅在济南召开全省商务工作务虚会，学习中共十九届四中全会精神和习近平总书记视察山东重要讲话、重要指示批示精神，落实山东省委、省政府决策部署，聚焦打造对外开放新高地，分析研究商务工作面临的新形势、新任务，谋划 2020 年商务工作，张德平提出工作要求。

20 日　中国商业联合会、山东省商务厅、泰安市人民政府在泰安举办第六届泰山商务论坛暨第五届中国生活服务业大会。

20—21日　中国商务部、日本经济产业省九州经济产业局、日本九州经济国际化推进机构、韩国产业通商资源部在济宁召开第18届泛黄海中日韩经济技术交流会议，与会嘉宾就加强中日韩国际产业园区建设，推动高端装备制造、生物医药、环保新能源新材料等产业发展进行交流，达成一系列合作共识。其间，山东省商务厅厅长张德平会见日本、韩国与会嘉宾。

21日　商务部中国服务外包研究中心、山东省商务厅、济南市人民政府在济南举办中国（济南）企业数字化转型首席信息官峰会。

27日　中共山东省委书记刘家义在济南会见前来出席第十届中意创新合作周的意大利教育、大学、科研部部长洛伦佐·菲奥拉蒙蒂。山东省、济南市领导孙立成、王忠林以及山东省商务厅厅长张德平等省直部门负责人参加会见。

28日　跨国公司领导人青岛峰会组委会办公室在济南召开第二届跨国公司领导人青岛峰会咨询论证会。山东省商务厅厅长、跨国公司领导人青岛峰会组委会办公室副主任张德平主持会议，中国银行青岛分行、山东财经大学、商务部研究院、中国美国商会、陶氏化学公司、三菱日联银行、英国石油公司、微软公司等单位的峰会咨询委员会委员和代表参会。

同日　山东省商务厅在济南举办第五届山东跨境电子商务生态峰会。

29日　山东省商务厅在济南举办第十二期对外经贸合作视频路演活动，邀请俄罗斯亚洲工业家与企业家联合会主席、俄中友好和平发展协会副主席维塔利·曼凯维奇介绍俄罗斯经济社会发展情况、俄中合作情况及俄鲁合作前景。

12月
December

1日　中国青岛市、韩国釜山市有关机构在韩国首尔举办山东青岛—釜山地方经贸合作交流会，中共山东省委书记刘家义、釜山市市长吴巨敦、中国驻釜山总领事郭鹏、韩中友好亲善协会会长徐义泽等致辞。青岛市、釜山市相关负责人签署深化合作备忘录，青岛海关、济南海关与釜山海关负责人签署关际合作谅解备忘录，青岛西海岸新区与釜山镇海经济区负责人签署战略合作备忘录，青岛农商银行与釜山银行、莱西市与DA株式会社负责人分别签署相互授信、新能源装备合作项目协议。山东省商务厅厅长张德平主持签约仪式。

1—8日　中共山东省委书记刘家义率山东经贸代表团访问韩国、日本。

3日　山东经贸代表团、韩国产业通商资源部在韩国首尔举办深化中国山东—韩国开放合作推进会，旨在践行习近平外交思想，打造对外开放新高地，更好地服务两国开放合作大局，厚植合作优势，提升合作水平，开辟山东与韩国地方互利合作新空间。韩国产业通商资源部、全国经济人联合会、韩国中坚企业联合会以及企业、金融机构代表，山东有关市和省直部门、企业代表等参加会议。中共山东省委书记刘家义作主旨演讲，中国驻韩国大使邱国洪，韩国大企业代表、全国经济人联合会会长、GS集团会长许昌秀致辞。山东经贸代表团负责人与韩国产业通商资源部部长成允模签署《山东省—韩国产业通商资源部深化经贸合作谅解备忘录》。青岛海关、济南海关和济南、青岛、烟台、威海市相关负责人与韩方有关人士就中国（山东）自由贸易试验区建设、中韩自由贸易协定和创新性政策进行对话交流，并举行机制、平台、项目合作签约仪式，山东省商务厅厅长张德平主持有关活动。

同日　经中央编办批准，山东省人民政府批准山东省商务厅加挂中国（山东）自由贸易试验区工作办公室牌子。

6日　山东经贸代表团与日本有关机构在日本东京举办深化中国山东—日本开放合作推进会，中共山东省委书记刘家义作主旨演讲，日本经济产业省副大臣牧原秀树，中国驻日本大使孔铉佑，日本众议院议员、自民党总务会长代理原田义昭致辞。济南、青岛、烟台市相关负责人专题推介中国（山东）自贸试验区三个片区创新性政策，山东省人民政府国有资产监督管理委员会负责人推介新旧动能转换重点项目暨企业混改项目。山东省商务厅厅长张德平与日本经产省九州经济产业局负责人签署《有关经济、技术交流的会议纪要》、与日本能率协会负责人签署《关于联合开拓第三方市场的合作备忘录》。

10—12日　山东省商务厅厅长张德平在青岛、烟台进行工作调研。

11日　山东省副省长凌文在济南会见塞内加尔农业和农村装备部部长穆萨·巴尔德。

13日　跨国公司领导人青岛峰会组委会办公室在济南召开第二届跨国公司领导人青岛峰会第二次咨询论证会，听取专家意见建议。峰会组委会办公室副主任、山东省商务厅厅长张德平主持会议。

17日　中国对外承包工程商会、山东省商务厅在淄博举办第七届山东—央企经贸合作对接会，50余家央企、中国进出口银行、国家开发银行、中国出口信用保险公司等多个金融机构与150余家山东企业进行业务对接。其间，山东省商务厅和中国对外承包工程商会负责人签署新修订的战略合作协议。

同日　山东省商务厅在济南举办第十三期对外经贸合作视频路演活动，邀请上海产业合作促进中心、普洛斯集团公司、张治中文化教育基金会、上海栋巡时自控技术有限公司、上海钜成集团公司、荷兰贸易促进委员会、上海捷铭律师事务所等单位有关负责人推介各自业务及20余个合作项目。

18日　香港特别行政区投资推广署、山东省商务厅在济南举办鲁港合作协助山东省企业“走出去”午餐交流会，介绍香港特别行政区的营商环境、税务政策、上市融资、服务业优势、“一带一路”合作和人才引进等情况。

19日　香港特别行政区政府驻上海经济贸易办事处在济南举办同根同心、共创双赢2019香港巡回展览，以文字和图片展示香港在金融、经贸、创新科技、粤港澳大湾区、文化、旅游等方面的发展成就。

19—20日　商务部党组副书记、副部长、国际贸易谈判副代表俞建华在青岛调研中国—上海合作组织地方经贸合作示范区建设及外贸、外资情况。中共青岛市委副书记、市长孟凡利，山东省省商务厅厅长张德平陪同调研。

21—22日　中国服务贸易协会在烟台举办中国服务贸易开放与发展新年论坛。

23日　山东省商务厅厅长张德平在济南会见大韩贸易投资振兴公社副社长宣石基，就共同举办采购洽谈会等经贸促进活动、加强服务贸易合作相关事项进行座谈。

29日　山东省商务厅、中铁济南局集团公司在济南举办山东品牌高铁行活动启动仪式。

知识窗

跨境电子商务 9610 出口业务

一、9610 业务的含义

9610 是一个四位代码，前两位是按海关监管要求和计算机管理需要划分的分类代码，后两位为海关统计代码。9610 业务俗称跨境电子商务出口集货模式，或者说 B2C（Business To Customer）出口模式。它采用清单核放，汇总申报的方式，由跨境贸易企业将出口数据推送给税务、外汇管理部门，以便出口退税。

二、9610 业务的优势

对于采用邮寄、快递方式出口的卖家来说，若按一般贸易出口对单个包裹报关清关，则需要耗费大量的人力物力，这必然不利于中小卖家的发展。

为方便中小卖家退税，海关总署 2014 年增列海关监管方式代码 9610，专为销售对象为单个消费者的中小跨境电子商务企业服务。9610 贸易项下，海关只需对跨境电子商务企业事先报送的出口商品清单进行审核，审核通过后即可办理货物放行手续，这不仅提高了企业通关效率，而且降低了通关成本。

三、9610 业务出口报关

（一）清单核放。跨境电子商务出口企业将三单信息（订单信息、物流信息、支付信息）推送到通关单一窗口，海关对相关信息进行审核并办理货物放行手续。

（二）汇总申报。跨境电子商务出口企业定期汇总出口信息，形成报关单，向海关申报。海关为企业出具报关单退税证明，作为企业出口退税凭据。

四、9610 业务流程

（一）企业注册。凡是参与跨境电子商务零售出口业务的企业，包括跨境电子商务企业、物流企业等，如需办理报关业务，均应在所在地海关办理信息登记。

（二）通关申报。跨境电子商务零售出口商品申报前，跨境电子商务企业或其代理人、物流企业应当分别通过对外贸易单一窗口或跨境电子商务通关服务平台，向海关传输交易、收款、物流等电子信息，申报出口明细清单。

（三）离境结关。进口申报清单经海关查验放行后，跨境电子商务出口商品通过运输工具运输离境，相应进口申报清单结关。

（四）汇总申报。跨境电子商务零售商品出口后，跨境电子商务企业或其代理人应当于每月 15 日前按规定汇总上月结关的进口申报清单形成出口报关单，经海关允许以清单核放、汇总统计方式办理报关手续的则不再汇总。

业务综述

Business Description

简要说明

一、栏目内容

本栏目综合描述2019年山东省商务经济运行情况，含商贸流通、电子商务、对外贸易、外国及中国港澳台地区投资、对外经济技术合作、对外投资、经济园区、投资合作等内容，以文字形式呈现。

二、资料来源

山东省商务厅、山东省统计局、商务部、国家外汇管理局山东省分局

Brief Introduction

Ⅰ. Content

The column comprehensively describes commerce economic operation condition of Shandong Province in 2019, including commerce circulation, e-commerce, foreign trade, foreign investment, foreign economic and technical cooperation, investment abroad, economic zones, investment cooperation, presented in text.

Ⅱ. Data sources

Department of Commerce of Shandong Province, Shandong Statistics Bureau，Ministry of Commerce，National Foreign Exchange Administration

居民消费形态

Patterns of Consumption

【社会消费品零售总额】 2019年，山东省消费市场运行平稳，实现社会消费品零售总额35770.6亿元，较上年增长6.4%。其中，餐饮收入4128.9亿元，增长9.7%；商品零售31641.7亿元，增长6.0%。城镇零售额28386.7亿元，增长6.2%；乡村零售额7383.9亿元，增长7.2%。

【消费热点】 智能商品消费高速增长，可穿戴智能设备、新能源汽车销售额分别增长37.8%和63.2%，能效等级1、2级商品销售额增长9.2%。服务型餐饮增势强劲，限额以上餐饮配送、外卖送餐服务营业额分别增长24.0%和89.5%。实物商品网上零售额对社会消费品零售总额增长的贡献率为27.5%。

【居民人均可支配收入】 全年居民人均可支配收入31597元，比上年增长8.2%，扣除价格因素影响，实际增长4.8%。其中，城镇居民人均可支配收入42329元，增长7.0%，扣除价格因素影响，实际增长3.8%；农村居民人均可支配收入17775元，增长9.1%，扣除价格因素影响，实际增长5.3%。城乡居民人均可支配收入倍差为2.38，比上年缩小0.05。

【居民人均消费支出】 全年居民人均消费支出20427元，比上年增长8.8%。其中，城镇居民人均消费支出26731元，增长7.8%；农村居民人均消费支出12309元，增长9.2%。消费结构持续优化，居民人均食品烟酒支出占消费支出的比重为26.5%，比上年回落0.3个百分点；居民人均服务性消费支出占消费支出比重为42.4%，比上年提高2.3个百分点。全省居民人均住房建筑面积39.9平方米，其中城镇居民、农村居民分别为37.1平方米和43.5平方米。

【市场物价】 居民消费价格比上年上涨3.2%，处于温和上涨空间。其中，消费品价格上涨3.9%，服务项目价格上涨2.0%。分商品和服务类别看，食品烟酒价格上涨7.9%，食品价格上涨10.6%，粮食价格上涨0.1%，猪肉价格上涨52.9%，鲜菜价格上涨3.8%，非食品价格上涨1.5%，衣着价格上涨1.2%，居住价格上涨2.2%，生活用品及服务价格上涨0.9%，交通和通信价格下降2.2%，教育文化和娱乐价格上涨2.5%，医疗保健价格上涨2.0%，其他用品和服务价格上涨4.1%。农业生产资料价格上涨7.6%，农产品生产者价格上涨12.2%。工业生产者出厂价格下降0.3%，购进价格下降0.8%。固定资产投资价格上涨2.8%。

市场运行监测

Market Operation Monitoring

【概况】 山东省市场运行监测体系包括重要商品市场监测体系和商贸流通业统计分析体系两个部分。重要商品市场监测体系重点监测重要生产资料和生活资料市场运行情况，商贸流通业统计分析体系则侧重于依据统计数据对相关行业进行运行分析。

【重要商品市场监测体系】 主要监测生活必需品、生产资料、应急商品、茧丝绸、成品油、酒类等重要商品的价格、销售量、销售额、库存量等指标。其中，生活必需品市场监测覆盖全省所有县（市、区），监测样本企业290家，包括各地有代表性的超市、农贸市场和农副产品批发市场。监测内容为粮食、食用油、肉类、禽类、蛋类、蔬菜、水果、水产品、奶制品等12大类70余种生活必需品的价格、销售量、库存量。实行监测月报、周报制度，春节、“十一”等节假日期间或市场发生重大异常波动时启动日报制度。重要生产资料市场监测样本企业171家，均为从事生产资料经营活动的单位，监测内容为煤炭、成品油、钢材、橡胶、化肥、水泥、玻璃、有色金属、化工产品9大类26细类生产资料的价格，实行周报制度。

【商贸流通业统计分析体系】 统计主体为商务部门，统计客体为具有代表性的1645家商贸流通企业，包括生产资料批发、零售、住宿、餐饮、洗染、沐浴、家政、美容美发、会展、仓储等18个商贸服务行业的企业。统计指标包括企业销售（营业）额、从业人数、营业面积、成交税费、资产、负债、所有者权益、利润等，实行年报、季报和月报制度。

【市场运行主体】 2019年，山东省新登记各类市场主体216.8万个，较上年增长29.0%。年末，山东省实有各类市场主体1038万个，较上年增长14.7%，注册资本25.8万亿元，增长25.2%。其中，私营企业290.4万家，增长18.4%。个体工商户711.1万个，增长14.0%。外商投资企业3.4万家，增长9.9%。农民专业合作社21.0万个，增长3.5%。

流通业态

Circulation Forms

【概况】 2019年，山东流通业态多点开花、全线飘红。实体零售旗舰店销售规模继续扩大，引领作用日益增强。绿色发展成效提升，低碳环保效应持续增强。再生资源回收企业各显神通，可回收资源应收尽收。拍卖企业经营态势良好，拍卖手段渐趋多元。二手车交易逆势而上，取得了令人满意的交易成果。

【实体零售】 2019年，山东商务系统坚持以供给侧结构性改革为主线，把促进消费作为首要任务，大力培育市场主体，推进市场体系建设，增强消费对经济发展的基础性作用。全省实现社会消费品零售总额35770.6亿元，较上年增长6.4%，消费对经济增长的贡献率达到60%，继续保持经济增长第一拉动力。

年内，银座集团股份有限公司、利群集团股份有限公司、家家悦控股集团股份有限公司、烟台振华商业集团有限公司、山东潍坊百货集团股份有限公司、济南华联商厦集团股份有限公司、山东全福元商业集团有限公司、山东新星集团有限公司、青岛利客来集团股份有限公司、山东德州百货大楼（集团）有限责任公司、青岛维客集团股份有限公司11家企业入围2018年度中国零售百强企业，合计销售额为1784.9亿元，增长8.8%，占全国零售百强企业销售额的2.4%。

银座集团股份有限公司、利群集团股份有限公司、家家悦控股集团股份有限公司、烟台振华商业集团有限公司、山东潍坊百货集团股份有限公司、济南华联商厦集团股份有限公司、山东全福元商业集团有限公司、山东新星集团有限公司、青岛利客来集团股份有限公司、青岛维客集团股份有限公司10家企业入围2018年中国连锁百强企业，银座集团股份有限公司以374亿元的销售规模居第16位。10家企业销售额为1719.5亿元，增长9.0%，占全国连锁百强企业销售额的 7.2%。

【绿色发展】 2019 年，商务部确定 74 家企业为年度绿色商场创建单位，山东企业佳和购物广场奥城店、巨野佳和购物广场、金茂超市工商大街店、泰山新合作生活广场、淄博商厦、潍坊泰华城、菏泽银座和谐广场、枣庄万达广场入围。至 2019 年年底，山东已有 18 家企业启动绿色商场创建工作，数量居各省区市前列。

全省通过推广使用散装水泥、预拌混凝土、预拌砂浆和水泥制品，创造节能减排综合效益 45 亿元。全年推广使用散装水泥 9900 万吨，节约标准煤 227 万吨，减少粉尘排放 99 万吨，减少二氧化碳排放 591 万吨，减少二氧化硫排放 1.93 万吨。11 月 21 日，山东 43 家预拌砂浆（设备）生产企业被中国散装水泥推广发展协会评定为 2019 年度全国预拌砂浆绿色产业先进企业。

【再生资源回收】 2019 年，山东省以废钢铁、废有色金属、废塑料、废橡胶、废纸、废玻璃、废弃电器电子产品和报废机动车为主的 8 大类再生资源综合回收量 2420.8 万吨，增长 18.1%，回收率为 74.3%。其中，废钢铁回收量 1185 万吨，增长 12.5%；废有色金属回收量 164.3 万吨，增长 14.9%；废塑料回收量 216 万吨，增长 11.9%；废橡胶回收量 53 万吨，减少 3.6%；废纸回收量 680 万吨，增长 36.5%；废玻璃回收量 83 万吨，增长 5.1%；废弃电器电子产品回收量 522.9 万台、重量 14.3 万吨，分别增长 61.0% 和 25.4%；报废机动车回收量 12.6 万辆、重量 25.2 万吨，分别增长 28.6% 和 43.2%。8 大类再生资源回收总值 928.26 亿元，比 2018 年增长 76.7%。其中，废钢铁回收值 278.4 亿元，增长 32.2%；废有色金属回收值 429 亿元，增长 203.6%；废塑料回收值 56.2 亿元，增长 11.9%；废橡胶回收总值 21.6 亿元，下降 4.0%；废纸回收值 129.2 亿元，增长 42.4%；废玻璃回收值 5.06 亿元，增长 5.4%；废弃电器电子产品回收值 4.7 亿元，增长 104.3%；报废机动车回收值 4.1 亿元，增长 41.4%。至 2019 年年底，全省规范设置的基层回收站点约 1.3 万个，增长 10.0%；区域性交易市场 34 个，增长 21.4%；回收分拣加工中心 85 个，增长 32.9%；大型综合性和专业性聚集区 7 个，增长 40.0%；专业回收企业 4963 家，增加 10.0%。从业人员约 34.7 万人，增长 8.4%。

【拍卖企业经营活动】 2019 年，山东省新设立拍卖企业 49 家，拍卖企业数增加到 469 家。各拍卖企业开展 6938 次拍卖活动，拍卖成交率 77.8%。成交总额 328.88 亿元，下降 6.4%；佣金收入 3.08 亿元，下降 5.2%。拍卖成交额逾 20 亿元的企业 2 家、逾 5 亿元的企业 11 家、逾 2 亿元的企业 34 家、逾 1 亿元的企业 76 家。拍卖成交额最高的标的物是土地使用权，成交额 102.61 亿元，下降 14.7%；房地产拍卖成交额 78.48 亿元，下降 25.3%；机动车拍卖成交额 9.99 亿元，增长 44.8%；股权债权拍卖成交额 87.24 亿元，增长 6.3%；农副产品拍卖成交额 0.91 亿元，下降 3.19%；无形资产拍卖成交额 9.38 亿元，增长 97.1%；文物艺术品拍卖成交额 2.19 亿元，下降 30.0%；其他类标的拍卖成交额 38.08 亿元，增长 34.1%。标的物委托拍卖方面，法院委托成交额 11.01 亿元，下降 34.5%；行政机构委托成交额 112.56 亿元，下降 6.7%；金融资产机构委托成交额 99.7 亿元，下降 7.0%；破产清算组委托成交额 16.47 亿元，下降 36.4%；个人委托成交额 14.13 亿元，与上年基本持平；其他机构委托成交额 75.01 亿元，增长 12.0%。

【二手车流通】 2019年，在新车销售持续放缓的背景下，山东二手车交易继续保持较快增长，全年二手车交易量为254.6万辆，较上年增长16.1%。济南、青岛、潍坊、烟台、济宁、临沂等市二手车交易量均突破15万辆，东营、潍坊、泰安、滨州、德州、菏泽等市二手车交易增长率超过20%。

【报废汽车回收拆解】 2019年，全省累计回收老旧机动车11.2万辆，增长25%。其中，回收客车6.9万辆，增长7.5%；回收货车3.8万辆，增长87.1%。报废汽车回收拆解企业拆解84.1万辆，拆解能力利用率13.3%，较上年提高2.7个百分点。

市场秩序建设

Market Order Construction

【概况】 2019年，山东省商务部门注重问题导向和结果导向，从强化监管、规范提升、完善机制等方面入手，派出多个检查督导组分赴各市，深入县区、基层，检查和纠正电子商务、产品追溯、报废机动车回收拆解领域的违规行为，解决站点空设、服务缺位等问题，取得预期成效。

【调整规范电子商务服务节点】 针对电子商务示范工作中出现的县、乡、村电子商务服务站、服务中心服务缺位、运转不畅等问题，山东省组建由商务、财政、扶贫机构组成的省、市两级工作小组，加大推进力度，对19个电子商务示范县加强分类指导，进行监督检查，对不达标的1个镇级电子商务服务中心、195个村级电子商务服务站点予以摘牌，收回配置设备及资产，对重新确定的12个镇级、206个村级服务站点实行动态管理。对计划挂牌的413个站点负责人进行业务培训，提高其服务技能。

【完善产品追溯体系】 山东省商务厅制定肉菜流通和重要产品追溯体系公共服务平台建设规范及管理规范，完善食用农产品追溯编码规则，推动追溯体系建设标准化。在此基础上，组织专门力量赴12个肉菜流通追溯试点和重要产品追溯示范城市开展拉网式排查，逐一研究各市平台运行情况、存在问题、解决方案，推动各市平台改造升级。将肉菜流通和重要产品追溯体系建设试点城市由12个扩展到16个，实现省域全覆盖。对所发现的超市追溯码与标准追溯码位数不相符、二维码扫描查询不到追溯信息、食品安全查询机长期无法使用、追溯电子秤形同虚设、经营业户随意更改二维码产地信息等问题，及时提出技术解决方案，并对违规经营业户进行处罚，责令整改。

【整顿报废机动车回收拆解秩序】 商务部门以换发报废机动车回收拆解企业资质证书为契机，引导资质企业转型升级，改造拆解设施设备，延长产业链条，提升精细化拆解和循环利用能力，提高报废机动车回收价格与服务水平。健全投诉处理机制，畅通举报渠道，建立上下协同、部门联动的执法机制，对非法拆解点发现一处取缔一处。针对个别企业违规拆解销售汽车部件问题，下达限期改正通知书，成立专项调查组调查核实。针对企业违规出售汽车方向机未遂、出售没有标识的回用件等问题，第一时间关闭该公司的线上系统，暂停其打印《报废汽车回收证明》等行为，依法暂扣资质证书和营业执照，责令停业整顿，并处以10万元罚款。针对个别地方存在非法拆解点问题，开展联合查处行动，约谈3个涉事报废车辆非法拆解点负责人，对非法拆解现场进行查封取缔。

市场体系建设

Market System Construction

【概况】 2019年，山东省商务部门以步行街改造提升、供应链体系和城乡高效配送体系建设、农商互联为主要抓手，以项目试点为基本手段，经营性与公益性并举，推动有关市县开展市场体系建设，取得良好的经济效益和社会效益。

【步行街改造提升】 2019年，山东省商务部门开展省级步行街改造提升试点，确定济南泉城路商业街、济南世贸宽厚里、青岛台东商业步行街、青岛即墨古城、淄博周村古商城步行街、枣庄台儿庄古城大衙门街、烟台祥隆上市里、潍坊青州古城步行街区、泰安万达金街、威海威高广场步行街、日照东夷小镇、德州董子文化街12个街区为山东省首批步行街改造提升试点区域，引导试点街区通过加大投入、完善街区功能、拓展营销手段、举办多彩活动等手段吸引客流。年内，试点街区吸引客流1.58亿人次，较上年增长11%，实现销售额184.68亿元，增长6%。

【国家级供应链体系建设综合试点城市】 济南市、青岛市2017年被商务部确定为国家级供应链体系建设综合试点城市，2019年试点工作结束。在此期间，济南市分两批征集试点项目32个，最终通过第三方服务机构验收试点项目22个，其中物流标准化项目19个（含标准托盘租赁运营项目1个）、供应链平台项目3个，落实项目投资16亿元，物流标准化试点企业标准托盘使用率均超过80%，平均达到92.1%；标准化设施设备数量全部超过80%，平均达到93.5%；装卸货效率提高2倍以上，平均达到2.3倍；货损率降低20%以上，平均达到57.1%；综合物流成本降低10%以上，达到19.1%。青岛市确定试点企业28家，其中物流标准化类试点企业14家、供应链平台类试点企业11家、西海岸新区重要农产品追溯体系试点企业3家，落实项目投资5.7亿元。试点过程中，青岛市商务部门总结并复制推广海尔集团有限公司、青岛酷特智能有限公司和利群商业集团股份有限公司等9家试点企业的典型经验，引导同类企业重新梳理既有供应链结构层级，进行流程再造和结构重塑，建立基于成本与时间均衡、客户体验驱动的科学供应链体系，降低成本，提高效益。

【城乡高效配送试点】 2019年，淄博、烟台、潍坊3个市开展国家级城乡配送体系试点建设，在网络建设、资源整合、技术应用、模式改造等方面进行创新探索。淄博市立足区县布局特点，搭建15个配送中心纵贯南北、5个配送中心横向分布的配送网络，实现20个县域中心以及500个末端网点的共享共用。烟台市依托5个园区、10个中心构建城市配送网络，推动邮政、快递、电子商务等企业与专业化末端配送企业合作，整合末端配送资源，建设末端服务平台和配送网点。潍坊市根据共同配送体系建设规划打造“521”城市配送空间，即建设5个市域物流一级分拨中心、20个县域物流配送中心、1000个社区末端配送网点，实现覆盖市、县、乡、村（社区）的物流网络。年底，山东省商务厅、交通运输厅等部门联合行动，在全省范围内开展城乡高效配送示范县（区、市）、示范企业创建工作，确定淄博市张店区等10

个城乡高效配送示范县（区、市）、山东宇佳物流有限公司等30家城乡高效配送企业为创建单位。

【农商互联】 2019年，山东省商务厅编制《山东省推动农商互联完善农产品供应链实施方案》，支持淄博、枣庄、烟台、济宁、潍坊、日照等市建设30个农商互联重点项目，总投资8.3亿元，主要发展方向为加强农产品产后商品化处理设施、冷链物流设施、末端销售惠民网络、提升农产品标准化水平等方面的建设，强化农产品生产、商品化处理、流通等环节的集成和协同，打造新型农产品流通渠道与农产品流通新模式。

【公益性农产品批发市场】 2019年4月，兰陵县公益性农产品批发市场建成运营，总建筑面积9万平方米。该市场采取降低交易费、强化冷库收储、设立国家价格监测点等措施，实现保供、稳价、安全等公益性农产品批发功能。

会　展
Exhibition

【概况】 2019年，山东有关部门推动会展经济发展，在注重常态化展会扩大影响力、实现规模效益的同时，进一步扩大场馆规模，塑造会展品牌，引进知名展会，会展经济开放程度有所提高。

【场馆建设】 2019年，展览面积15万平方米的青岛红岛国际会展中心、10万平方米的济南西部会展中心等新展馆相继启用，场馆设施及办展环境进一步优化。至2019年年底，山东省展览场馆数量和可用展览面积跃居各省区市首位。

【国际认证】 年内，中国（临沂）全屋定制展通过国际展览联盟认证。2019年年末，山东省通过国际展览联盟认证的展会增加到18个，数量居上海之后，列各省区市第二位。

【展会引进】 2019年9月，青岛市将VNU欧洲展览集团和上海万耀企龙展览有限公司主办的亚洲农业与食品产业博览会引入青岛世界博览城，以推动当地农业产业升级、贸易对接、消费促进和品牌打造。根据双方签署的合作协议，该展会将永久落户青岛。

老字号
Time Honored Brands

【概况】 2019年，山东省商务部门对老字号品牌加强动态管理，组织老字号品牌企业开展形式多样的宣传促销活动，提升老字号品牌的知名度和美誉度，品牌效应进一步彰显。

【品牌管理】 2019年，山东省商务厅启动业经认定的山东老字号企业动态管理考核工作，确定128家企业合格，其中47家企业的单位名称发生变更。10家企业因商标权属不清晰、被列入失信名单等被予以黄牌警告。3家企业因没有取得商标所有权，被暂停使用山东老字号名称。12家企业因机构注销、停止营业等原因，被取消山东老字号称号。

【上线品牌】 2019年，山东省通过老字号孵化器计划入驻京东商城山东老字号旗舰店的老字号企业 65 家，上线商品 332 款。入驻天猫商城山东老字号官方集合店的老字号品牌 35 个，上线商品 127 款。年内，334 家省级以上老字号企业实现在线收入 78.03 亿元，较上年增长 32%。

【中华老字号故宫过大年活动】 2019 年春节期间，山东省商务厅、故宫博物院共同举办中华老字号故宫过大年活动，山东、北京、天津、山西、吉林、上海、江苏、浙江、安徽、河南等省市的 150 家老字号及非遗企业给游客现场展示具有浓厚地方特色的老字号产品及非物质文化遗产技艺。

【中华老字号（山东）博览会】 2019 年 8 月 30 日至 9 月 1 日，山东省商务厅、山东省财政厅、山东省文化和旅游厅等单位在济南举办第三届中华老字号（山东）博览会暨老字号品牌发展高峰论坛，25 个省、自治区、直辖市的 382 家老字号企业参展。

【山东品牌中华行活动】 2019 年，山东省商务厅依托北京、兰州、哈尔滨、郑州、厦门、宁波、重庆、香港等地举办的大型展会，通过自办展会或展中展形式组织举办 8 个山东品牌中华行活动，现场成交额 2600 余万元，签约成交额 6.8 亿元。至此，山东品牌中华行活动所覆盖的重点城市增加到 22 个。

电子商务
E－Commerce

【概况】 2019 年，山东省实现网络零售额 4002.7 亿元，较上年增长 20.6%，交易规模居各省区市第 7 位。其中，实物商品网络零售额 3114.3 亿元，增长 20.6%；非实物商品网络零售额 888.4 亿元，增长 20.8%。按交易模式划分，B2C（商家对消费者）网络零售额 3091.6 亿元，C2C（消费者对消费者）网络零售额 911.1 亿元。

【网络店铺】 2019 年，山东省各电子商务平台店铺数量为 173.3 万个，从业人员约 225 万人。其中，实物商品店铺 46.7 万个，占 27.0%。青岛市实物商品店铺 256562 个，占全省的 14.8%，数量位居全省首位。济南市、临沂市实物商品店铺数量分别占全省的 12.3% 和 9.9%。

【各市网络零售额】 2019 年，山东各市网络零售交易规模差距悬殊，网络零售额最多的青岛市交易规模为 1245.3 亿元，网络交易额最少的日照市交易规模则仅为 34.7 亿元。交易规模逾百亿元的市除青岛外，还包括济南（799.5 亿元）、临沂（304.2 亿元）、烟台（261.5 亿元）、潍坊（243.9 亿元）、菏泽（154.7 亿元）、淄博（150.9 亿元）、威海（134.5 亿元）、济宁（124 亿元）、聊城（102.2 亿元）。德州、滨州、枣庄、泰安、东营、日照等市交易额不足百亿元。与上年比较，聊城市、德州市和东营市网络零售额增幅最大，分别为 28.2%、26.3%、25.1%。

【交易商品】 2019 年，山东省网络交易商品主要是家用电器及音像器材、日用品、服装、鞋帽、针纺织品，上述商品网络交易额约占全省网络商品交易额的 51.8%。交易额较大的其他商品包括粮油食品，化妆品，体育、娱乐用品，家具，通信器材，文化办公用品，五金、电料等。其中，化妆品交易额较上年增长 58.6%，粮油食品交易额增长 34%。

【农村电子商务】2019年，山东省农村电子商务实现网络零售额916.1亿元，居全国各省区市第五位，交易额较上年增长18.9%。其中，青岛市农村网络零售额占全省的18.6%，位居全省第一。潍坊市、烟台市分居二、三位，交易额分别占全省的13.5%和13.1%。农产品网络零售额294.6亿元，同比增长38.6%，其中水产品占20.5%，滋补食品和水果分别占16.9%、15.4%。

【电子商务示范县】2019年，山东省19个国家级电子商务进农村综合示范县实现网络零售额250.3亿元，较上年增长21.8%。50个省级电子商务示范县实现网络零售额739.4亿元，增长19.5%。

【主要交易平台】2019年，山东省电子商务主要交易平台为淘宝网、天猫商城和京东商城，三者在全省网络零售额中所占比重分别为28.7%、28.1%和14.5%，合计占比71.3%。

货物贸易

Trade in Goods

【概况】2019年，山东省货物贸易额首次突破2万亿元，实现货物进出口20420.9亿元，较上年增长5.8%，较全国增速高2.4个百分点。进出口额居广东、江苏、上海、浙江之后，列各省区市第5位，占全国外贸总额的6.5%。其中，出口11130.4亿元，增长5.3%，较全国增速高0.3个百分点，居各省区市第5位；进口9290.6亿元，增长6.4%，较全国增速高4.8个百分点。进出口增速在前6位省市中位居第2，比全国整体增速高2.4个百分点，其中出口、进口增速分别居第3位、第1位。贸易顺差1839.8亿元，较上年扩大3.1亿元。

【月度进展】2019年，山东省月度进出口值延续2018年下半年以来的增长趋势，前7个月进出口值除2月份受春节因素影响大幅下降外，其余各月均维持高位且持续增长，八九月份增速短暂由升转降，10月份再次恢复增长势头。12月份进出口值冲高至1962.4亿元，同比增长7.5%，环比增长8.7%，其中出口1102.9亿元，同比增长11.7%，环比增长8%，进口859.5亿元，同比增长2.6%，环比增长9.6%。

【外贸依存度】2019年，山东省实现生产总值71067.5亿元，外贸依存度为28.7%，出口依存度为15.7%。

【贸易方式】2019年，山东省一般贸易进出口13709.3亿元，增长5.3%，其中出口7761.7亿元，增长6.4%。以加工贸易方式进出口3948.9亿元，下降9%。其中，进料加工贸易进出口3301.5亿元，下降11%，出口2408.9亿元，下降6.9%；来料加工贸易进出口647.4亿元，增长3%，出口416.8亿元，增长4.9%。以保税物流方式进出口2443.2亿元，增长37.3%。海关特殊监管区域进出口2451.8亿元，增长37.4%，其中出口299亿元，增长81.6%。其他贸易方式进出口2762.7亿元，增长41.4%，其中出口542.8亿元，增长83.4%。

【进出口企业结构】2019年，山东省民营企业、国有企业进出口均有所增长，其中民营企业进出口占比逾6成，外商投资企业进出口明显下降。民营企业实现进出口13297.1亿元，增长11.6%，进出口额占进出口总额的65.1%，其中出口7165.6亿元，增长11.8%。国有企业实现进出口1926.7亿元，增长11.3%，其中出口810.7亿元，增长6.4%。外商投资企业实现进出口5158.6亿元，下降8.8%，其中出口3146.5亿元，下降7.5%。

【进出口百强企业】2019年，山东省进出口百强企业实现进出口7320.9亿元，占全省货物贸易总额的35.9%。出口百强企业实现出口额2949.2亿元，占全省出口总额的26.5%。进口百强企业进口5525.4亿元，占全省进口总额的59.5%。鸿富锦精密电子（烟台）有限公司、日照钢铁控股集团有限公司、山东东明石化集团有限公司、东营齐润化工有限公司、山东寿光鲁清石化有限公司、青岛海信国际营销股份有限公司、浪潮电子信息产业股份有限公司、歌尔股份有限公司、山东京博石油化工有限公司、山东宏桥新型材料有限公司进出口额居进出口企业前10位。

【进出口商品结构】机电产品、劳动密集型产品、农产品为主要出口商品，出口额分别为4663.7亿元、2193.1亿元和1234.5亿元，增长4.8%、6.7%和7.3%，占全省出口总额的41.9%、19.7%和11.1%。出口汽车零配件975.4亿元，增长5.1%，出口橡胶轮胎、钢材、文化产品分别为634.3亿元、520.5亿元、426.5亿元，分别增长6.2%、下降2.3%、下降6.3%。原油、农产品、铁矿砂、消费品进口增长明显，机电产品进口下降。进口原油3057.5亿元，增长13.4%。进口机电产品1680.4亿元，下降4.2%。进口农产品1073.5亿元，增长9.1%。进口铁矿砂682.7亿元，增长46.8%。进口消费品597.2亿元，增长28.5%。

【跨境电子商务】2019年，山东省济南、烟台两市被国务院批准为跨境电子商务综合试验区，加上2019年以前被国务院批准的青岛、威海两个跨境电子商务综合试验区，山东境内已有4个国家级跨境电子商务综合试验区。山东省商务厅开展省级跨境电子商务主体培育认定工作，认定12个省级跨境电子商务公共海外仓、5个跨境电子商务实训基地。

据海关统计，2019年山东省跨境电子商务零售进出口29.6亿元，增长7.5%。其中，出口25.4亿元，增长42.8%；进口4.2亿元，下降57.2%，保税电子商务进口3.8亿元，增长146.2%。出口商品以电子产品、服装为主，家用电子产品出口5.7亿元、占22.4%，针织服装及衣着附件出口4亿元、占15.7%，玩具、运动用品出口2.4亿元、占9.4%。进口商品以消费品为主，其中化妆品、乳品和纸尿裤分别进口1.2亿元、1亿元和0.7亿元，占69.0%。

韩国是山东省跨境电子商务第一大市场，2019年山东省对韩国跨境电子商务出口19.8亿元，占全省跨境电子商务出口总额的78%。对美国、东盟出口增速较快，分别增长35.4%、36.5倍。欧盟、日本和韩国是山东省跨境电子商务主要进口来源，年内山东省从欧盟进口1.3亿元，增长1.3倍，进口额占全省跨境电子商务进口总额的32%；从日本进口1亿元，占23.7%；从韩国进口0.8亿元，占19%。从澳大利亚进口0.4亿元，占9%。

济南市、青岛市、威海市为山东省跨境电子商务主要进出口主体，进出口额占全省的98%。济南市跨境电子商务进出口2.5亿元，下降17.7%。青岛市跨境电子商务进出口6.9亿元，下降48.8%，其中进口3.9亿元，出口3亿元。威海市跨境电子商务进出口19.7亿元，增长96.6%，其中出口19.6亿元。

【外贸综合服务企业】2019年，山东省级外贸综合服务企业出口221.2亿元，较上年增长1.2%，山东一达通企业服务有限公司、烟台森泽国际物流有限公司、山东新华锦国际商务集团有限公司、海贸云商信息科技有限公司、青岛一达通企业服务有限公司、山东山推工程机械进出口有限公司出口额均逾10亿元。

从主要出口商品看，船舶出口12.5亿元，增长68.4%。服装及衣着附件出口7.3亿元，下降8.1%。钢材出口7.2亿元，下降1.9%。纺织纱线、织物及制品出口7.2亿元，下降3.3%。未锻轧铝及铝材出口4.1亿元，下降0.8%。金属加工机床出口3.7亿元，增长34.2%。塑料制品出口3.4亿元，增长24.9%。箱包及类似容器出口2.6亿元，增长106.4%。家具及其零件出口2.5亿元,增长59.9%。玻璃制品出口2.2亿元，增长28.6%。从主要出口市场看，对挪威出口34.2亿元，增长166.6倍。对东盟出口31.5亿元，下降0.7%。对中国香港出口19.1亿元，下降60.4%。对欧盟出口18.7亿元，增长14.8%。

【市场采购贸易出口】2019年，山东省市场采购贸易出口186.2亿元，较上年增长1.5倍。临沂市市场采购贸易出口额居全国14个市场采购贸易试点城市第5位，占全国市场采购贸易出口总额的3.3%。出口商品以初级产品为主，包括建材、纺织服装鞋帽、小商品、板材、化工产品、机械设备及配件、塑料及其制品、陶瓷产品、五金、电气设备及配件等。其中，工程物资类产品出口11.41亿美元，占出口总额的42.55%；地产品出口13.67亿美元，占出口总额的51%。

出口市场相对集中，其中对韩国出口比重高达48.3%。覆盖面继续扩大，延伸到181个国家和地区，其中对“一带一路”沿线国家出口8.52亿美元，增长53%。主要出口市场依次是韩国、越南、印度、沙特阿拉伯、尼日利亚、缅甸、美国、印度尼西亚、阿拉伯联合酋长国、泰国。

市场采购贸易备案经营主体2687个，年内新增618个。其中，供货商（商户）607个，代理商717个，采购商1363个。另有专门经营出口业务的贸易代理商279个。

【主要贸易对象】2019年，山东省与亚洲国家和地区的贸易额为8790亿元，其中出口5393.9亿元；与欧洲国家的贸易额为3667.6亿元，其中出口2137.8亿元；与美洲国家的贸易额为5106.2亿元，其中出口2624.8亿元；与非洲国家的贸易额为1830.1亿元，其中出口701.5亿元；与大洋洲国家的贸易额为1021.2亿元，其中出口272.3亿元。主要贸易对象为美国、欧盟、东盟、韩国、日本、巴西、俄罗斯和澳大利亚。其中，与美国贸易额为1924.3亿元，下降17.8%，出口1608.9亿元，下降16%;与欧盟贸易额为2395.7亿元，增长9.6%，出口1729.6亿元，增长7.3%；与东盟贸易额为2412.6亿元，增长15.2%，出口1400亿元，增长15.6%；与巴西贸易额为1445.1亿元，19.9%，出口173.5亿元，增长16.1%；与俄罗斯贸易额为1025.6亿元，增长11.7%，出口261.8亿元，增长12.8%；与澳大利亚贸易额为882.7亿元，增长12.7%，出口221.8亿元，增长4.6%。

【与“一带一路”沿线国家贸易】2019年，山东省与“一带一路”沿线国家货物贸易额为6030.9亿元，占全省货物贸易总额的29.5%，占比较上年提升2.6个百分点。进出口额增长

15.9%，高出全省平均水平10.1个百分点。其中，出口3286.2亿元，增长16.3%；进口2744.7亿元，增长15.3%。对美国、欧盟、东盟、日本、韩国出口7084.6亿元，占全省出口总额的63.7%。对印度尼西亚、越南、印度出口分别增长3.1%、25.8%、10.8%。

【与金砖国家贸易】 2019年，山东省与金砖国家货物贸易额2998.3亿元，占全省货物贸易总额的14.7%。其中出口824.1亿元，占出口总额的7.4%，进口2174.2亿元，占进口总额的23.4%。与巴西贸易额1445.1亿元，较上年增长19.9%，其中出口173.5亿元，进口1271.6亿元。与印度贸易额401.9亿元，其中出口300.3亿元，进口101.6亿元。与南非贸易额125.6亿元，其中出口88.5亿元，进口37.1亿元。

【与美国贸易】 2019年，山东省与美国贸易额1924.3亿元，较上年下降17.8%，贸易权重下滑2.7个百分点。对美国出口1608.9亿元，下降16.0%，占出口权重的14.5%。从美国进口315.5亿元，下降26.3%，占进口权重的3.4%。至2019年年底，美国成为山东省第二大出口市场和第九大进口来源地，排名较上年各下降一位。

【与俄罗斯贸易】 2019年，山东省与俄罗斯贸易额首次突破千亿元，达到1025.6亿元，较上年增长11.7%。对俄罗斯出口261.8亿元，增长12.8%，出口钢材、汽车零配件和轮胎分别增长40.8%、24.9%和16.3%。从俄罗斯进口763.8亿元，增长11.3%，其中进口原油632.2亿元，增长11.2%。

【各市进出口】 2019年，青岛、烟台两市进出口额继续位居山东省16个市前列，分别为5923.4亿元和2904.2亿元，合计占全省进出口总值的43.2%。进出口额逾千亿元的市还有潍坊市（1788.1亿元）、东营市（1629.1亿元）、威海市（1402.1亿元）、济南市（1103.3亿元）和日照市（1052.6亿元），加上青岛市和烟台市，7个市进出口额占全省进出口总额的77.4%。其他市中，枣庄、临沂、德州增长较快，进出口增幅分别为38.8%、23.8%和17.6%。

【大宗商品进口】 2019年，山东省大宗进口商品包括原油、成品油、矿砂、粮油、煤炭等商品。进口成品油168.9万吨，增加62.1%，进口均价每吨3884.5元，下跌14.38%，货值65.6亿元，增长38.1%。进口铝矿砂及其精矿8762.5万吨，增加15.1%，进口均价每吨348.5元，下跌0.2%，货值305.4亿元，增长14.8%。进口铁矿砂及其精矿10578.7万吨，增加6.0%，进口均价每吨645.3元，上涨38.4%，货值682.7亿元，增长46.8%。进口铜矿砂及其精矿274.8万吨，减少14.7%，进口均价每吨1.1万元，下跌2.3%，货值303.8亿元，降低16.7%。进口粮食1383.3万吨，减少10.7%，货值349.9亿元，下降10.9%。其中，进口大豆966.4万吨，减少11.3%，进口均价每吨2866.1元，下跌1.1%，货值276.9亿元，降低12.3%；进口食用植物油14.6万吨，增加12.4%，进口均价每吨8778.7元，增长16.3%，货值12.8亿元，增长30.8%。进口煤及褐煤1244.8万吨，减少25.1%，进口均价每吨566.2元，增长16.3%，货值70.5亿元，降低28%。

【原油进口】 2019年，山东省33家企业被商务部允准非国营贸易原油进口8665万吨，其中32家地方炼油企业允准进口8629万吨，占全国地方炼油企业允准量的63.2%。获得配额的企业自主或委托代理进口原油8579.91万吨，执行率99.4%，进口额415.69亿美元，约合2909.83亿元。3家地方炼油企业获得商务部授予的原油自主进口资质，具有原油自主进口资质的地方炼油企业增加到23家。各类企业进口原油9389.3万吨，增长20.3%，货值3057.5亿元，增长13.4%。

【猪肉进口】 2019年，山东省进口猪肉32.7万吨，货值51.5亿元，均较上年增长2.1倍。进口均价为每千克15.7元，上涨45.8%。增加猪肉产品准入国家16个，准入肉类产品品种21个。

【农产品出口】 2019年，山东省农产品进出口2308亿元，较上年增长8.1%，出口额占全国农产品出口总额的22.8%，连续21年居各省区市第一位。其中，水海产品出口350.2亿元，增长3.7%；蔬菜出口288.5亿元，增长15.2%，两者合计占出口总值的51.7%。鲜、干水果及坚果出口99.7亿元，增长19.5%。对日本、东盟和欧盟分别出口305.5亿元、217.1亿元、200.1亿元，分别增长5%、15.2%、11.7%，三者合计占农产品出口总值的58.5%。

【汽车出口】 2019年，山东口岸出口汽车22.3万辆，较上年减少2.7%。出口货值196.1亿元，增长1.7%。出口平均价格为每辆8.8万元，上涨4.5%。从贸易方式看，一般贸易出口减少2.6%，占83.9%；加工贸易出口减少2%，占15.7%。从出口主体看，外商投资企业出口占72.5%，民营企业出口占15.8%。从主要出口市场看，对墨西哥出口增加0.9%，占34.8%；对美国出口增加4.2%，占14.5%；对东盟出口减少2%，占9.1%。从出口主要车型看，出口排量1.0～1.5升汽油小轿车减少13.5%，占44.2%；出口排量2.0～2.5升汽油小客车增加2.1%，占12.2%。

【二手车出口试点】 2019年4月26日，商务部、公安部、海关总署联合印发《关于支持在条件成熟地区开展二手车出口业务的通知》，决定在部分地区试行二手车出口业务，济宁市成为山东省首批开展二手车出口业务试点的地区。济宁市商务部门制定《山东省济宁市（梁山）二手商用车出口业务试点方案》和《济宁市二手车出口试点工作方案》，推进相关工作。蜗牛货车网（山东）电子商务有限公司完成二手车出口试点企业备案，开展二手车出口业务。年内，试点地区向乌兹别克斯坦、尼日利亚、坦桑尼亚、柬埔寨、几内亚等30多个国家出口二手车419辆，出口额2700万元。

【省级外贸转型升级试点县建设】 2019年，山东省商务厅、山东省发展和改革委员会、山东省工业和信息化厅、山东省财政厅等14个省直部门认定青岛市即墨区、青岛市崂山区、日照市岚山区、潍坊高新技术产业开发区、滕州市、威海火炬高技术产业开发区、龙口市、济南市莱芜区、乐陵市、泰安市泰山区、临清市、曹县12个县（市、区）为山东省第二批外贸转型升级试点县，统筹推进“特色产业集群+国际自主品牌+跨境电子商务+综合服务企业+境外营销网络”五位一体发展模式，争取通过三年试点，实现产业特色鲜明、自主品牌优势突出、业态模式创新发展、外贸综合竞争力全面提升的任务目标，为推动全省外贸转型升级、加快外贸领域新旧动能转换和实现高质量发展提供经验借鉴。至2019年年底，分两批认定的24个外贸转型升级试点县货物进出口额已占全省货物进出口总额的接近40%。

出口退（免）税

Export Tax Reimbursement

【概况】 2019年，山东出口企业出口业绩进一步扩大，企业申报出口退（免）税额较上年有较大增长，税务机关审核通过和国库办理退（免）税额均有所增长。

【申报出口退（免）税额】 2019年，山东出口企业累计申报出口退（免）税1422.60亿元，较上年增长9.9%，略高于外贸出口增长水平，其中申报退税793.57亿元、免抵税额629.03亿元。年末税务机关接收到海关信息累计出口额（包含以前年度）2298.72亿美元，累计申报出口额1918.76亿美元，申报率83.47%。

【核准办理出口退（免）税额】 年内，税务机关审核通过退（免）税额1422.33亿元，其中退税793.30亿元、免抵税额629.03亿元。国库办理出口退（免）税额1162.70亿元，较上年增长18.32%，其中办理退税793.25亿元、增长2.59%，免抵调库349.45亿元、增长76.39%，综合办理率94.49%。

贸易救济案件

Trade Remedy Cases

【概况】 2019年，山东省向境外出口的商品遭遇72起贸易救济调查案件，涉案金额27.4亿美元，涉案企业3440家。案件数量与上年基本持平，涉案金额和涉案企业数均比上年有所下降。

【发起主体】 2019年，对山东出口商品发起贸易救济调查的主体既有主权国家，也有欧亚经济联盟、海湾合作委员会等经济组织，共有21个。其中美国发起12起贸易救济调查，山东涉案金额20.5亿美元，占涉案总金额的74.8%。其他主体发起60起贸易救济调查，占案件总数的83.3%。

【涉案商品】 2019年，山东钢铁及其制品、木质橱柜、玻璃容器、瓷砖等63种出口商品遭遇境外贸易救济调查，涉及钢铁、轻工、化工、纺织等多个传统优势产业。其中，钢铁产品涉及22起，涉案金额6.3亿美元；轻工产品涉及18起，涉案金额19.3亿美元。

【贸易救济类型】 2019年，山东出口商品遭遇反倾销调查44起，占案件总数的59.7%，其中发达国家发起14起，发展中国家发起30起；遭遇反补贴调查9起，均为发达国家发起，其中，美国6起，欧盟2起，加拿大1起；遭遇保障措施调查19起，较上年增长216.7%。

【涉案区域】 青岛、潍坊、临沂3市合计涉案金额17.3亿美元，占全省的63.1%，涉案企业2156家，占全省的62.7%。全省涉案金额超过1000万美元的企业43家，其中，曲阜市鑫宇家具有限公司、寿光市富士木业有限公司、寿光市金祥元家居股份有限公司等6家企业涉案金额均超过5000万美元。

服务贸易

Trade in Services

【概况】2019年，山东省实现服务进出口2379.4亿元，较上年增长8.9%。其中，服务出口1182.5亿元，增长14.2%；进口1196.9亿元，增长4.1%。服务进出口占对外贸易（货物贸易加服务贸易）的比重为10.4%。新兴服务进出口额占服务贸易总额的23.7%，较上年提高7.5个百分点。

【服务贸易领域】2019年，山东省服务贸易主要领域为旅游服务、运输服务、建筑服务等传统领域以及信息、金融等新兴领域，其中传统领域继续占据主导地位，新兴领域全部实现增长。旅游服务实现进出口944.1亿元，增长2.6%。运输服务实现进出口588.7亿元，增长5.7%。建筑服务实现进出口65.8亿元，下降0.8%。保险服务实现进出口14.1亿元，增长6.3倍。金融服务实现进出口8.6亿元，增长1.9倍。电信、计算机和信息服务实现进出口348亿元，增长22.4%。体育文化娱乐服务实现进出口3.7亿元，增长39.6%。专有权利使用费和特许费服务实现进出口38.2亿元，增长6.5%。其他商业服务实现进出口150.6亿元，增长4%，其中维护维修服务实现进出口39.7亿元，增长67.4%。

【服务贸易对象】2019年，山东省与亚洲国家和地区的服务贸易额为1287.1亿元，较上年增长13.1%；与欧洲国家的服务贸易额为386.7亿元，增长14.1%；与美洲国家的服务贸易额为537.6亿元，增长0.6%；与非洲国家的服务贸易额为25.6亿元，增长2.4%；与“一带一路”沿线国家和地区的服务贸易额为182.5亿元，增长50.6%；与欧盟的服务贸易额为132.3亿元，增长33.3%。主要贸易对象分别是美国、韩国，日本、新加坡、英国和德国：与美国服务贸易额364.4亿元，增长4.4%；与韩国服务贸易额331.4亿元，增长5.6%；与日本服务贸易额247.5亿元，增长27.7%；与新加坡服务贸易额232.6亿元，增长32.3%；与英国服务贸易额85.8亿元，增长18.4%；与德国服务贸易额75.6亿元，增长6.8%。

【各市服务贸易】2019年，济南市、青岛市、烟台市、威海市合计实现服务进出口1840.7亿元，占全省服务进出口总额的77.3%。济南市实现服务贸易额440.3亿元，占全省服务贸易总额的18.5%。青岛市实现服务贸易额839.9亿元，占全省服务贸易总额的35.3%。烟台市实现服务贸易额417.4亿元，占全省服务贸易总额的17.5%。威海市实现服务贸易额143.2亿元，占全省服务贸易总额的6%。淄博市、潍坊市、济宁市、泰安市、日照市服务贸易增幅较大，分别增长7.4%、7.2%、15.8%、9.2%和7.3%。枣庄市、德州市、聊城市和菏泽市服务贸易额均不足全省服务贸易总额的1%。

【服务外包签约额和执行额】2019年，山东服务外包经营主体与境内外发包主体签订服务外包合同32884个，较上年下降17.2%。其中，签订离岸服务外包合同30017个、下降15.1%，在岸服务外包合同2867个、下降33.9%。服务外包签约额1415.2亿元，增长39.4%。其中，离岸服务外包签约额1249.4亿元，增长42.6%；在岸服务外包签约额165.8亿元，增长19%。年内，省内接包主体完成服务外包执行额998.5亿元，增长23.8%。其中，离岸服务外包执行额878.6亿元，增长25.8%；在岸服务外包执行额119.9亿元，增长10.5%。

【服务外包类型】 信息技术外包签约额68.8亿元，下降19.7%，执行额61.6亿元，下降29.5%。知识流程外包签约额294.4亿元，增长143.2%，执行额177亿元，增长47.3%。业务流程外包签约额40.8亿元，下降11.8%，执行额37.8亿元，下降4.3%。

【各市服务外包】 济南市签订服务外包合同9638个，其中在岸服务外包合同792个，离岸服务外包合同8846个。在岸服务外包签约额661651万元、执行额384086万元，离岸服务外包签约额4140947万元、执行额2369245万元。青岛市签订服务外包合同8968个，其中在岸服务外包合同1324个，离岸服务外包合同7644个。在岸服务外包签约额683261万元、执行额516600万元，离岸服务外包签约额4240797万元、执行额2715931万元。淄博市签订服务外包合同5654个，其中在岸服务外包合同217个，离岸服务外包合同5437个。在岸服务外包签约额3587万元、执行额3059万元，离岸服务外包签约额274604万元、执行额247127万元。烟台市签订服务外包合同2316个，其中在岸服务外包合同288个，离岸服务外包合同2028个。在岸服务外包签约额182162万元、执行额181811万元，离岸服务外包签约额2549510万元、执行额2413053万元。潍坊市签订服务外包合同625个，其中在岸服务外包合同47个，离岸服务外包合同578个。在岸服务外包签约额41686万元、执行额24653万元，离岸服务外包签约额381268万元、执行额325359万元。威海市签订服务外包合同4979个，其中在岸服务外包合同60个，离岸服务外包合同4919个。在岸服务外包签约额8292万元、执行额2885万元，离岸服务外包签约额787860万元、执行额690298万元。日照市签订服务外包合同594个，其中在岸服务外包合同104个，离岸服务外包合同490个。在岸服务外包签约额1204万元、执行额831万元，离岸服务外包签约额9473万元、执行额7275万元。其他市服务外包签约合同数均不足百个，济宁市、德州市、聊城市签约合同数均为个位数。

【文化贸易额】 2019年，山东省实现文化贸易额432.5亿元，较上年下降6.3%。其中，出口420.5亿元，下降7.3%，进口12亿元，增长45%。进出口额列广东省、浙江省、江苏省之后，居各省区市第四位。

【文化贸易商品】 2019年，山东省文化用品出口324亿元，出口额占文化贸易出口总额的77.1%。工艺美术品及收藏品出口85.8亿元，出口额占文化贸易出口总额的20.4%。文化专用设备、出版物出口额分别为8.5亿元、2.2亿元。游艺器材及娱乐用品为主要出口商品，出口额251.7亿元，占全省文化出口总额的59.9%。

【文化出口市场】 2019年，山东省最大的文化出口市场为欧洲，出口额143.6亿元，较上年增长20.7%。美国仍是山东省最大的单一国家出口市场，山东向美国出口文化产品135.3亿元，下降34.3%。向“一带一路”沿线国家和地区、欧盟、东盟、中东、金砖四国分别出口59.2亿元、20.2亿元、2.1亿元、1.6亿元、1.4亿元，增长97%、15.2%、159.4%、32.1%和102.1%。

【文化出口企业】2019年，山东省有文化产品出口实绩的企业4396家，较上年增加461家。其中，民营企业3734家，出口169.8亿元。外商投资企业589家，出口246.7亿元。国有企业73家，出口4亿元。

【各市文化贸易】2019年，山东省6个市文化产品出口额逾10亿元，分别是烟台市、青岛市、临沂市、潍坊市、威海市和枣庄市，合计出口390.4亿元，占全省文化产品出口总额的92.8%。济宁市、济南市、淄博市、菏泽市、德州市、泰安市、日照市出口额逾亿元，合计出口28.7亿元，占全省文化产品出口总额的6.8%。

吸收外国及中国港澳台地区投资

Foreign Direct Investment

【总体情况】2019年，山东省新设外商及中国港澳台商投资企业2517家，较上年增长16.7%。外商及中国港澳台商实际投资146.9亿美元，增长18.6%。按人民币计算，实际投资1014.6亿元，增长23.5%。

【投资产业】2019年，山东三次产业实际吸收外国及中国港澳台地区投资比重为0.76∶32.08∶67.15。新设制造业企业527家，实际投资34.1亿美元，占总投资额的23.2%。新设高技术企业（含高技术制造业和高技术服务业）473家，增长24.2%，实际投资20.8亿美元，增长14.2%，其中高技术服务业实际投资增长55.3%，医药制造业、医疗仪器设备及仪器仪表制造业等高技术制造业实际投资分别增长111.5%和83.7%。新设服务业企业1862家，增长29.2%，实际投资98.6亿美元，增长36.7%。交通运输、仓储和邮政业投资额增长2.7倍，租赁和商务服务业投资额增长1.6倍。

【主要投资来源】2019年，香港特别行政区在山东投资110亿美元，占山东吸收投资总额的74.9%。欧盟、东盟实际投资增长迅猛。欧盟在山东实际投资增长54.9%，其中英国、德国实际投资分别增长118.9%和33.7%。东盟实际投资增长62.7%，其中新加坡实际投资增长189.4%。投资额居前十位的国家和地区依次是中国香港、新加坡、德国、韩国、美国、荷兰、日本、英国、中国台湾、瑞士。

【研究开发中心】2019年，外国及中国港澳台地区投资商在山东设立青岛塔塔生态环保科技有限公司、山东青佰欣达医药科技有限公司、青岛佳鑫高丽自动化科技有限公司3个研究开发中心。至2019年年底，外国及中国港澳台商已在山东济南、青岛、烟台、潍坊、威海等地投资设立47个研究开发中心。

【并购投资】2019年，外商及中国港澳台商以并购方式在山东设立企业257家，签约投资额31.1亿美元，分别增长55.8%和126%，主要集中在商务服务业、批发业、科技推广和应用服务、化学原料和化学制品制造业等领域，重点企业包括山东美正生物科技有限公司、博马科技（东营）有限责任公司、烟台龙口安德利果汁饮料有限公司等。

【投资企业生产经营情况】山东省参加2019年联合年报的外国及中国港澳台地区投资企业15374家，投资总额3071亿美元，注册资金

1277 亿美元，实收资金 783 亿美元。申报企业实现营业收入 20923 亿元，实现利润 1546 亿元，纳税 1168 亿元，实现进出口 857 亿美元，从业人员 143 万人。

【各市吸收投资】 2019 年，山东 16 个地级市中，13 个市吸收外商及中国港澳台商投资实现两位数以上增长。临沂、日照、东营、枣庄、济宁 5 市实现倍增，分别增长 585.7%、309.5%、151.6%、110.8% 和 103.6%。聊城、滨州、德州、菏泽、威海、淄博、济南、烟台 8 市分别增长 99.4%、95.5%、91.1%、43.7%、42.8%、38.9%、23.8% 和 15.0%。青岛、济南、烟台、威海 4 市吸收投资均超过 10 亿美元。

对外国及中国港澳台地区投资

Outbound Investment

【总体情况】 2019 年，山东省对外国及中国港澳台地区实际投资 61.3 亿美元，较上年下降 12.7%，投资额居各省区市第 5 位。至 2019 年年底，山东省累计对外国及中国港澳台地区实际投资 610.5 亿美元。

【投资领域】 山东省对外国及中国港澳台地区投资主要领域为产能合作、营销网络、资源开发三个领域，合计投资 53.2 亿美元，占全省对外国及中国港澳台地区投资总额的 86.8%。

【出资方式】 货币出资为主要出资方式，419 家企业以货币出资。全省货币出资额 60 亿美元，占对外国及中国港澳台地区实际投资总额的 97.9%。

【投资主体】 民营企业投资 35.4 亿美元，下降 19%，占全省对外国及中国港澳台地区投资总额的 57.7%。国有企业投资 16.2 亿美元，下降 25.1%，占全省对外国及中国港澳台地区投资总额的 26.4%。外商投资企业投资 9.7 亿美元，增长 96%，占全省对外国及中国港澳台地区投资总额的 15.9%。

【龙头企业】 据商务部 2019 年对外直接投资统计报告，兖州煤业股份有限公司、青岛海尔股份有限公司、中国重型汽车集团有限公司、南山集团有限公司 4 家山东企业跻身中国非金融类跨国公司 100 强企业行列。

【国际产能合作】 2019 年，山东省 144 家企业在国际产能合作和装备制造领域有实际出资，投资额 25.4 亿美元，下降 33%。济宁如意纤维有限公司并购荷兰 Arteva 全球控股有限公司，出资 3.4 亿美元。

【境外资源开发】 2019 年，山东省 27 家企业开展境外资源开发业务，投资额 8.2 亿美元，增长 64.2%。招金矿业股份有限公司在香港特别行政区设立斯派柯国际贸易有限公司，出资 1.2 亿美元。

【境外经贸合作园区】 2019 年，山东省纳入商务部统计的 13 个境外经贸合作园区完成投资 5.2 亿美元，实现产值 31.2 亿美元，区内从业人员 3.2 万人。其中 9 个园区布局在“一带一路”沿线，成为山东企业参与国际产能合作的重要平台。

【在“一带一路”沿线国家投资】 2019 年，山东省在“一带一路”沿线国家实际投资 19.5 亿美元，增长1.3%，主要投资项目包括山东太阳纸业股份有限公司在老挝设立的太阳纸业控股老挝有限责任公司、山东南山铝业股份有限公司在新加坡设立的南山铝业新加坡有限公司、鲁泰纺织股份有限公司在越南设立的鲁泰（越南）有限公司、绿叶投资集团有限公司在新加坡设立的绿叶投资新加坡公司、淄博蓝帆投资有限公司在新加坡设立的柏盛介入科技有限公司。

对外国及中国港澳台地区经济技术合作

Economic Cooperation

【总体情况】 2019年，山东省对外承包工程新签合同额127亿美元，下降11.8%；完成营业额114.8亿美元，下降5.8%；派出各类劳务人员6.3万人，增长8.4%。外派人数连续12年居各省区市第一位。新签合同额、完成营业额分别居各省区市第三位、第二位。

【承包工程市场】 山东工程承包企业在亚洲和拉美地区承包工程业务快速增长，在亚洲市场新签合同额70.4亿美元，增长7.5%；完成营业额73.2亿美元，增长5.8%。在拉美市场新签合同额17.5亿美元，增长34.6%，完成营业额6.1亿美元，下降28.6%。在非洲市场新签合同额33.4亿美元，下降46.5%；完成营业额31.8亿美元，下降16.1%。在欧洲市场新签合同额1.2亿美元，下降28.8%；完成营业额1.7亿美元，下降50%。

【承包工程领域】 承包工程企业在电力工程建设、一般建筑、交通运输、石油化工4个优势领域新签合同额105.6亿美元，下降17.6%，完成营业额101.5亿美元，下降3.6%。新签千万美元以上大项目177个，合同额117.8亿美元，增长4.7%，完成营业额35.5亿美元，增长21.5%。其中，电力工程建设项目新签合同额28.1亿美元，下降51.2%；完成营业额36.2亿美元，下降3.8%。交通运输建设项目新签合同额36.2亿美元，增长78.4%；完成营业额12.8亿美元，下降9.5%。

【在“一带一路”沿线国家工程承包业务】 工程承包企业在“一带一路”沿线国家和地区签订施工合同额69.2亿美元，增长24%，完成营业额73.9亿美元，增长0.8%。主要项目包括中国电建集团山东电力建设有限公司承揽的沙特阿拉伯萨拉曼国王国际综合港务设施项目、山东电力建设第三工程有限公司承揽的印度鼓达2×800兆瓦超临界燃煤电站项目、巴基斯坦幸运电力有限公司卡拉奇660兆瓦燃煤电站、青建集团股份公司承揽的新加坡顺福轩公寓、中铁十四局集团有限公司承揽的阿拉伯联合酋长国铁路二期B标段施工项目。

【承包工程企业】 青建集团股份公司、威海国际经济技术合作股份有限公司、烟建集团有限公司、山东电力工程咨询院有限公司、山东德建集团有限公司、烟台国际经济技术合作集团有限公司、山东淄建集团有限公司、山东科瑞石油装备有限公司、中国山东对外经济技术合作集团有限公司、山东省路桥集团有限公司10家山东企业进入2019年度《美国工程新闻记录》（ENR）评选的全球最大国际承包商250强企业榜单。

【劳务派遣】 2019年，山东省向境外派遣劳务人员6.3万人。其中，承包工程项下派出2.1万人，下降2%，占比33.8%；劳务合作项下派出4.2万人，增长14.6%，占比66.2%。外派建筑劳务（含工程项下建筑劳务）人员2.5万人、制造业劳务人员1.5万人、农林牧渔业劳务人员0.2万人。向日本劳务需求机构派送劳务人员1.7万人，日本继续保持山东省第一外派劳务市场地位。

【对外援助项目】 2019年，山东省30家企业获得援外总承包企业资格，其中成套项目总承包资格企业16家，物资项目总承包资格企业14家。中铁十四局集团有限公司、青岛澳柯玛进出口公司等先后中标援助尼泊尔阿尼哥公路二期保通项目、莫桑比克100辆公交车项目、几内亚比绍选举物资项目等。年内，山东外贸职业学院承担商务部援外培训班91期，培训来自亚洲、非洲等89个国家和地区的政府官员和技术人员1914人。

经济开发区

Economic Development Zones

【运行概况】 2019年，山东境内148个经济开发区（含15个国家级经济技术开发区和133个省级经济开发区）实现公共财政预算收入2428.4亿元，较上年增长1.6%，增幅高于全省平均水平1个百分点。固定资产投资下降8.1%，降幅低于全省平均水平0.3个百分点。实现进出口11185.3亿元，增长6.1%，增幅高于全省平均水平0.3个百分点。吸收外国及中国港澳台地区实际投资63.6亿美元，增长18.8%，增幅高于全省平均水平0.2个百分点。

【园区调整】 2019年3月10日，山东省人民政府决定撤销胶南经济开发区和青岛临港经济开发区，并要求青岛市人民政府取消两个开发区名称、撤销管理机构。7月9日，山东省人民政府同意山东任城经济开发区更名为山东济宁运河经济开发区、山东苍山经济开发区更名为山东兰陵经济开发区、山东莱芜钢城经济开发区更名为山东济南钢城经济开发区、山东莱城工业园区更名为山东济南莱芜经济开发区，更名后的开发区机构级别、人员编制、规划面积、四至范围等不变。11月24日，山东省人民政府同意威海市撤销山东荣成工业园区。

【青岛经济技术开发区】 2019年，青岛经济技术开发区实现公共财政预算收入197亿元，增长0.4%；完成固定资产投资747亿元，增长7.4%；实现规模以上工业增加值2743亿元，下降6.7%；实现进出口1390亿元，增长8.3%；吸收外国及中国港澳台地区实际投资13亿美元，增长4.6%。

年内，青岛经济技术开发区国家循环化改造示范试点项目通过国家发展和改革委员会专家组验收。殷家河片区旧村改造项目启动，首批多层住宅及全部商业综合体实现主体封顶。开发区企业所研制的浦芮斯磁光开关通过欧洲太空总署的测试。区内企业青岛惠城环保科技股份有限公司在深圳证券交易所上市。民营经济产业园奠基，并集中开工建设研发、孵化、智慧物流、高端制造、医疗健康、检验检测等领域的12个重点项目，计划总投资172亿元。中乌先楚核能科技有限公司入驻海尔信息谷。科大讯飞股份有限公司与青岛经济技术开发区签约，将公司山东总部及日本、韩国总部、全球中文学习平台迁往开发区。青岛经济技术开发区国家生态工业示范园区通过生态环境部专家组验收。

【烟台经济技术开发区】 2019年，烟台经济技术开发区实现一般公共预算收入105亿元，剔除减税降费因素，可比增长6.8%。固定资产投资增长9%。实现规模以上工业主营业务收入2365.9亿元，下降9.7%。实现进出口1307.2亿元，下降18.1%。吸收外国及中国港澳台地区实际投资6.36亿美元，增长12.1%。

【威海经济技术开发区】 2019年，威海经济技术开发区实现公共财政预算收入26.48亿元，下降3.6%。固定资产投资增长7.8%，规模以上工业增加值增长7.1%。实现进出口333.86亿元，增长6.6%。吸收外国及中国港澳台地区实际投资2.28亿美元，增长84.6%。

【东营经济技术开发区】 2019年，东营经济技术开发区实现公共财政预算收入36.71亿元，生产总值增长6.0%，实现社会消费品零售额119.9亿元，实现进出口165.8亿元，吸收外国及中国港澳台地区实际投资4486万美元。

【潍坊滨海经济技术开发区】 2019年，潍坊滨海经济技术开发区实现公共财政预算收入41.3亿元，增长10.9%。第三产业增加值增长5.9%。实现进出口199亿元，增长2.2%。吸收外国及中国港澳台地区实际投资1.6亿元，增长48.1%。

【日照经济技术开发区】 2019年，日照经济技术开发区实现生产总值277.5亿元，增长7.1%。实现公共财政预算收入24.8亿元，增长1.4%。固定资产投资增长5.5%，规模以上工业增加值增长6.3%。实现进出口299.85亿元，增长0.4%。吸收外国及中国港澳台地区实际投资1.34亿美元，增长440%。

年内，总投资150亿元的长城（威奕）汽车日照生产基地全面开工，长城汽车配套产业园建成启用，一批整车配套项目相继落地。总投资4.5亿元的韩国现代威亚汽车发动机公司40万台伽马CVT变速箱壳体和总投资10.7亿元的韩国现代坦迪斯公司40万台变速箱项目建成投产，具备年产发动机100万台、自动变速箱140万台产能，成为韩国现代汽车集团公司最大的海外核心零部件生产基地。

【邹平经济技术开发区】 2019年，邹平经济技术开发区实现规模以上工业产值1832.6亿元，实现公共财政预算收入23.7亿元，完成固定资产投资54.5亿元，实现进出口235.6亿元。引进项目14个，总投资56亿元。吸收外国及中国港澳台地区实际投资7028万美元。

年内，开发区全面完成体制机制改革，突出经济发展主责主业，剥离社会事务管理职能，15个行政事业单位精简到5个，人员从79人减到30人，成立5个专业化平台公司，管理体制更加精简高效。

投资8.2亿元的魏桥纺织股份有限公司绿色智能纺织一体化项目建成投产。该项目在棉纺织领域应用智能订单、工艺大数据平台系统，是全球最先进的绿色智能纺织一体化项目。集中开工8个高端铝深加工项目，总投资43亿元。

【临沂经济技术开发区】 2019年，临沂经济技术开发区实现公共财政预算收入30.11亿元，增长12.11%。固定资产投资增长5%，规模以上工业增加值增长10%。实现进出口370.7亿元，增长113.5%。吸收外国及中国港澳台地区实际投资 16.89 亿元，增长 549.6%。

【招远经济技术开发区】 2019 年，招远经济技术开发区实现一般公共预算收入 39.1 亿元，增长 6.1%。固定资产投资增长 15.11%。规模以上工业主营业务收入 974.2 亿元，增长 4.9%。实现进出口 146.4 亿元，增长 19.2%。吸收外国及中国港澳台地区实际投资 8296 万美元，增长 10.1%。

【德州经济技术开发区】 2019 年，德州经济技术开发区实现公共财政预算收入 25.1 亿元，剔除减税降费因素，实际增长 8%。固定资产投资增长 1.4%，规模以上工业增加值增长 5.9%。实现进出口 85.8 亿元，增长 17.8%。吸收外国及中国港澳台地区实际投资 3260 万美元。

年内，总投资 130.23 亿元的 23 个项目竣工投产，总投资 287.02 亿元的有研集成电路用大尺寸硅材料 8 英寸规模化生产电子元器件等 48 个项目投入建设，总投资 321.09 亿元的 12 英寸集成电路用大硅片产业化等 28 个项目签约，总投资 268.88 亿元的 26 个重大项目正在洽谈。景津环保股份有限公司在上海证券交易所上市，成为德州市第 10 家上市企业。至 2019 年年底，全区已有 1 家企业主板上市、2 家企业在新三板挂牌、12 家企业在区域性股权交易市场挂牌。

【明水经济技术开发区】 2019 年，明水经济技术开发区实现公共财政预算收入 38.3 亿元，增长 5.46%。固定资产投资增长 19.7%，实现进出口 48 亿元。吸收外国及中国港澳台地区实际投资 1.41 亿美元，增长 31.8%。

年内，投资 30 亿元的武汉佳海中小微企业产业园项目、投资 10 亿元的联东 U 谷先进制造园项目等在开发区签约落地。24 个建设项目正在推进，计划总投资 246.01 亿元，投产后每年可实现销售收入 972.25 亿元，其中济南永信非织造新材料智能制造、蓝海电子商务产业园等 6 个项目已经建成投产，科兴生物谷二期、安莉芳智能配送中心、哈工大机器人智能装备研发与应用等 10 个项目正在建设之中。

开发区主项目区和济东智造新城片区的总体规划、区域环境评价以及济东智造新城、济南高层次人才创新创业基地等 5 个特色园区的收尾工作业已完成。规划用地 1000 亩、建设面积 130 万平方米、总投资 120 亿元的中意高端前沿产业园正在全力建设。

【胶州经济技术开发区】 2019 年，胶州经济技术开发区实现公共财政预算收入 590634 亿元，增长 2.1%。固定资产投资增长 15.2%，规模以上工业增加值增长 7.8%。实现进出口 443.51 亿元，增长 15.2%。吸收外国及中国港澳台地区实际投资 71349 万美元，增长 8.1%。

【聊城经济技术开发区】 2019 年，聊城经济技术开发区实现公共财政预算收入 30.82 亿元，增长 12.36%。完成固定资产投资 168.21 亿元，规模以上工业增加值增长 5.3%，实现进出口 57.9594 亿元，吸收外国及中国港澳台地区实际投资 3217 万美元。

开发区企业希杰（聊城）生物科技有限公司年内投资建设第九期万吨核苷酸项目，投产后将成为世界上最大的核苷酸生产企业，产能占全球产能的 40%，该企业已投资 5.1 亿美元，形成年产饲料添加剂赖氨酸 14 万吨、食品添加剂核苷酸 2.3 万吨、冷冻食品 2.2 万吨、玉米加工淀粉生产能力 25 万吨的生产能力，2019 年销售额 23 亿元，出口额 7 亿元。

【威海临港经济技术开发区】 2019年，威海临港经济技术开发区公共财政预算收入增长3.8%，固定资产投资增长11.9%，规模以上工业增加值增长7%，吸收外国及中国港澳台地区投资增长63.5%。

年内，开发区签约落地12个产学研合作项目，启用3个高端科研平台。区内企业拓展纤维有限公司入选工业和信息化部第四批绿色工厂名单，碳丝产品产值增长30%。威高生物科技产业园新开辟药业产业园和化工产业园，孵化出生产医疗影像、激光医疗设备等产品的7家优质企业。铜铟镓硒生产项目、功能玻璃智慧生产基地项目、万豪精品酒店、中南康养谷等一批500强企业投资项目进驻开发区。

【滨州经济技术开发区】 2019年，滨州经济技术开发区实现公共财政预算收入20.84亿元，增长5%。规模以上工业增加值增长18.4%，吸收外国及中国港澳台地区投资3000万美元，实现进出口5.6亿元。

自由贸易试验区建设

Pilot Free Trade Zone

【概况】 2019年8月2日，国务院同意设立中国（山东）自由贸易试验区，实施范围119.98平方千米，涵盖三个片区：济南片区37.99平方千米，青岛片区52平方千米（含青岛前湾保税港区9.12平方千米、青岛西海岸综合保税区2.01平方千米），烟台片区29.99平方千米（含烟台保税港区区块二2.26平方千米）。济南片区四至范围是：东至西巨野河、春博路、春晖路、围子山路、唐冶东路、港西路、凤岐路、长岭山、玉顶山，南至旅游路、港源六路、莲花山、龙奥北路、华奥路、经十路，西至舜华南路、奥体东路、奥体中路、华阳路，北至科创路、经十东路、围子山、兴元街、贞观街、世纪大道、康虹路、工业南路。青岛片区四至范围是：东至前湾港，南至嘉陵江路，西至王台镇园区一路，北至龙门河路。烟台片区四至范围是：东至泰山路，南至嘉陵江路，西至台北路，北至黄河路、八角中心大街。

8月30日，中共山东省委、山东省人民政府在济南举办中国（山东）自由贸易试验区揭牌仪式，试验区进入正式运行阶段。

【工作机制】 为加快推进中国（山东）自由贸易试验区建设，中共山东省委、山东省人民政府成立中国（山东）自由贸易试验区工作领导小组，组长由中共山东省委书记刘家义担任，常务副组长由山东省省长龚正担任，副组长由中共山东省委常委、秘书长孙立成和山东省副省长任爱荣担任，成员包括济南市、青岛市、烟台市市长和中共山东省委办公厅、山东省人民政府办公厅、山东省改革和发展委员会、山东省科学技术厅、山东省自然资源厅、山东省商务厅、山东省市场监督管理局、山东省地方金融监管局、中国人民银行济南分行、青岛海关、济南海关、山东省税务局主要负责人。

领导小组的主要职责是：统筹领导自由贸易试验区建设和改革试点经验复制推广工作，研究决定自由贸易试验区发展重大问题，全面协调自由贸易试验区重大事务。

领导小组下设7个专题组和3个保障组。7个专题组分别是转变政府职能组、投资领域改革组、贸易转型升级组、金融领域开放创新组、创新驱动发展组、海洋经济组、中日韩区域经济合作组，3个保障组是督查组、法治组、专家组。

领导小组办公室设在山东省商务厅，负责自由贸易试验区的整体推进、制度创新和其他日常工作。办公室主任由山东省商务厅厅长张德平担任。

济南市、青岛市、烟台市分别成立由市委书记挂帅的片区工作推进领导小组，并设立政府职能转变组、营商环境建设组、投资促进组、贸易促进组、金融创新组、科技创新与人才组、智慧产业组、法治保障组、宣传策划组、督导考核组等工作机构，统筹推进相关工作。设立片区管理委员会，负责日常工作。

【省级支持服务措施】 山东省公安厅出台相关措施，规定外籍高层次人才、有重大突出贡献以及国家特别需要的外国人，经由国家有关主管部门、自由贸易试验区管理部门出具推荐函，可以申请办理外国人永久居留身份证，其外籍配偶和未成年子女可随同申请。持工作类居留许可在自由贸易试验区连续工作满 4 年、每年在中国境内实际居住累计不少于 6 个月的外籍华人，可以申请办理外国人永久居留身份证，其外籍配偶和未成年子女可随同申请。

山东出入境边防检查总站出台服务中国（山东）自由贸易试验区建设的 12 项措施，具体是：简化下放口岸开放验收审批程序，积极主动服务新型口岸经济形态，组建自由贸易试验区边检服务队，推行边检全天候通关响应，推行边检行政许可网上即申即办，扩大登轮、搭靠行政许可适用范围，推进海港口岸边检勤务改革，加快推动实施邮轮船票管理制度，打造“互联网 + 边检”服务平台，提升旅客智能化通关体验，开设鲜活产品优先验放绿色通道，公布边检 24 小时服务监督热线。

山东海事局出台下述服务自由贸易试验区减证便民举措：减免船舶适航、检验证书申请材料，减免船员证书申请材料，减免危险货物申请材料，减免委托证明和身份证明申请材料，减免船舶出口岸部分申请材料，实行国际班轮诚信申报模式，推行申报无纸化，开通绿色通道特事特办。

山东省税务局推出以下举措：建立服务自由贸易试验区发展税务专家团队，推行自贸税易办服务，开展全方位个性化政策服务，对区内企业实行动态化信用管理，扩大区内农产品进项税额核定扣除范围，对最高开票限额申请实行先许可后核查，支持区内平台经济发展，首笔出口业务先备案退税后核查，融资租赁业务实行出口退税，非居民纳税人税收事项零跑腿，投资重大建设项目实行税收困难减免，实行纳税人无过错免责制度，实行入户评估检查审慎制度，区内实行涉税争议前置处理。

青岛海关推出服务自由贸易试验区建设二十八项措施：统筹两个市场，支持打造先进加工制造中心。推动创新创业，支持打造新型研发设计中心。推进贸易便利化，支持打造大宗货物分拨中心。延伸产业链条，支持打造高端检测维修中心。培育新动能，支持打造特色销售服务中心。全链条施策，支持建设东北亚水产品加工及贸易中心。多措施叠加，促建船舶与海洋工程装备产业聚集区。全方位联动，助力打造中国北方邮轮中心。各节点发力，推动一流优质海洋种质资源港建设。支持中转集拼，打造国际领先中转港。释放政策红利，提升整车进口口岸竞争力。放大比较优势，全力打造全国进出口食品农产品集散地。创新监管模式，建设具有全球影响力的保税燃料油供船港。降低通关成本，助力打造全国性矿产品集散中心。加大科技投入，协同打造一流智慧港口。优化作业流程，全面提高船舶出入境速度。着眼长远发展，前瞻性研究自由贸易港海关监管模式。无缝衔接，打通海铁联运最后一公里。内引外联，建设“一带一路”沿线国家物流枢纽。优势互补，打造中韩陆海物流黄金通道。突出重点，扩大山东对日韩贸易优势。创新模式，形成全国跨境电子商务业务新的增长极。提质增量，增强经认证的经营者（AEO）的获得感。深化“放管服”改革，持续优化口岸营商环境。保持打私高压态势，切实维护进出口秩序。加强海关国际合作，创造良好外部通关环境。创新协调员制度，构筑亲、清关企关系。提升统计分析能力，提供科学高效决策支持。

济南海关亦推出二十七项服务自由贸易试验区发展的措施。

【市级推动发展举措】 中共济南市委、济南市人民政府确定以下工作重点：加快转变政府职能，打造国际一流营商环境，创新事中事后监管，推进社会治理智能化，深化管理运行体制创新。深化投资领域改革，推进投资自由化、便利化，完善投资促进和保护机制。推动贸易转型升级，提升贸易便利化水平，培育贸易新业态、新模式，优化提升贸易结构。深化金融领域开放创新，扩大人民币跨境使用，促进跨境投融资便利化，促进金融业态多元化，推进股权基金集聚发展，推动保险与科技融合发展。推动创新驱动发展，打造齐鲁科创走廊前沿技术创新策源地，加强创新能力建设，推动新兴技术产业加快发展，推进医疗医药行业创新发展，健全知识产权保护和运用体系，创立发展人力资本产业，加大产学研合作力度。深化中日韩德经济合作，创新中日韩德经济合作模式，推进区域合作交流便利化，打造国际经贸交流合作聚集区。积极服务国家战略，推动区域一体发展，打造“一带一路”重要通道城市，打造对接京津冀引领都市圈要素聚集区，统筹推进陆海空协同发展。

青岛市行政审批服务局推出支持自由贸易试验区青岛片区发展的下述措施：充分精准赋权，将下列权力赋予青岛片区管理委员会：股份有限公司的登记权，外国（地区）企业常驻代表机构、外国（地区）企业在中国境内从事生产经营活动的登记权，企业技术改造投资项目核准权限，成品油零售经营许可权限，固定资产投资项目节能评估和审查权限，并扩大工程建设、医疗卫生、文化旅游领域赋权范围。放宽市场准入，取消企业名称分级审核，将企业开办时间压缩至 1 个工作日以内。推进一业一证改革，实现证照分离改革全覆盖。试点放宽行业协会商会等社会团体直接登记范围。扩大服务业市场准入领域。实行建筑工程施工许可告知承诺制。推行拿地即开工制度。优化再造审批流程，行政审批服务全面推行一门、一窗、一网、一链、一号（码）、一次办理。推行马上办、网上办、就近办、帮办代办。推行智能审批，提高快速审批覆盖率。扩大告知承诺制适用范围，推行公平竞争审查制度。

青岛市地方金融监督管理局、中国人民银行青岛市中心支行、中国银行保险监督管理委员会青岛监管局、中国证券监督管理委员会青岛监管局推出以下举措：加速金融机构聚集，研究开展合格境内有限合伙人（QDLP）试点工作，探索设立专业从事境内股权投资类基金公司，支持外资股权投资管理机构、外资创业投资管理机构在区内发起管理人民币股权投资和创业投资基金，支持依规开展人民币海外基金业务，探索发展私募股权二级市场基金，开展基金管理服务专项改革创新，支持符合条件的融资租赁公司在区内设立专业子公司，鼓励金融机构在区内设立海洋经济金融服务事业部、业务部或专营机构，允许国外交易所在区内设立办事机构。扩大金融对外开放，支持在青岛片区依法设立外商投资金融机构，支持符合条件的境外投资者来华经营保险代理业务和保险公估业务，支持区内符合条件的保险法人机构依法依规开展境外投资。加快金融创新发展，加大对海洋经济的资金支持，优化涉海金融产品服务流程，推动涉海企业上市和发行债券融资，鼓励创新科技金融服务，创新知识产权保险业务，在严格监管前提下审慎有序进行金融综合经营试点，支持开展离岸金融服务。促进跨境投融资便利化，重点推动贸易和投资领域的人民币跨境使用，支持符合条件的跨国公司按规定开展跨境人民币资金池业务，支持区内银行机构按规定发放境外人民币贷款，支持区内银行机构开展更高水平的跨境人民币贸易投资便利化试点业务，探索区内金融机构按规定开展跨境资产转让等业务时使用人民币计价结算，开展资本项目外汇收入支付便利化改革试点，降低跨国公司跨境资金集中运营准入门槛。

国家外汇管理局青岛市分局在自由贸易试验区青岛片区实施如下创新政策：优化经常项目外汇收支审核，银行按照展业三原则自主办理经常项目购付汇、收结汇及划转等手续。放宽货物贸易电子单证审核条件。在试验区内实施资本项目外汇收入支付便利化业务。试验区内企业可在青岛市任一银行办理境内直接投资基本信息登记、变更与注销手续。试验区内已确定选择投注差模式借用外债的企业，可调整为以跨境融资宏观审慎管理模式借用外债，一经调整不得变更。放宽企业跨境融资签约币种、提款币种、偿还币种必须一致的要求，试验区内企业提款币种和偿还币种与签约币种可不一致，但提款币种和偿还币种应保持一致。试验区内企业开展跨国公司资金集中运营管理业务，其中关于上年度本外币国际收支规模“超过1亿美元”的要求调整为“超过5000万美元”。对于境外机构按照规定能够开展即期结售汇交易的，试验区内银行可为其办理人民币与外汇衍生产品交易。注册且营业场所均在试验区内的银行可为境外机构办理其境内外汇账户结汇业务。

中共烟台市委、烟台市人民政府出台以下措施：强化改革系统集成，建设营商环境国际化样板。推进商事制度改革，加快行政审批改革，深化政务服务改革，强化事中事后监管。深化投资领域改革，建设投资经营便利化示范。完善外商投资管理模式，有序扩大外商投资领域，优化内外双向投资环境。推动外贸转型升级，建设国际贸易自由化标杆。提升贸易便利化水平，推动海关特殊监管区域创新发展，培育贸易新业态，建设区域性物流中心。拓宽金融服务领域，建设金融开放创新体系。大力集聚金融服务机构，推进人民币跨境使用，促进跨境投融资便利化，探索实施金融创新。加快新旧动能转换，建设优势特色产业集群。壮大提升先进制造产业，创新发展生物医药产业，加快发展国际会展产业，谋划布局未来前沿产业。推进创新驱动发展，建设科技创新创业高地。优化开放式创新体系，建设国际化孵化体系，健全知识产权服务体系，构建高端人才支撑体系。深化中日韩交流合作，建设国际区域合作典范。高标准建设中韩（烟台）产业园，加强中日韩经贸合作和人文交流，探索中日韩互惠型贸易便利化。实施经略海洋战略，建设现代海洋产业基地。壮大海洋智能制造产业，创新提升海洋生物产业，加强海洋国际科创合作。

【运行情况】2019年，中国（山东）自由贸易试验区注册企业7758家，其中外国及中国港澳台地区投资企业138家。吸收外国及中国港澳台地区实际投资6.9亿美元，实现进出口667.9亿元。

济南片区　有关机构推出162项制度创新举措，区块链审批最短用时仅47分钟。新设立企业4100多家，注册资本420余亿元。53支基金入驻，基金规模2960亿元，12个金融机构在片区设立分支机构。联合国工业和发展组织中国投资促进中心签约落户汉峪金谷。济南自贸绿地全球贸易港展示中心开业运营，展示15个国家的2500余种商品。建筑面积12万平方米的北方全球商品贸易中心建成启用。山东壹瑞特生物科技公司人工肝项目在片区注册，山东高等技术研究院、山东产权交易中心航空资产分中心揭牌，日本神户希森美康高端医疗器械项目、韩国MEDIPOST公司关节软骨再生干细胞项目签约落地。

青岛片区　新注册市场主体1851家，在建、待建产业项目78个，总投资869亿元。新入驻银行机构、基金公司、保理公司、融资租赁公司等金融机构20多个，新引进重点工业项目19个。投资30亿元的中日生命健康中心、青岛港贸中心、九鼎峰贸易大厦三大载体项目开工建设，18万平方米的国际贸易中心、国际金融中心等六大中心项目投入使用。集装箱海铁联运线路新增5条国内线路和1条国际线路。日本精密模具项目、韩国麦斯劳特（MRT）智能制造项目、韩国有机发光半导体智能高端装备制造基地项目等14个日韩投资项目落户。猪八戒泛东北亚知识产权平台、美国IPwe知识产权运营平台等知识产权项目签约落地。

烟台片区　世界500强企业投资项目——华润化学材料有限公司40万吨尼龙智能化产业升级项目以及韩国C&M新能源汽车电子公司生产基地项目、中韩科创孵化合作基地、中俄海洋技术创新中心等重点项目签约。有关机构推出容缺办理工作举措，允许建设单位在工程质量、安全保障措施到位的情况下，容缺办理施工许可手续，以加快建设进度，已给13家企业办理施工许可相关手续，容缺城市基础设施配套费226.84万元。

海关特殊监管区域

Customs Special Supervision Areas

【运行概况】　2019年，山东境内实有海关特殊监管区域11个。其中，综合保税区9个，分别是济南综合保税区、青岛西海岸综合保税区、青岛胶州湾综合保税区、青岛即墨综合保税区、东营综合保税区、潍坊综合保税区、威海综合保税区、临沂综合保税区、日照综合保税区；保税港区2个，分别是青岛前湾保税港区、烟台保税港区。除青岛即墨综合保税区尚在建设外，已经运营的10个海关特殊监管区域批准入区项目1647个，较上年增长23.3%；实际使用外资2亿美元，增长1.3%；实现进出口1998.1亿元，增长7.9%，占全省进出口总额的9.8%，较上年提高0.2个百分点。

【区域调整】　2019年7月5日，山东省人民政府同意烟台市以龙口保税物流有限公司为主体设立鲁东保税物流中心（B型），规划面积15.1008万平方米，四至范围为东至友谊路，西至烟潍公路，南与海达物流园南院搭界，北至沟头路；8月，国务院批准潍坊综合保税区核减规划面积至3.84平方千米，其中南区规划面积为1.72平方千米，北区规划面积和四至范围不变；8月13日，山东省人民政府同意威海市以荣成皇朝马汉外贸综合服务有限公司为主体设立皇朝马汉保税物流中心（B型），规划面积10公顷，四至范围为东至望湖路，南至海涯村，西至泰祥路，北至凭海路；8月26日，山东省人民政府同意德州市以山东中谷淀粉糖有限公司为主体设立鲁北乐陵保税物流中心（B型），规划面积17.65万平方米，四至范围为东至兴光路，南至阜锦路北100米，西至开泰路东168米，北至开元西大道；9月5日，国务院批准山东青岛出口加工区核减规划面积并整合优化为青岛胶州湾综合保税区，核减后的规划面积为1.58平方千米；12月18日，国务院批准设立青岛即墨综合保税区，规划面积1.2平方千米；12月19日，山东省人民政府同意济宁市以济宁综保开发建设有限公司为主体设立保税物流中心（B型），名称为济宁高新保税物流中心（B型），规划面积186亩，四至范围为东至德源路、西至弘济路、南至孟子大道、北至仁美路。

【业务拓展】 2019年1月，临沂综合保税区、日照综合保税区、潍坊综合保税区、威海综合保税区被税务部门批准开展增值税一般纳税人资格试点。11月，青岛前湾保税港区实现全国首票20号胶期货保税交割，货物存入区内交割库。12月，东营综合保税区、青岛胶州湾综合保税区被税务部门批准开展增值税一般纳税人资格试点。

【管理体制】 山东省海关特殊监管区域管理体制不一、机构规格不等。青岛前湾保税港区、烟台保税港区和潍坊综合保税区管委会为山东省人民政府派出机构，由所在地人民政府代管。青岛胶州湾综合保税区、青岛西海岸综合保税区由青岛前湾保税港区管委会代管。临沂综合保税区、东营综合保税区、威海综合保税区、日照综合保税区管委会为当地政府派出机构。济南综合保税区由济南高新技术产业开发区管委会管理。

重点区域投资合作

Investment Cooperation

【山东省与香港特别行政区投资合作】 2019年3月25日，中共山东省委书记刘家义在济南会见香港世茂集团控股有限公司董事局主席许荣茂，洽商经贸合作相关事宜。山东省副省长任爱荣代表山东省人民政府与世茂集团控股有限公司负责人签署《山东省人民政府与世贸集团控股有限公司战略合作协议》。

6月20日至24日，全国政协副主席梁振英率香港特别行政区全国政协委员考察团访问山东，考察山东科技创新和海洋经济。考察团成员表示将大力宣传山东、推介山东，抓住山东机遇，发挥香港所长，对接山东所需，在科技、金融、贸易、服务等方面拓展合作，并就加强鲁港高端人才交流、发展文化旅游产业、推进渔业和养殖业合作、山东产品开拓香港市场等建言支招。

6月22日，山东省副省长任爱荣在济南会见香港特别行政区中华厂商联合会会长吴宏斌，就进一步深化双方在品牌打造、产品标准化及"一带一路"等方面的合作进行座谈。吴宏斌一行考察济南、东营、青岛三市，并进行项目对接交流。

8月，香港特别行政区贸易发展局华北、东北首席代表陈嘉贤，投资推广署助理署长蒋学礼先后访问山东，与山东省商务厅负责人就继续完善鲁港合作机制、加强经贸活动组织、

"一带一路"市场开拓、农产品出口、开展培训以及医疗、教育、文旅等领域的合作进行交流。8月7日，香港特别行政区政府投资推广署与山东省商务厅在济南共同举办以善用香港平台、鲁港合作共赢为主题的座谈会，向山东企业推介香港的营商环境,引导山东企业在"一带一路"倡议及粤港澳大湾区建设机遇下，充分利用香港优越的营商环境及专业服务，加快"走出去"步伐，拓展海外市场。

9月25日至28日，华润（集团）有限公司董事长傅育宁率团访问山东。中共山东省委书记刘家义到刚刚开业的济南华润万象城调研，听取项目情况介绍，与傅育宁进行座谈，洽商项目合作事宜。

12月18日，香港特别行政区投资推广署与山东省商务厅在济南举办鲁港合作协助山东省企业"走出去"午餐交流会，向山东企业介绍香港的营商优势、最新政策及服务。

【山东省与台湾地区投资合作】 2019年6月11日，山东省商务厅在济南举办商务惠台政策视频路演，解读中共山东省委、山东省人民政府出台的56项惠台政策，推动其贯彻落实。驻鲁台资企业代表、各市商务局及有关市投资促进局负责人约400人参加。

6月18日，中共山东省委书记刘家义在济南会见参加海峡两岸新旧动能转换高峰论坛的两岸企业家峰会台湾方面理事长萧万长，希望台商抓住机遇，在鲁投资兴业，携手合作、实现共赢。次日，海峡两岸新旧动能转换高峰论坛在济南开幕，山东省商务厅组织省内经济开发区负责人及企业代表参加开幕式及高端智能制造和电子信息产业分论坛。

8月31日，中共山东省委书记刘家义与中央台湾事务办公室、国务院台湾事务办公室主任刘结一在潍坊会见参加第25届鲁台经贸洽谈会的嘉宾代表。9月1日，第25届鲁台经贸洽谈会在潍坊开幕，主题为聚焦新动能、共享新机遇，会期4天，其间举办海峡两岸农业论坛及一系列专项对接洽谈和现场考察活动。山东省商务厅和潍坊市人民政府在潍坊滨海新区共同举办第二届两岸园区共建对接会，约90人参加。

【山东省与日本投资合作】 2019年3月24—30日，山东省人民政府在日本、韩国举办日韩山东周系列活动。

3月25日，山东省省长龚正与夏普株式会社会长兼社长戴正吴进行经贸洽谈，参观夏普堺工厂的产品展示中心、无人车间，详细了解工厂8K技术、智慧应用等情况。青岛市人民政府负责人与夏普株式会社相关负责人签署8K+5G和智能通信设备、半导体研发中心项目合作框架协议。澳柯玛集团股份有限公司与夏普株式会社负责人签署超低温生物样本库项目、冷链物流全产业链产品开发合作项目合作备忘录。

3月27日，日本山东周主体活动——山东省（东京）投资合作交流会在日本东京举办，日本贸易振兴机构、日中经济协会、日本国际贸易促进协会、三菱UFJ银行、瑞穗银行、三井住友银行对相关活动予以支持。山东省省长龚正作主旨演讲，日中友好议员联盟最高顾问高村正彦、日中经济协会理事长伊泽正、中国驻日本大使馆公使宋耀明、日本贸易振兴机构理事水井修致辞。山东省发展和改革委员会负责人推介山东新旧动能转换重大工程十强产业集群与日本合作的重点领域，山东高速集团有限公司负责人推介齐鲁号欧亚班列，日本三菱电机株式会社发布电子工厂智能制造项目。双方企业签署15个重点投资项目，涉及智能制造、高端装备、新能源新材料、现代化工、食品、物流、第三方市场合作等领域。

3月27日，山东省人民政府在日本东京召开经济咨询顾问会议，山东省省长龚正分别向日本住友商事株式会社会长、日本贸易会会长中村邦晴，伊藤忠商事株式会社社长铃木善久，丸红株式会社社长国分文也，日本石油资源开发株式会社会长、前日本贸易振兴机构理事长、前经济产业省副省长渡边修，三菱日联金融集团会长平野信行，瑞穗金融集团会长佐藤康博，JFE钢铁株式会社社长柿木厚司，夏普株式会社会长兼社长戴正吴，东丽株式会社社长日觉昭广，横滨橡胶株式会社社长山石昌孝，日本能率协会会长中村正己，庆应义塾大学教授武藤佳恭，日本国际贸易经济研究所首席经济学家江原规由颁发山东省人民政府经济咨询顾问聘书。

12月6日，山东经贸代表团在日本东京举办深化中国山东·日本开放合作推进会。中共山东省委书记刘家义作主旨演讲，日本经济产业省副大臣牧原秀树，中国驻日本大使孔铉佑，日本众议院议员、自民党总务会长代理原田义昭分别致辞。济南、青岛、烟台市负责人分别推介中国（山东）自由贸易试验区济南、青岛、烟台片区创新性政策，山东省国有资产监督管理委员会负责人推介山东新旧动能转换重点项目暨企业混改项目。山东省商务厅负责人与日本经济产业省九州经济产业局负责人签署《有关经济、技术交流的会议纪要》，与日本能率协会负责人签署《关于联合开拓第三方市场的合作备忘录》。日本贸易振兴机构、日中经济协会、日本国际贸易促进协会及企业负责人，山东有关市和省直有关部门、中央驻鲁单位负责人、企业代表等450余人参加活动。

【山东省与韩国投资合作】 2019年3月29日，山东经贸代表团在韩国首尔举办山东—韩国经贸交流与展示洽谈会，包括山东—韩国经贸合作交流会暨新品发布会、企业展示洽谈会。山东省省长龚正、大韩贸易投资振兴公社社长权坪五、中国驻韩国大使馆代办金燕光致辞。山东新华锦集团有限公司、东阿阿胶股份有限公司、康派斯集团有限公司与韩国延世医疗院、人参公社、韩国中心株式会社分别发布中韩医养健康产业示范基地、阿胶红参饮品、东北亚房车制造中心等新产品、新项目。山东50余家进口采购、跨境电子商务、服务贸易企业与260多家韩国企业洽商日用消费品、汽车零部件、机械设备、生物制药等商品和服务的贸易事宜。洽谈会设置中韩自由贸易区政策服务台、山东图片展和韩国15家企业产品展位，展示山东从韩国进口的主要商品、中韩（烟台）产业园建设成就以及鲁韩重点合作项目。

3月30日，山东经贸代表团在韩国仁川举办中韩地方经济合作与自由贸易区政策推介会，山东省省长龚正介绍山东落实中韩自由贸易协定、山东与韩国地方经济合作成就，仁川市议会议长李龙范、中国驻韩国大使馆公使衔参赞谷金生、韩国国务总理办公室室长南平五、仁川广域市副市长许琮植、韩国产业通商资源部投资政策官李镐俊等致辞。青岛海关、仁川海关、威海市人民政府、烟台市人民政府、青岛市人民政府、山东高速集团有限公司负责人分别推介中韩自贸协定优惠政策、威海—仁川四港联动举措、中韩（烟台）产业园、青岛中日韩地方经济合作示范城市、构建中韩贸易与物流黄金通道相关措施。威海、仁川两市和两地海关负责人就威海港、威海机场与仁川港、仁川空港四港联动通关及物流合作达成共识，签署合作协议。

12月1日，山东经贸代表团与韩国釜山市政府在釜山举办山东青岛—釜山地方经贸合作交流会，中共山东省委书记刘家义、釜山市市长吴巨敦、中国驻釜山总领事郭鹏、韩中友好亲善协会会长徐义泽等出席。青岛市人民政府与釜山市政府负责人签署深化合作备忘录，青岛海关、济南海关与釜山海关负责人签署关际合作谅解备忘录，青岛西海岸新区与釜山镇海经济区负责人签署战略合作备忘录，青岛农商银行与釜山银行、莱西市政府与DA公司负责人分别签署相互授信、新能源装备合作项目协议。

12月3日，山东经贸代表团在韩国首尔举办中国山东—韩国开放合作推进会，中共山东省委书记刘家义、中国驻韩国大使邱国洪、韩国全国经济人联合会会长许昌秀出席。青岛海关、济南海关和济南、青岛、烟台、威海市负责人与韩国有关机构负责人就中国（山东）自贸试验区建设、中韩自由贸易协定和创新性政策进行对话交流，并举行机制、平台、项目签约仪式。韩国产业通商资源部、全国经济人联合会、韩国中坚企业联合会以及企业、金融机构代表，山东有关市和省直部门、企业代表等逾400人参加会议。会议间隙，山东经贸代表团负责人会见韩国产业通商资源部部长成允模，签署《山东省—韩国产业通商资源部深化经贸合作谅解备忘录》。

【山东省与新加坡投资合作】 2019年10月31日，新加坡—山东经贸理事会在新加坡召开第21次会议，山东省副省长、新加坡—山东经贸理事会山东方联合主席任爱荣与新加坡贸工部兼教育部高级政务部长、新加坡—山东经贸理事会新方联合主席徐芳达分别率双方代表团参会，双方理事成员单位及有关企业负责人约180人参会。会议举办中国（山东）自由贸易试验区和城市推介、金融创新专题研讨活动，并举行项目签约仪式，签署物流、金融、污水处理、饮料、化工、智慧网络及人才培养等领域的12个合作项目。

【山东省与澳大利亚投资合作】 2019年4月3—4日，澳大利亚昆士兰州投资贸易局组团访问山东，山东省商务厅组织济南国际医学中心、山东省第一医科大学、山东能源集团有限公司、永锋集团有限公司等企业与昆士兰州老龄产业联盟企业皇澳颐养公司、汤姆生艾德赛公司等进行项目对接，探讨养老项目规划设计、运营管理等方面的合资合作。

5月24日，澳大利亚贸易委员会组织的养老培训代表团访问山东，与山东有关机构共同举办澳中养老培训研讨会，山东省商务厅组织山东能源集团有限公司、济南文旅发展集团有限公司、山东商业集团有限公司、永锋集团有限公司等企业参会，分享澳方养老经验。

7月，山东省商务厅邀请澳大利亚南澳州驻山东代表贾小林、中澳特色生物资源产业创新联合实验室主任张卫、阿德莱德大学能源技术中心创始人格斯·内森、澳大利亚中澳创新中心董事总经理刘宇晖以及格里菲斯大学教授、资深投资人克劳伦斯·谭通过现场视频会议和远程录播形式进行路演，集中推介南澳州和昆士兰州发展情况以及中澳海洋生物、新能源、信息技术等方面的合作潜力。

8月30日—9月8日，山东省商务厅组织省内企业参加澳大利亚2019皇家阿德莱德展览会，小鸭家电、淄博陶瓷琉璃、临沂柳编布艺等山东特色产品在展会亮相。山东省商务厅、澳大利亚中国总商会、南澳山东商会以及双方企业负责人进行商务对接。

10月21日，澳大利亚北领地地矿局组织

由TNG矿业公司、Core锂业公司、Mosman油气公司等企业负责人组成的代表团访问山东，与山东省商务厅合作举办山东—北领地矿业资源合作研讨会。山东黄金集团有限公司、山东能源有限公司、山东钢铁集团有限公司、茌平信发有限公司等13家山东企业与澳方企业负责人就钒钛铁矿、锂矿、油气、黄金、铝土等方面的项目合作进行对接，达成相关合作意向。

11月12—14日，山东岱银服饰有限公司等20家企业组团参加澳大利亚中国纺织服装服饰展览会，展品涉及户外服装、运动装、休闲装、纺织面料、童装、家居家纺用品等。

【山东省与新西兰投资合作】 9月14—18日，山东省副省长孙继业率团访问新西兰，拜访新西兰贸易发展局、新西兰山东总商会，考察海尔—斐雪派克研发中心，举办系列宣传推介及合作研讨活动，洽商经贸合作，助力山东新旧动能转换重大工程建设。

【山东省与菲律宾投资合作】 4月2日，山东省人民政府在菲律宾宿务市举办中国山东—菲律宾宿务合作推介会，山东、宿务两省贸易、农业、海洋、基础设施建设等领域的近300个企业家参加，进行合作项目洽谈。山东省省长龚正、菲律宾维萨亚地区总统助理迈克尔·迪诺、中国驻宿务总领事贾力出席。推介会举办期间，龚正拜会菲律宾众议院议长阿罗约，访问菲律宾公造部，会晤菲律宾华商联合会理事长林育庆、上好佳集团董事长施恭旗，洽商山东与菲律宾经贸合作事宜。

【山东省与欧洲投资合作】 2019年4月16日，山东省副省长王书坚在济南会见空中客车直升机集团公司全球执行副总裁兼德国公司首席执行官沃尔夫冈·绍尔德，洽商推动空中客车直升机青岛项目跨越发展相关事宜。

5月8日，山东省商务厅与德国莱法州经济部在济南举办德国莱法州推介会暨山东省—莱法州企业对接洽谈会。山东100多家企业与莱法州企业业务人员就医养健康、高端装备制造、环境治理、钢铁、运输物流等领域的合作进行洽谈。

5月20日，山东省商务厅与欧洲科技商会在济南举办山东省—欧洲商务对接会。山东省内150多家企业与欧洲企业负责人就智能制造、生物技术、生命科学、信息技术、工程建筑等领域的合作进行洽谈。

9月10日，山东省副省长刘强与德国安顾集团股份公司董事会主席、首席执行官瑞思在济南续签《山东省人民政府、德国安顾集团股份公司战略合作协议》，拟深化医疗保险、养老保险、科技保险及精准扶贫保险等方面的合作，探索开展交通、能源、环保等领域的投资合作，加强保险服务创新，共同引进和培育高端保险人才。

10月23—28日，山东省副省长任爱荣率团访问德国、匈牙利，考察德国慕尼黑再保险公司、英飞凌公司、中欧商贸物流合作园区海外仓、中匈宝思德经贸合作区。山东省商务厅与汉诺威展览公司负责人签署《山东省商务厅与德国汉诺威展览公司合作备忘录》。

【山东省与美国投资合作】 2019年1月21日，山东省副省长任爱荣在济南会见美国惠普公司全球副总裁玛利亚·廷德尔，就加快推进惠普威海项目进行交流。

4月15日，山东省商务厅组织各市商务部门及企业负责人与来访的美国医疗企业代表团就加强医养健康领域的合作进行交流洽谈。

4月20日，中共山东省委书记刘家义、山东省省长龚正在济南会见美国惠普公司首席供应链执行官斯图尔特·潘恩及副总裁玛利亚·廷德尔，见证山东省人民政府与惠普公司签署战略合作框架协议。

6月4—8日，山东省商务厅组织近30家企业赴美参加中国省与美国州贸易投资合作联合工作组框架下的中国—加州经贸论坛及密歇根中国周系列经贸活动，拓展山东省与美国地方深化经贸合作的渠道和平台。

知识窗

跨境电子商务主要业务模式

跨境电子商务主要有以下三种业务模式：

一、快件清关。境外供应商确认订单后，通过跨境快递将商品直接寄给消费者，无海关单据。这一模式的优点是业务灵活，不需要提前备货，缺点是物流通关效率较低，交易规模增加时成本会迅速上升。

二、集货清关。境外商家将多件已售出商品统一打包，通过跨境物流运至境内保税仓库，境内电子商务企业为每件商品办理海关通关手续，并委托快递企业派送给消费者，其中每个订单都附有海关单据。这一业务模式的优点是不需要提前备货，物流通关效率较高，物流成本有所降低，缺点是商品在境外打包操作的成本较高，物流时间较长。

三、备货清关。境内商家将境外输入商品批量备货至海关监管下的保税仓库，消费者下单后，商家根据订单为每件商品办理海关通关手续，在保税仓库完成贴面单和打包操作，而后委托快递企业派送，每个订单都附有海关单据。这一业务模式的优点是物流成本低、通关效率高，缺点是增加了仓储成本。

业务统计

Business Statistics

简要说明

一、栏目内容

本栏目刊载2019年山东省商务经济运行统计数据，含商贸流通、电子商务、对外贸易、外国及中国港澳台投资、对外经济技术合作、对外投资、经济园区、自由贸易试验区等方面的统计数据，以图表形式呈现。

二、资料来源

山东省商务厅、山东省统计局、商务部、国家外汇管理局山东省分局、青岛海关、济南海关

Brief Introduction

Ⅰ. Content

The column publishes statistical data of commerce economic operation of Shandong Province in 2019, including statistical data in aspects of commerce circulation, e-commerce, foreign trade, Investment by Merchants of Foreign States and Hong Kong, Macau, Taiwan Districts, foreign economic and technical cooperation, oversesa investment, economic zones, Pilot free trade zone, presented in word and diagram.

Ⅱ. Data sources

Department of Commerce of Shandong Province, Shandong Statistics Bureau, Ministry of Commerce of the People's Republic of China, National Foreign Exchange Administration, Shandong Branch of the State Administration of Foreign Exchange, Qingdao Customs, Jinan Customs

居民消费形态
Residents Consumption Patterns

2019 年山东省社会消费品零售总额一览表
Consumer Good Retail Sales of Shandong in 2019

表 4–1

分类指标	金额（亿元）	增长（%）
零售总额	**35770.6**	**6.4**
城镇零售额	28386.7	6.2
乡村零售额	7383.9	7.2
餐饮收入	4128.9	9.7
商品零售	31641.7	6.0

2019 年山东省居民人均可支配收入一览表
Per Capita Disposable Income of Residents in Shandong Province

表 4–2

收入指标	全省居民		城镇居民		农村居民	
	金额（元）	增长（%）	金额（元）	增长（%）	金额（元）	增长（%）
收入总额	**31597**	**8.2**	**42329**	**7.0**	**17775**	**9.1**
工资性收入	18111	7.7	26611	6.3	7165	9.4
经营净收入	6813	8.1	6046	8.3	7799	8.4
财产净收入	2212	8.2	3575	7.1	456	6.4
转移净收入	4461	10.2	6097	9.1	2355	10.8

2019年山东省居民人均消费支出一览表
Per Capita Annual Expenditure of Inhabitants in 2019

表4–3

消费指标	全省居民		城镇居民		农村居民	
	金额（元）	增长（%）	金额（元）	增长（%）	金额（元）	增长（%）
支出总额	**20427**	**8.8**	**26731**	**7.8**	**12309**	**9.2**
食品烟酒	5417	7.7	6965	6.7	3423	8.3
衣着	1443	3.7	2042	1.7	671	7.9
居住	4370	11.2	5883	11.0	2421	9.3
生活用品及服务	1539	10.4	2083	9.6	838	10.0
交通、通信	2992	5.5	3762	4.4	1999	6.7
教育文化娱乐	2410	10.8	3171	9.3	1429	12.9
医疗保健	1816	11.6	2185	11.1	1343	11.5
其他用品和服务	440	10.7	640	9.6	185	11.0

2019 年年末山东省每百户居民家庭主要耐用消费品拥有量一览表
Number of Major Consumer Durables Per 100 Households

表 4-4

耐用消费品名称	单　位	全省居民	城镇居民	农村居民
家用汽车	辆	51.7	60.7	39.4
摩托车	辆	25.3	12.2	43.2
电冰箱（柜）	台	104.0	105.8	101.5
洗衣机	台	98.5	100.4	96.0
热水器	台	93.7	100.2	84.8
空调	台	125.5	149.6	92.0
彩色电视机	台	106.9	106.3	107.7
照相机	台	17.3	27.2	3.4
计算机	台	63.0	78.7	41.7
固定电话	部	12.2	13.4	10.5
移动电话	部	234.0	236.0	231.4
健身器材	台	5.7	8.8	1.5
空气净化器	台	5.8	9.3	1.1
洗碗机	台	1.2	1.8	0.5

2019年山东省居民消费价格指数一览表
Consumer Price Indices in 2019

表4-5

价格指数	全　省	城　市	农　村
综合指数	**103.2**	**103.1**	**103.6**
烟酒食品	107.9	107.6	108.9
粮食	100.1	100.3	99.7
鲜菜	103.8	103.5	104.7
猪肉	152.9	152.9	153.0
鸡蛋	104.6	104.9	103.9
鲜瓜果	112.4	111.3	116.0
衣着	101.2	101.0	101.7
居住	102.2	102.2	102.2
生活用品及服务	100.9	100.8	101.2
交通、通信	97.8	97.6	98.3
教育文化娱乐	102.5	102.6	102.1
健身活动	104.0	104.3	100.1
旅游	104.2	104.3	103.3
医疗保健	102.0	101.7	102.7
其他用品和服务	104.1	104.4	103.0
养老服务	105.3	105.5	104.8

2019 年山东省米面价格变化一览表
Price Fluctuations of Rice and Flour in Shandong Province in 2019

表 4–6

监测日期	大米零售价格（元 / 千克）	面粉零售价格（元 / 千克）
2019–01–04	6.21	5.50
2019–01–11	6.40	5.68
2019–01–18	6.42	5.70
2019–01–25	6.46	5.72
2019–02–01	6.08	4.79
2019–02–08	6.23	4.87
2019–02–15	6.46	5.37
2019–02–22	6.36	5.77
2019–03–01	6.42	5.85
2019–03–08	6.42	5.83
2019–03–15	6.36	5.78
2019–03–22	6.39	5.32
2019–03–29	6.48	5.37
2019–04–05	6.45	5.79
2019–04–12	6.41	5.77
2019–04–19	6.38	5.39
2019–04–26	6.36	5.37
2019–05–03	6.40	5.79
2019–05–10	6.32	5.75
2019–05–17	6.37	5.84
2019–05–24	6.21	5.56
2019–05–31	6.16	5.48
2019–06–07	6.33	5.56
2019–06–14	6.32	5.59
2019–06–21	6.40	5.75

续表4-6

监测日期	大米零售价格（元/千克）	面粉零售价格（元/千克）
2019-06-28	6.41	5.77
2019-07-05	6.48	5.85
2019-07-12	6.55	5.88
2019-07-19	6.59	5.93
2019-07-26	6.52	5.95
2019-08-02	6.53	5.99
2019-08-09	6.48	5.96
2019-08-16	6.43	5.90
2019-08-23	6.39	5.88
2019-08-30	6.36	5.87
2019-09-06	6.52	5.90
2019-09-13	6.53	5.88
2019-09-20	6.50	5.85
2019-09-27	6.70	5.02
2019-10-04	6.30	4.97
2019-10-11	6.31	5.06
2019-10-18	6.66	5.18
2019-10-25	6.65	5.17
2019-11-01	6.55	5.67
2019-11-08	6.59	5.69
2019-11-15	6.48	5.66
2019-11-22	6.39	5.68
2019-11-29	6.43	5.68
2019-12-06	6.40	5.85
2019-12-13	6.45	5.21
2019-12-20	6.36	5.17
2019-12-27	6.36	5.63

2019 年山东省食用油价格变化一览表
Price Fluctuations of Edible Oil in Shandong Province in 2019

表 4–7

监测日期	豆油零售价格（元 / 千克）	花生油零售价格（元 / 千克）
2019–01–04	12.49	24.40
2019–01–11	12.44	24.35
2019–01–18	12.45	24.39
2019–01–25	12.27	24.44
2019–02–01	12.06	22.86
2019–02–08	12.16	23.29
2019–02–15	11.88	23.13
2019–02–22	12.24	24.22
2019–03–01	12.50	24.36
2019–03–08	12.38	24.43
2019–03–15	12.42	24.39
2019–03–22	12.07	23.54
2019–03–29	12.14	23.90
2019–04–05	12.44	24.72
2019–04–12	12.42	24.71
2019–04–19	12.28	23.69
2019–04–26	12.24	23.91
2019–05–03	12.35	24.90
2019–05–10	12.33	24.81
2019–05–17	12.47	24.99
2019–05–24	12.44	24.89
2019–05–31	12.35	24.62
2019–06–07	12.50	25.05
2019–06–14	12.53	25.13
2019–06–21	12.80	25.09

续表 4–7

监测日期	豆油零售价格（元 / 千克）	花生油零售价格（元 / 千克）
2019–06–28	12.77	24.99
2019–07–05	12.64	25.14
2019–07–12	12.65	24.87
2019–07–19	12.45	24.80
2019–07–26	12.45	24.98
2019–08–02	12.55	25.08
2019–08–09	12.56	24.92
2019–08–16	12.57	24.87
2019–08–23	12.40	24.24
2019–08–30	12.35	24.16
2019–09–06	12.59	24.62
2019–09–13	12.61	24.95
2019–09–20	12.69	24.92
2019–09–27	12.11	26.38
2019–10–04	11.27	24.18
2019–10–11	11.83	23.68
2019–10–18	12.33	24.15
2019–10–25	12.13	24.50
2019–11–01	12.96	25.39
2019–11–08	12.85	25.33
2019–11–15	12.81	25.32
2019–11–22	12.74	25.48
2019–11–29	12.68	25.39
2019–12–06	13.27	25.96
2019–12–13	12.79	24.60
2019–12–20	12.21	24.85
2019–12–27	12.62	25.71

2019年山东省猪肉（精瘦肉）价格变化一览表
Price Fluctuations of Pork in Shandong Province in 2019

表 4-8

监测日期	零售价格（元 / 千克）	监测日期	零售价格（元 / 千克）
2019-01-04	29.11	2019-07-05	31.85
2019-01-11	29.19	2019-07-12	32.04
2019-01-18	29.19	2019-07-19	32.15
2019-01-25	28.90	2019-07-26	32.50
2019-02-01	29.30	2019-08-02	32.45
2019-02-08	29.77	2019-08-09	32.56
2019-02-15	29.52	2019-08-16	34.26
2019-02-22	29.35	2019-08-23	36.85
2019-03-01	29.20	2019-08-30	40.84
2019-03-08	29.41	2019-09-06	42.10
2019-03-15	29.93	2019-09-13	43.16
2019-03-22	30.04	2019-09-20	43.79
2019-03-29	30.35	2019-09-27	44.43
2019-04-05	30.38	2019-10-04	44.12
2019-04-12	30.41	2019-10-11	48.83
2019-04-19	30.48	2019-10-18	52.99
2019-04-26	30.70	2019-10-25	60.24
2019-05-03	30.77	2019-11-01	66.62
2019-05-10	30.67	2019-11-08	66.91
2019-05-17	30.68	2019-11-15	65.66
2019-05-24	30.65	2019-11-22	62.33
2019-05-31	30.62	2019-11-29	60.13
2019-06-07	30.68	2019-12-06	60.70
2019-06-14	30.46	2019-12-13	60.48
2019-06-21	30.91	2019-12-20	60.47
2019-06-28	31.29	2019-12-27	60.41

2019 年山东省蔬菜价格变化一览表
Price Fluctuations of Vegetables in Shandong Province in 2019

表 4-9

监测日期	批发价格（元 / 千克）	零售价格（元 / 千克）
2019-01-04	3.65	5.55
2019-01-11	3.60	5.75
2019-01-18	3.80	5.92
2019-01-25	3.98	6.15
2019-02-01	4.57	6.61
2019-02-08	4.55	7.08
2019-02-15	4.56	7.03
2019-02-22	4.55	6.68
2019-03-01	4.52	6.66
2019-03-08	4.44	6.57
2019-03-15	4.48	6.64
2019-03-22	4.60	6.66
2019-03-29	4.53	6.63
2019-04-05	4.56	6.68
2019-04-12	4.33	6.56
2019-04-19	4.00	6.22
2019-04-26	3.71	5.84
2019-05-03	3.76	5.86
2019-05-10	3.68	5.76
2019-05-17	3.34	5.58
2019-05-24	3.16	5.27
2019-05-31	3.17	5.18
2019-06-07	3.07	5.09
2019-06-14	3.13	4.99
2019-06-21	3.16	5.08

续表 4-9

监测日期	批发价格（元 / 千克）	零售价格（元 / 千克）
2019-06-28	3.38	5.17
2019-07-05	3.49	5.31
2019-07-12	3.63	5.54
2019-07-19	3.64	5.41
2019-07-26	3.45	5.22
2019-08-02	3.48	5.24
2019-08-09	3.59	5.40
2019-08-16	4.00	5.77
2019-08-23	3.98	5.82
2019-08-30	3.73	5.61
2019-09-06	3.70	5.57
2019-09-13	3.56	5.49
2019-09-20	3.44	5.33
2019-09-27	3.39	5.30
2019-10-04	3.27	5.30
2019-10-11	3.35	5.27
2019-10-18	3.29	5.22
2019-10-25	3.34	5.22
2019-11-01	3.34	5.23
2019-11-08	3.34	5.18
2019-11-15	3.28	5.16
2019-11-22	3.39	5.20
2019-11-29	3.56	5.36
2019-12-06	3.94	5.57
2019-12-13	4.11	6.00
2019-12-20	4.41	6.05
2019-12-27	4.48	6.36

2019年山东省鸡蛋价格变化一览表
Price Fluctuations of Egg in Shandong Province in 2019

表4-10

监测日期	批发价格（元/千克）	零售价格（元/千克）
2019-01-04	8.67	8.98
2019-01-11	8.79	9.11
2019-01-18	9.03	9.20
2019-01-25	8.68	9.21
2019-02-01	8.65	9.37
2019-02-08	7.46	9.38
2019-02-15	7.19	9.00
2019-02-22	7.44	8.44
2019-03-01	7.27	8.12
2019-03-08	6.94	7.88
2019-03-15	7.18	7.90
2019-03-22	7.16	7.94
2019-03-29	7.46	8.04
2019-04-05	7.73	8.04
2019-04-12	7.87	8.08
2019-04-19	7.97	8.28
2019-04-26	8.04	8.52
2019-05-03	8.11	8.59
2019-05-10	7.96	8.84
2019-05-17	8.84	9.08
2019-05-24	9.15	9.16
2019-05-31	8.97	8.98
2019-06-07	8.85	9.00
2019-06-14	8.60	8.77
2019-06-21	8.25	8.65

续表 4-10

监测日期	批发价格（元 / 千克）	零售价格（元 / 千克）
2019-06-28	8.10	8.65
2019-07-05	8.34	8.83
2019-07-12	8.50	9.21
2019-07-19	9.24	9.61
2019-07-26	9.37	9.61
2019-08-02	8.73	9.29
2019-08-09	9.35	9.68
2019-08-16	9.93	10.06
2019-08-23	10.71	10.73
2019-08-30	10.97	11.11
2019-09-06	11.61	11.64
2019-09-13	11.49	11.51
2019-09-20	11.40	11.47
2019-09-27	10.77	11.32
2019-10-04	9.80	10.99
2019-10-11	9.87	10.58
2019-10-18	10.53	10.96
2019-10-25	11.54	11.73
2019-11-01	11.87	11.99
2019-11-08	11.57	11.84
2019-11-15	10.98	11.27
2019-11-22	10.14	10.55
2019-11-29	9.58	10.29
2019-12-06	9.65	10.31
2019-12-13	9.86	10.42
2019-12-20	9.27	10.23
2019-12-27	9.29	9.78

流通业态

Circulation Forms

2019 年山东省再生资源回收机构一览表

Renewable Resource Recovery Organizations

表 4-11

序　号	回收机构名称	单　位	数　量	增长（%）
1	基层回收站点	个	13200	10.0
2	区域性交易市场	个	34	21.4
3	回收分拣加工中心	个	113	32.9
4	大型综合性和专业性聚集区	个	7	40.0
5	回收企业	家	4963	10.0

2019 年山东各市再生资源回收机构一览表

Renewable Resource Recovery Organizations by City

表 4-12

地　区	基层回收站点（个）	区域性交易市场（个）	回收分拣加工中心（个）	大型综合性和专业性聚集区（个）	回收企业（家）	从业人员（万人）
济南市	1483	1	9	1	573	3.2
青岛市	1107	1	5	—	358	2.5
淄博市	896	1	5	—	205	1.5
枣庄市	424	—	3	—	107	0.7
烟台市	887	2	7	—	454	4.7
东营市	523	1	3	1	135	0.7
潍坊市	895	3	11	1	360	3.0
济宁市	440	1	4	—	167	1.0
泰安市	524	—	6	—	109	0.5
威海市	436	—	5	—	90	0.4
日照市	520	2	5	—	245	0.9
临沂市	3425	16	22	3	1426	12.4
德州市	338	—	6	—	85	0.3
聊城市	422	3	7	—	232	1.0
滨州市	536	2	8	1	316	1.5
菏泽市	344	1	7	—	101	0.4

2018—2019 年山东省再生资源回收量值一览表
Amounts of Renewable Resource Recovery

表 4–13

品 种	回收量			回收额	
	单 位	数 量	增长（%）	金额（亿元）	增长（%）
废钢铁	万吨	1185.0	12.5	278.4	32.2
废有色金属	万吨	164.3	14.9	429.0	203.6
废塑料	万吨	216.0	11.9	56.2	12.0
废橡胶	万吨	53.0	–3.6	21.6	–4.0
废纸	万吨	680.0	36.5	129.2	42.4
废玻璃	万吨	83.0	5.1	5.1	5.4
废弃电器电子产品	万台	522.9	61.0	4.7	104.3
	万吨	14.3	25.4		
报废机动车	万辆	12.6	28.6	4.1	41.4
	万吨	25.2	43.2		

2017—2019 年山东省拍卖行业营业额一览表
Turnovers of Auction Industry from 2017 to 2019

表 4–14

年 份	拍卖活动（场次）	成交额（万元）	佣金额（万元）
2017 年	7779	5024656	46350
2018 年	6136	3514554	32460
2019 年	6938	3288800	30800

2019年山东省骨干拍卖企业营业额一览表

Turnovers of Auction Enterprises

表4-15

序 号	企业名称	拍卖活动（场次）	成交额（万元）	佣金额（万元）
1	山东金诺拍卖有限公司	218	549636	1033
2	山东正信拍卖有限责任公司	276	308817	1271
3	山东光彩银星拍卖有限公司	321	190189	1826
4	山东金槌拍卖有限公司	84	137238	263
5	佳联国际拍卖有限公司	231	104167	1221
6	青岛华诚拍卖有限公司	49	84102	1500
7	潍坊广大拍卖有限公司	53	82367	38
8	山东佳联电子商务有限公司	58	79005	258
9	滨州市中信拍卖有限公司	2	54814	64
10	山东中立信拍卖有限责任公司	12	54765	543
11	山东汇丰拍卖有限公司	9	51831	452
12	潍坊广元拍卖有限公司	25	42425	152
13	山东鑫汇银通拍卖行有限公司	21	32921	221
14	山东华正资产评估拍卖有限公司	145	30781	483
15	潍坊大地拍卖有限公司	64	29740	120
16	菏泽维誉拍卖有限公司	40	28296	53
17	滨州产权交易拍卖中心有限责任公司	73	26051	104
18	济南中财拍卖有限公司	12	25900	259
19	山东齐鲁瑞丰拍卖有限公司	43	25785	821
20	山东中恒拍卖有限公司	28	25061	123
21	山东同亨拍卖有限公司	17	24186	70
22	山东传奇国际拍卖有限公司	105	24020	264
23	山东盛达拍卖有限公司	51	23366	186
24	山东嘉华拍卖有限公司	150	23131	71
25	山东恒诚拍卖有限公司	49	22678	606
26	潍坊信义德拍卖有限公司	11	22590	332
27	青岛普阳拍卖行有限公司	16	22387	224
28	山东龙德拍卖有限公司	33	22184	488
29	聊城市正圆拍卖有限公司	24	20877	99
30	山东三升拍卖有限公司	30	20709	272

2019 年山东省二手车交易数量一览表
Turnovers of Used Car in Shandong Province in 2019

表 4-16

序　号	地　区	交易数量（辆）
1	**山东省**	**2545904**
2	济南市	192482
3	青岛市	260275
4	淄博市	110762
5	枣庄市	173763
6	东营市	70724
7	烟台市	191515
8	潍坊市	294854
9	济宁市	188006
10	泰安市	85686
11	威海市	105145
12	日照市	83926
13	临沂市	291729
14	德州市	147434
15	聊城市	118316
16	滨州市	92618
17	菏泽市	138669

2019年山东各市回收拆解报废汽车数量一览表
Amounts of Scrap Vehicle Dismantled by City

表4–17

序　号	地　区	回收拆解汽车（辆）
1	**山东省**	**112135**
2	济南市	34182
3	青岛市	6743
4	淄博市	3098
5	枣庄市	878
6	东营市	3567
7	烟台市	4553
8	潍坊市	6886
9	济宁市	7149
10	泰安市	6014
11	威海市	5362
12	日照市	2344
13	临沂市	14463
14	德州市	5127
15	聊城市	2226
16	滨州市	5947
17	菏泽市	3596

2019年山东省报废车辆拆解企业拆解车辆数一览表
Motor Vehicles Dismantled by Enterprises in 2019

表 4-18

序　号	地　区	企业名称	拆解车辆（辆）
1	济南市	山东省华嘉资源综合利用有限公司	16711
2	济南市	济南市泉汇物资再生利用有限公司	14818
3	济南市	莱芜市双城报废汽车拆解有限公司	2653
4	青岛市	青岛交运报废汽车回收有限公司	3407
5	青岛市	青岛市金属回收加工厂	3336
6	淄博市	淄博捷迅工贸有限公司	3098
7	枣庄市	枣庄市汽车拆解中心	878
8	东营市	东营市龙马报废机动车回收拆解有限公司	3567
9	烟台市	烟台万通汽车回收有限公司	3465
10	烟台市	烟台鑫广绿环再生资源股份有限公司	1088
11	潍坊市	潍坊市鸢飞机动车回收有限公司	3040
12	潍坊市	寿光市德隆报废汽车回收有限公司	3034
13	潍坊市	潍坊旭东旧机动车回收有限责任公司	812
14	济宁市	济宁市运河物资再生利用有限公司	4488
15	济宁市	梁山县华通物资再生利用有限公司	2661
16	泰安市	泰安市泰山拆车有限公司	6014
17	威海市	威海市报废汽车回收拆解有限公司	5362
18	日照市	日照佰庆机动车回收拆解有限公司	1190
19	日照市	日照君青能源科技材料有限公司	1154
20	临沂市	临沂市广发资源综合利用有限公司	7519
21	临沂市	临沂奥凯再生资源利用有限公司	6944
22	德州市	德州龙马汽车设备更新回收拆解有限公司	1288
23	德州市	山东永锋资源综合利用有限公司	3839
24	聊城市	聊城新开金属回收有限公司	2226
25	滨州市	滨州鲁物废车拆解金属回收有限公司	3310
26	滨州市	山东博纳新报废汽车拆解有限公司	2637
27	菏泽市	菏泽市经纬报废汽车回收拆解有限公司	1176
28	菏泽市	山东方达再生资源利用有限公司	2420

老字号
Time-Honored Brands

山东省业经认定的老字号品牌一览表
Time-Honored Brands Cognizanced by the Authority

表 4-19

地　区	序　号	品牌企业名称	认定批次	品牌类型	注册商标
济南市	1	济南大观园股份有限公司	第一批	中华老字号	大观园
济南市	2	山东福牌阿胶股份集团有限公司	第一批	中华老字号	福字牌
济南市	3	山东宏济堂制药集团股份有限公司	第一批	中华老字号	宏济堂
济南市	4	济南市饮食服务总公司聚丰德饭店	第一批	中华老字号	聚丰德
济南市	5	济南德馨斋食品有限公司	第一批	中华老字号	德馨斋
济南市	6	济南奇美美发美容有限公司	第一批	中华老字号	奇美
济南市	7	济南趵突泉酿酒有限责任公司	第二批	中华老字号	趵突泉
济南市	8	济南泰康食物公司	第二批	中华老字号	泰康
济南市	9	济南燕喜堂饭庄	第二批	中华老字号	燕喜堂
济南市	10	济南市市中饮食公司草包包子铺	第二批	中华老字号	草包包子
济南市	11	济南宝明斋眼镜有限公司	第二批	中华老字号	宝明斋
济南市	12	济南药业集团有限责任公司	第二批	中华老字号	宏济堂
济南市	13	济南一大食物有限责任公司	第一批	山东老字号	一大
济南市	14	济南市中敏敏熟肉店	第一批	山东老字号	老玉记
济南市	15	济南精益眼镜连锁有限公司	第一批	山东老字号	精益
济南市	16	济南亨得利钟表眼镜有限公司	第一批	山东老字号	亨得利
济南市	17	济南亨得利钟表眼镜有限公司亨达利钟表眼镜分公司	第一批	山东老字号	亨达利
济南市	18	济南时装总公司普华鞋业公司	第一批	山东老字号	普华
济南市	19	济南市莱芜金家老店餐饮有限公司	第一批	山东老字号	金家老店
济南市	20	济南金洪大商贸有限公司	第二批	山东老字号	洪顺
济南市	21	济南市莱芜鲁王工坊锡雕艺术研究院	第二批	山东老字号	鲁王工坊
济南市	22	山东省亓氏酱香源食品有限公司	第二批	山东老字号	亓家将
济南市	23	山东顺香斋食品有限公司	第二批	山东老字号	顺香斋
济南市	24	山东广寒宫酿酒有限公司	第二批	山东老字号	鹏泉
济南市	25	济南市益康食品厂有限公司	第三批	山东老字号	葡萄软月
济南市	26	济南超意兴餐饮有限公司	第三批	山东老字号	超意兴

续表 4-19

地　区	序　号	品牌企业名称	认定批次	品牌类型	注册商标
济南市	27	济南野风酥食品有限公司	第三批	山东老字号	野风酥
济南市	28	济南川蜜食品有限责任公司	第三批	山东老字号	川蜜
济南市	29	济南历下天真口腔诊所	第三批	山东老字号	天真
济南市	30	济南历下玉谦旗袍店	第三批	山东老字号	玉谦
济南市	31	济南御顺斋食品有限公司	第三批	山东老字号	御顺斋
济南市	32	济南亨通制笔有限公司	第三批	山东老字号	友爱
济南市	33	济南市泺口酿造有限责任公司	第三批	山东老字号	洛口
济南市	34	济南异香斋黄家食品有限公司	第三批	山东老字号	黄家
济南市	35	山东天业恒基股份有限公司	第三批	山东老字号	瑞蚨祥
济南市	36	济南民天面粉有限责任公司	第三批	山东老字号	民天
济南市	37	山东五福茶业有限公司	第三批	山东老字号	齐鲁干烘
济南市	38	莱芜市亚细亚民族饭店	第三批	山东老字号	牵牛
济南市	39	山东泰顺斋食品有限公司	第三批	山东老字号	齐鲁泰顺斋
济南市	40	莱芜市化科雪野美食中心有限公司	第三批	山东老字号	莱雪
济南市	41	济南市莱芜紧跟鞋业有限公司	第三批	山东老字号	紧跟
济南市	42	莱芜清鑫源餐饮食品有限公司	第三批	山东老字号	口镇
济南市	43	山东雪野邢府公餐饮管理有限公司	第三批	山东老字号	邢府公
济南市	44	山东百脉泉酒业有限公司	第四批	山东老字号	百脉泉
济南市	45	济南鲁味斋食品有限责任公司	第四批	山东老字号	鲁味斋
济南市	46	济南赵树堂大药房有限公司	第四批	山东老字号	赵树堂
济南市	47	济南正泰恒餐饮管理有限公司	第四批	山东老字号	正泰恒
济南市	48	山东康巴丝实业有限公司	第四批	山东老字号	康巴丝
济南市	49	山东四喜居商贸有限公司	第四批	山东老字号	德景园
济南市	50	莱芜市莱城区凤王锡雕工艺店	第四批	山东老字号	凤王祥
济南市	51	莱芜玉顺斋食品有限公司	第四批	山东老字号	玉顺斋
济南市	52	山东山歌食品科技股份有限公司	第四批	山东老字号	山歌
济南市	53	济南俊记食品有限公司	第五批	山东老字号	俊记
济南市	54	莱芜市朗野蜂业有限公司	第五批	山东老字号	朗野蜂业
济南市	55	莱芜市凤城茶庄有限公司	第五批	山东老字号	金凤城

续表 4-19

地　区	序　号	品牌企业名称	认定批次	品牌类型	注册商标
青岛市	56	青岛灯塔酿造有限公司	第一批	中华老字号	灯塔
青岛市	57	青岛盛锡福实业有限公司	第一批	中华老字号	盛锡福
青岛市	58	青岛天真摄影有限公司	第一批	中华老字号	天真
青岛市	59	青岛海滨食品有限公司	第一批	中华老字号	海滨
青岛市	60	青岛台东五金商店	第一批	中华老字号	台东五金
青岛市	61	青岛青联万香斋食品厂	第一批	中华老字号	万香斋
青岛市	62	利群集团股份有限公司	第一批	中华老字号	利群
青岛市	63	青岛万和春商贸有限公司	第一批	中华老字号	万和春
青岛市	64	青岛维客集团有限公司	第一批	中华老字号	崂百
青岛市	65	山东即墨黄酒厂	第一批	中华老字号	即墨老酒
青岛市	66	青岛啤酒股份有限公司	第一批	中华老字号	青岛啤酒
青岛市	67	青岛崂山矿泉水有限公司	第一批	中华老字号	崂山
青岛市	68	青岛孚德鞋业有限公司	第一批	中华老字号	孚德
青岛市	69	青岛金大鸡味素有限公司	第一批	中华老字号	鸡牌
青岛市	70	青岛一木集团有限责任公司	第一批	中华老字号	金菱
青岛市	71	青岛即发集团控股有限公司	第一批	中华老字号	即发
青岛市	72	青岛紫信实业有限公司	第一批	中华老字号	金锚
青岛市	73	青岛春和楼饭店有限责任公司	第二批	中华老字号	春和楼
青岛市	74	青岛国风大药房连锁有限公司	第二批	中华老字号	宏仁堂
青岛市	75	青岛食品股份有限公司	第二批	山东老字号	青食
青岛市	76	青岛春明调味品有限公司	第二批	山东老字号	春明
青岛市	77	青岛盛河蔬菜种植专业合作社	第二批	山东老字号	良河
青岛市	78	青岛国华工艺品有限公司	第三批	山东老字号	即花
青岛市	79	青岛琅琊台集团股份有限公司	第三批	山东老字号	琅琊台
青岛市	80	青岛腊杆子食品有限公司	第三批	山东老字号	腊杆子
青岛市	81	山东齐鲁王酒业有限公司	第三批	山东老字号	栈桥
青岛市	82	青岛老三东生物科技股份有限公司	第三批	山东老字号	老三东
青岛市	83	青岛柏兰集团有限公司	第三批	山东老字号	柏兰
青岛市	84	青岛长生集团股份有限公司	第四批	山东老字号	长生牌
青岛市	85	青岛华东葡萄酿酒有限公司	第四批	山东老字号	青岛
青岛市	86	青岛酒厂股份有限公司	第四批	山东老字号	南阜
青岛市	87	青岛环球服装股份有限公司	第四批	山东老字号	仙鲜
青岛市	88	青岛鑫复盛餐饮有限公司	第四批	山东老字号	周钦公

续表 4–19

地　区	序　号	品牌企业名称	认定批次	品牌类型	注册商标
青岛市	89	青岛三聚成有限公司	第四批	山东老字号	三聚成
青岛市	90	青岛饭店集团股份有限公司	第四批	山东老字号	青岛饭店
青岛市	91	青岛腊杆陈食品有限公司	第四批	山东老字号	腊杆陈
青岛市	92	青岛于家酒业有限公司	第五批	山东老字号	老机场
青岛市	93	青岛和丰德餐饮管理有限公司	第五批	山东老字号	和丰德
青岛市	94	青岛宏运东都大酒店有限公司	第五批	山东老字号	宏运
青岛市	95	青岛万里江茶业有限公司	第五批	山东老字号	万里江
青岛市	96	青岛德盛恒信食品有限公司	第五批	山东老字号	慎吴
淄博市	97	山东周村烧饼有限公司	第一批	中华老字号	周村
淄博市	98	山东黄河龙集团有限公司	第一批	中华老字号	强恕堂
淄博市	99	淄博石蛤蟆餐饮有限公司	第一批	中华老字号	石蛤蟆
淄博市	100	淄博清梅居食品有限责任公司	第一批	中华老字号	清梅居
淄博市	101	淄博博山聚乐村食品有限责任公司	第一批	中华老字号	聚乐村
淄博市	102	淄博仁德茶叶有限公司	第二批	中华老字号	仁德
淄博市	103	山东玉兔食品有限责任公司	第二批	中华老字号	玉兔
淄博市	104	山东华王酿造有限公司	第二批	中华老字号	王村
淄博市	105	山东扳倒井股份有限公司	第二批	中华老字号	扳倒井
淄博市	106	淄博万春堂骨科医院有限公司	第二批	中华老字号	万春堂
淄博市	107	桓台县起凤整骨医院	第二批	中华老字号	起凤
淄博市	108	淄博市博山景德东食品有限公司	第二批	山东老字号	景德东
淄博市	109	淄博清馨斋商贸有限公司	第二批	山东老字号	清馨斋
淄博市	110	淄博市博山馨香食品厂	第三批	山东老字号	福源成
淄博市	111	淄博大染坊丝绸集团有限公司	第三批	山东老字号	诺宝・丝邦
淄博市	112	山东鲁源酒业有限公司	第三批	山东老字号	鲁源
淄博市	113	淄博海润丝绸发展有限公司	第三批	山东老字号	SINOSHOW
淄博市	114	山东巧媳妇食品集团有限公司	第三批	山东老字号	巧媳妇
淄博市	115	山东国辣食品科技有限公司	第三批	山东老字号	馍馍酱
淄博市	116	淄博天和堂景泰成医药连锁有限公司	第四批	山东老字号	景泰成
淄博市	117	山东金晶科技股份有限公司	第四批	山东老字号	金晶
淄博市	118	山东福泰陶瓷股份有限公司	第四批	山东老字号	福泰

续表 4-19

地　区	序　号	品牌企业名称	认定批次	品牌类型	注册商标
淄博市	119	淄博周村宾馆有限公司	第四批	山东老字号	嘉周
淄博市	120	淄博鸿祥商厦有限公司	第四批	山东老字号	鸿祥
淄博市	121	山东知味斋餐饮娱乐有限公司	第四批	山东老字号	一村知味斋
淄博市	122	淄博陶济堂生物医药科技有限公司	第四批	山东老字号	陶济堂
淄博市	123	博山泰云照相馆	第四批	山东老字号	泰云
淄博市	124	淄博商厦股份有限公司	第四批	山东老字号	远方
淄博市	125	淄博市博山山头陶瓷厂	第四批	山东老字号	春笋
淄博市	126	山东特信集团有限公司	第四批	山东老字号	福堤特信
淄博市	127	张店赵培印保健品店	第四批	山东老字号	赵培印
淄博市	128	淄博宝凤食品有限公司	第四批	山东老字号	宝凤
淄博市	129	淄博七彩陶坊	第五批	山东老字号	路窑
淄博市	130	山东百食佳食品科技有限公司	第五批	山东老字号	第一店
淄博市	131	淄博正堂酿造有限公司	第五批	山东老字号	正堂
淄博市	132	淄博精工美术琉璃制造有限公司	第五批	山东老字号	美琉
淄博市	133	淄博鲁玉陶瓷有限公司	第五批	山东老字号	鲁玉
淄博市	134	淄博爱美琉璃制造有限公司	第五批	山东老字号	和顺炉
淄博市	135	淄博鼎辉清真食品有限公司	第五批	山东老字号	浩迪
淄博市	136	淄博凯利丝绸有限公司	第五批	山东老字号	绮盛丝织
淄博市	137	高青迎宾馆有限公司	第五批	山东老字号	田横
淄博市	138	淄博川鹰酿造有限责任公司	第五批	山东老字号	川鹰
淄博市	139	山东扳倒井股份有限公司	第五批	山东老字号	国井
枣庄市	140	山东微山湖万盛德食品有限公司	第三批	山东老字号	万盛德
枣庄市	141	滕州市姜屯镇李店中医正骨院	第四批	山东老字号	助元堂
枣庄市	142	滕州市鼎盛酿造有限责任公司	第四批	山东老字号	鼎盛
枣庄市	143	滕州市爱瑞派节能厨具有限公司	第五批	山东老字号	爱瑞派
东营市	144	山东半球面粉有限公司	第二批	山东老字号	半球
东营市	145	山东欣马酒业有限公司	第四批	山东老字号	欣马
东营市	146	东营市河口区军绿食品综合加工厂	第五批	山东老字号	军绿
烟台市	147	烟台张裕集团有限公司	第一批	中华老字号	张裕
烟台市	148	烟台北极星国有控股有限公司	第二批	中华老字号	北极星

续表 4-19

地　区	序　号	品牌企业名称	认定批次	品牌类型	注册商标
烟台市	149	烟台三环锁业集团有限公司	第二批	中华老字号	三环
烟台市	150	烟台生生堂药房有限公司	第二批	中华老字号	生生堂
烟台市	151	烟台中亚药业有限责任公司	第二批	中华老字号	中亚
烟台市	152	烟台亨得利钟表眼镜有限公司	第一批	山东老字号	亨得利
烟台市	153	山东华源莱动内燃机有限公司	第四批	山东老字号	莱动
烟台市	154	海阳市吉纹斋工艺品有限责任公司	第四批	山东老字号	吉纹斋
烟台市	155	莱阳齐花特香纯正花生油有限公司	第四批	山东老字号	齐花
烟台市	156	山东婴儿乐股份有限公司	第四批	山东老字号	婴儿乐
烟台市	157	烟台市蓬莱春酒家	第四批	山东老字号	春莱蓬
烟台市	158	山东烟台酿酒有限公司	第五批	山东老字号	烟台古酿
烟台市	159	烟台旗源服饰有限公司	第五批	山东老字号	旗源
烟台市	160	山东食圣酿造食品有限公司	第五批	山东老字号	食圣
烟台市	161	山东德字门食品股份有限公司	第五批	山东老字号	德字门
烟台市	162	烟台双塔食品股份有限公司	第五批	山东老字号	双塔
潍坊市	163	瑞福油脂股份有限公司	第一批	中华老字号	崔字牌
潍坊市	164	山东景芝酒业股份有限公司	第一批	中华老字号	景芝
潍坊市	165	山东青州云门酒业集团有限公司	第二批	中华老字号	云门
潍坊市	166	潍坊嵌银厂有限公司	第二批	中华老字号	潍坊
潍坊市	167	潍坊百货大楼股份有限公司	第二批	山东老字号	百（图案）
潍坊市	168	潍坊市尊一骨伤病研究所	第二批	山东老字号	尊一
潍坊市	169	安丘市景芝镇红旗三页饼店	第二批	山东老字号	景芝
潍坊市	170	青州市剪刀厂有限公司	第二批	山东老字号	青州
潍坊市	171	高密市常发刀具厂	第二批	山东老字号	邵铁匠
潍坊市	172	潍坊杨家埠民俗艺术有限公司	第二批	山东老字号	杨家埠
潍坊市	173	山东诸城密州酒业有限公司	第二批	山东老字号	密州
潍坊市	174	潍坊市锦章堂传统医学研究所	第三批	山东老字号	锦章堂
潍坊市	175	安丘董家骨科中医医院	第三批	山东老字号	董家骨科
潍坊市	176	山东坊子板桥酒业有限公司	第三批	山东老字号	坊子
潍坊市	177	青州市隆盛食品有限公司	第三批	山东老字号	隆盛
潍坊市	178	寿光市王高虎头食品有限公司	第三批	山东老字号	王高虎头
潍坊市	179	昌乐好友油脂有限责任公司	第四批	山东老字号	好友
潍坊市	180	潍坊风筝面粉有限责任公司	第四批	山东老字号	风筝

续表 4–19

地　区	序　号	品牌企业名称	认定批次	品牌类型	注册商标
潍坊市	181	潍坊恒盛斋食品有限公司	第四批	山东老字号	老潍县恒盛斋
潍坊市	182	潍坊市第一招待所有限责任公司	第五批	山东老字号	一所
潍坊市	183	诸城外贸有限责任公司	第五批	山东老字号	尽美
潍坊市	184	诸城市新华宇家具有限公司	第五批	山东老字号	华宇
济宁市	185	微山县湖产品加工总厂	第一批	中华老字号	微山湖
济宁市	186	济宁玉堂酱园有限责任公司	第一批	中华老字号	玉堂
济宁市	187	山东金乡县金蜂糕点食品厂	第二批	中华老字号	金蜂
济宁市	188	济宁市任城区清真马大兴食品厂	第二批	山东老字号	马大兴
济宁市	189	山东枫栖服饰有限责任公司	第二批	山东老字号	汉纺绣
济宁市	190	山东广育堂国药有限公司	第二批	山东老字号	广育堂
济宁市	191	梁山水浒斋文化发展有限公司	第二批	山东老字号	柴大官人
济宁市	192	梁山同军驴肉有限公司	第二批	山东老字号	拳铺李家
济宁市	193	曲阜市扶兴和笔庄有限公司	第二批	山东老字号	扶兴和
济宁市	194	曲阜市万成公食品有限公司	第二批	山东老字号	万成公
济宁市	195	曲阜市琉璃瓦厂有限公司	第二批	山东老字号	御圣公
济宁市	196	山东运河之都生态酒庄有限公司	第三批	山东老字号	兖字
济宁市	197	梁山县解放桥烧鸡店	第三批	山东老字号	梁山解放桥
济宁市	198	济宁市任城区周香坊甏肉干饭	第三批	山东老字号	周香坊第一甏
济宁市	199	金乡县玉凤斋食品厂	第三批	山东老字号	玉凤斋
济宁市	200	山东金秋农牧科技股份有限公司	第三批	山东老字号	汶水
济宁市	201	金乡县工商联副食品加工厂	第三批	山东老字号	金商
济宁市	202	山东梁山徐坊大曲有限公司	第三批	山东老字号	徐坊
济宁市	203	金乡圣丰谷源米业有限公司	第四批	山东老字号	马坡金谷
济宁市	204	济宁市兖州区御桥小磨香油有限公司	第四批	山东老字号	御桥
济宁市	205	山东爱客多商贸有限公司	第四批	山东老字号	兰芳斋
济宁市	206	山东济宁南阳湖农场	第四批	山东老字号	南阳湖
济宁市	207	山东济宁心心酒业有限公司	第四批	山东老字号	心
济宁市	208	济宁市瑞元亭餐饮有限公司	第五批	山东老字号	瑞元亭
济宁市	209	山东省济宁玉粮食品有限公司	第五批	山东老字号	寅阳寺
泰安市	210	赵斌食品有限公司	第二批	中华老字号	赵斌

续表 4–19

地　区	序　号	品牌企业名称	认定批次	品牌类型	注册商标
泰安市	211	泰安御道韩氏食品有限公司	第二批	山东老字号	西御道
泰安市	212	泰山酒业集团股份有限公司	第三批	山东老字号	泰山
泰安市	213	山东宁阳不老枣业有限公司	第三批	山东老字号	不老枣
泰安市	214	泰安市泰山日出酒业有限公司	第三批	山东老字号	泰山元尊
泰安市	215	山东金彩山酒业有限公司	第三批	山东老字号	彩山
泰安市	216	泰安王氏正骨医院有限公司	第三批	山东老字号	王佃木
泰安市	217	泰安市亨得利钟表眼镜有限公司	第三批	山东老字号	亨达利
泰安市	218	山东富世康制粉有限公司	第四批	山东老字号	富世康
泰安市	219	肥城康王酒业有限公司	第四批	山东老字号	康王河
泰安市	220	山东泰之源食品有限公司	第四批	山东老字号	君祥
泰安市	221	山东社汇酒业有限公司	第四批	山东老字号	唐龙一品液
泰安市	222	肥城鸿熹桃木文化用品有限公司	第四批	山东老字号	泰山桃木王
泰安市	223	泰安市翟家香鸡有限公司	第四批	山东老字号	翟家香
泰安市	224	新泰市新汶食品酿造有限公司	第四批	山东老字号	新汶
泰安市	225	山东浩翔固源春酒业有限公司	第四批	山东老字号	固源春
泰安市	226	泰安市龙藏深泉商贸有限公司	第五批	山东老字号	铜金蟾
泰安市	227	泰安市东兴农业有限公司	第五批	山东老字号	泰山君子
威海市	228	山东威高四海酿造有限公司	第二批	山东老字号	四海
威海市	229	金猴集团有限公司	第四批	山东老字号	金猴
威海市	230	威海红东实业有限公司	第四批	山东老字号	裕红祥
威海市	231	山东威海卫酒业集团有限公司	第五批	山东老字号	威海卫
威海市	232	山东颐阳酒业有限公司	第五批	山东老字号	颐阳
威海市	233	山东乳山工艺品有限责任公司	第五批	山东老字号	艺涟
日照市	234	浮来春集团股份有限公司	第三批	山东老字号	浮来春
日照市	235	山东八大碗餐饮服务有限公司	第四批	山东老字号	乔记八大碗
临沂市	236	山东兰陵美酒股份有限公司	第二批	中华老字号	兰陵
临沂市	237	临沂惟一斋酱园	第二批	中华老字号	惟一斋
临沂市	238	蒙阴边家风味食品有限公司	第二批	中华老字号	边家
临沂市	239	山东蒙山酿酒有限公司	第二批	山东老字号	蒙山
临沂市	240	山东沂蒙六姐妹食品有限公司	第二批	山东老字号	六姐妹
临沂市	241	临沂医药集团有限公司	第三批	山东老字号	沂蒙仁和堂

续表 4-19

地　区	序　号	品牌企业名称	认定批次	品牌类型	注册商标
临沂市	242	山东秋香食品有限公司	第三批	山东老字号	秋香
临沂市	243	山东鲁和园食品有限公司	第三批	山东老字号	鲁和园
临沂市	244	山东中孚嘉集团有限公司	第三批	山东老字号	小康
临沂市	245	沂南县高来德烧鸡有限公司	第三批	山东老字号	高来德
临沂市	246	山东温和酒业有限公司	第四批	山东老字号	温河
临沂市	247	沂水食品总厂	第四批	山东老字号	沂兴
临沂市	248	山东玉皇粮油食品有限公司	第四批	山东老字号	玉皇
临沂市	249	沂南县大庄烧鸡有限公司	第四批	山东老字号	大庄
临沂市	250	山东金胜粮油食品有限公司	第五批	山东老字号	金胜
临沂市	251	翔宇药业股份有限公司	第五批	山东老字号	翔宇
德州市	252	山东德州扒鸡集团有限公司	第一批	中华老字号	德州
德州市	253	德州通德酿造有限公司	第一批	中华老字号	通德
德州市	254	德州市又一村饭店	第一批	中华老字号	又一村
德州市	255	山东古贝春有限公司	第二批	中华老字号	古贝春
德州市	256	德州市永盛斋扒鸡有限公司	第二批	中华老字号	永盛斋
德州市	257	夏津县益和成食品有限公司	第二批	山东老字号	益和成
德州市	258	山东洛北春集团有限公司	第二批	山东老字号	洛北春
德州市	259	山东双陵春生物科技股份有限公司	第二批	山东老字号	双陵春
德州市	260	宁津县保店守恒精制驴肉厂	第二批	山东老字号	保店
德州市	261	山东圣喜清真食品有限公司	第二批	山东老字号	圣喜
德州市	262	德州傻小二康健食品有限公司	第三批	山东老字号	傻小二
德州市	263	平原人家酿酒厂	第三批	山东老字号	平原人家
德州市	264	德州福合居食品有限公司	第三批	山东老字号	福合居
德州市	265	山东王家园子清真食品酿造公司	第三批	山东老字号	王家园子
德州市	266	齐河县玉皇阁酿酒有限公司	第三批	山东老字号	玉皇阁
德州市	267	德州洪熙居布袋鸡有限公司	第三批	山东老字号	洪熙居
德州市	268	齐河姜杰植物油脂有限公司	第三批	山东老字号	姜杰牌
德州市	269	临邑县永新食品加工厂	第三批	山东老字号	邢记百年
德州市	270	德州崔记食品有限公司	第三批	山东老字号	崔记
德州市	271	山东鸿兴源食品有限公司	第四批	山东老字号	鸿兴源
德州市	272	德州燕陵生物科技有限公司	第四批	山东老字号	燕陵蜜酒

续表 4–19

地　区	序　号	品牌企业名称	认定批次	品牌类型	注册商标
德州市	273	德州老高家餐饮有限公司	第四批	山东老字号	百年德瑞
德州市	274	德州市英翔视光眼镜有限公司	第五批	山东老字号	英翔
德州市	275	山东乐家客食品有限公司	第五批	山东老字号	乐家客
聊城市	276	临清市济美酿造有限责任公司	第二批	中华老字号	济美
聊城市	277	山东东阿阿胶股份有限公司	第二批	中华老字号	东阿
聊城市	278	东阿阿胶（临清）药业有限公司	第一批	山东老字号	临药
聊城市	279	聊城市魏氏熏鸡有限公司	第一批	山东老字号	魏记铁公
聊城市	280	聊城市魏潮林魏氏熏鸡有限公司	第一批	山东老字号	魏潮林
聊城市	281	高唐县潘家肉制品有限公司	第二批	山东老字号	潘佳
聊城市	282	山东冠宜春酒业有限公司	第二批	山东老字号	冠宜春
聊城市	283	高唐县申广食品加工厂	第二批	山东老字号	森广
聊城市	284	山东景阳冈酒厂	第二批	山东老字号	景阳冈
聊城市	285	山东凤祥股份有限公司	第三批	山东老字号	五更炉
聊城市	286	山东雁宾酒业有限公司	第三批	山东老字号	雁宾
聊城市	287	阳谷县郭屯炖鸡店	第三批	山东老字号	王金亭
聊城市	288	聊城市东昌府义安成鲁菜馆总店	第四批	山东老字号	義安成
聊城市	289	山东孟尝君酒业有限公司	第四批	山东老字号	孟尝君
聊城市	290	临清市卫河酒业有限责任公司	第五批	山东老字号	卫河
聊城市	291	山东东阿酒厂（有限责任公司）	第五批	山东老字号	东阿王
聊城市	292	山东阳平食品有限公司	第五批	山东老字号	阳平
滨州市	293	山东惠民武定府酿造有限责任公司	第二批	中华老字号	武定府
滨州市	294	山东万德酒业集团有限公司	第二批	山东老字号	枣木杠
滨州市	295	惠民县东方豆制品有限公司	第二批	山东老字号	杜桥
滨州市	296	邹平尹老三餐饮有限公司	第三批	山东老字号	尹老三
滨州市	297	山东省十里香芝麻制品股份有限公司	第三批	山东老字号	鲁誉
滨州市	298	沾化徐泽三正骨医院	第三批	山东老字号	徐泽三
滨州市	299	山东惠民贾老四食品有限公司	第三批	山东老字号	贾老四
滨州市	300	山东董公酒业有限公司	第三批	山东老字号	董公牌
滨州市	301	山东金丝食品有限公司	第四批	山东老字号	金爵
滨州市	302	山东滨州滨胜酿造有限公司	第四批	山东老字号	滨胜
滨州市	303	山东众品工贸有限公司	第四批	山东老字号	纸皮

续表 4–19

地　区	序　号	品牌企业名称	认定批次	品牌类型	注册商标
滨州市	304	无棣县华兴畜牧有限公司	第四批	山东老字号	宏振
滨州市	305	山东福人楼工贸有限公司	第四批	山东老字号	福人楼
滨州市	306	山东省阳信广富畜产品有限公司	第四批	山东老字号	鸿安
滨州市	307	阳信县华阳清真肉类有限公司	第四批	山东老字号	华阳
滨州市	308	阳信亿利源清真肉类有限公司	第五批	山东老字号	亿利源
滨州市	309	山东塘坊食品有限公司	第五批	山东老字号	塘坊岐鸣斋
滨州市	310	山东贾府食品有限公司	第五批	山东老字号	贾老大
滨州市	311	山东北极阁古方熟食有限公司	第五批	山东老字号	北极阁
菏泽市	312	山东杨湖酒业有限公司	第二批	山东老字号	杨湖
菏泽市	313	菏泽市思香食品有限公司	第二批	山东老字号	思香
菏泽市	314	菏泽金堤酱肉制品有限公司	第二批	山东老字号	金堤
菏泽市	315	菏泽市牡丹区酿造厂	第二批	山东老字号	润香斋
菏泽市	316	山东省陈王酒业有限公司	第二批	山东老字号	陈王
菏泽市	317	鄄城县文明肉食品加工厂	第二批	山东老字号	王文明
菏泽市	318	山东王光集团有限公司	第二批	山东老字号	王光
菏泽市	319	山东李全德食品有限公司	第二批	山东老字号	李全德
菏泽市	320	山东鸿方缘食品有限公司	第二批	山东老字号	鸿方缘
菏泽市	321	鄄城县鲁锦工艺品有限责任公司	第二批	山东老字号	精一坊
菏泽市	322	山东郓城水浒酒业有限公司	第二批	山东老字号	水浒
菏泽市	323	郓城县皮婆婆食品有限公司	第二批	山东老字号	小老王
菏泽市	324	单县三義春餐饮有限公司	第二批	山东老字号	三義春
菏泽市	325	菏泽银盛园餐饮集团有限公司	第二批	山东老字号	银盛园
菏泽市	326	山东孔子酒业有限公司	第三批	山东老字号	万事孔子
菏泽市	327	鄄城县周家肉食店	第三批	山东老字号	什集
菏泽市	328	曹县青晨食品有限公司	第四批	山东老字号	大刘庄
菏泽市	329	山东乡韵鲁锦纺织品有限公司	第四批	山东老字号	乡韵
菏泽市	330	成武县满当食品有限公司	第五批	山东老字号	满当
菏泽市	331	山东陶三姐餐饮管理有限公司	第五批	山东老字号	复盛永
菏泽市	332	花冠集团酿酒股份有限公司	第五批	山东老字号	花冠
菏泽市	333	鄄城县汇智家具有限公司	第五批	山东老字号	汇智
菏泽市	334	山东良心食品有限公司	第五批	山东老字号	良心

电子商务
E — Commerce

2019 年山东各市实物商品网络店铺数量一览表
On-Line Shops for Commodity Selling by City

表 4-20

地　区	店铺数量（个）	地　区	店铺数量（个）
山东省	**1732772**	聊城市	80330
青岛市	256562	德州市	73210
济南市	224657	威海市	68320
临沂市	170655	泰安市	63632
潍坊市	158164	滨州市	59954
烟台市	132525	枣庄市	50033
济宁市	118303	日照市	39917
菏泽市	112192	东营市	35855
淄博市	88075	归口山东	388

2019年山东各市网络零售额一览表
On-Line Retail Sales by City

表4-21

地　区	网络零售额（亿元）	地　区	网络零售额（亿元）
山东省	**4002.7**	济宁市	124.0
青岛市	1245.3	聊城市	102.2
济南市	799.5	德州市	96.1
临沂市	304.2	滨州市	95.1
烟台市	261.5	枣庄市	93.0
潍坊市	243.9	泰安市	81.9
菏泽市	154.7	东营市	49.2
淄博市	150.9	日照市	34.7
威海市	134.5	归口山东	32.0

货物贸易
Trade in Goods

2019年山东省货物贸易额一览表
Trade in Goods of Shandong Province in 2019

表 4-22

分类指标	进出口			出口			进口		
	金额（万元）	增长（%）	权重（%）	金额（万元）	增长（%）	权重（%）	金额（万元）	增长（%）	权重（%）
总　额	**204209310**	**5.8**	**100.0**	**111303726**	**5.3**	**100.0**	**92905584**	**6.4**	**100.0**
按经营主体性质划分									
国有企业	19266921	11.3	9.4	8107268	6.4	7.3	11159653	15.1	12.0
外商投资企业	51585628	-8.8	25.3	31464653	-7.5	28.3	20120975	-10.7	21.7
民营企业	132970843	11.6	65.1	71656177	11.8	64.4	61314666	11.4	66.0
集体企业	10184437	-2.9	5.0	5224781	-6.6	4.7	4959656	1.2	5.3
私营企业	122730497	13.0	60.1	66379575	13.6	59.6	56350922	12.4	60.7
个体工商户	55909	6.0	—	51821	3.6	—	4088	48.7	—
其他机构	385918	300.7	—	75628	25109.3	—	310290	277.0	—
按贸易方式划分									
一般贸易	137093240	5.3	67.1	77617177	6.4	69.7	59476063	3.9	64.0
加工贸易	39488842	-9.0	19.3	28258070	-5.3	25.4	11230772	-17.1	12.1
来料加工贸易	6474090	3.0	3.2	4168324	4.9	3.7	2305766	-0.3	2.5
进料加工贸易	33014752	-11.0	16.2	24089746	-6.9	21.6	8925006	-20.6	9.6
其他贸易	27627228	41.4	13.5	5428478	83.4	4.9	22198750	33.9	23.9
对外承包工程出口货物	411603	-18.4	0.2	411603	-18.4	0.4	—	—	—
海关特殊监管区域进出口	24517949	37.4	12.0	2999848	81.6	2.7	21518101	32.9	23.2
设备、援助物资进出口及租赁贸易	2697676	126.4	1.3	2017027	151.1	1.8	680649	75.2	—
按大类商品划分									
机电产品	58368441	1.9	28.6	41623441	4.5	37.4	16745000	-4.1	18.0
纺织服装	16385716	1.8	8.0	15580862	2.4	14.0	804854	-8.9	0.9
农产品	23080087	8.2	11.3	12344915	7.3	11.1	10735172	9.1	11.6
高新技术产品	18393449	-7.1	9.0	9189239	-9.5	8.3	9204210	-4.5	9.9

2019年山东各市货物贸易额一览表
Trade in Goods of 16 Cities in 2019

表4-23

地　区	进出口			出　口			进　口		
	金额（万元）	增长（%）	权重（%）	金额（万元）	增长（%）	权重（%）	金额（万元）	增长（%）	权重（%）
山东省	**204209310**	**5.8**	**100.0**	**111303726**	**5.3**	**100.0**	**92905584**	**6.4**	**100.0**
济南市	11032949	17.9	5.4	6225286	5.2	5.6	4807663	39.6	5.2
青岛市	59255881	11.2	29.0	34119001	7.4	30.7	25136880	16.9	27.1
淄博市	8830836	-7.1	4.3	4189642	0.1	3.8	4641194	-12.8	5.0
枣庄市	1467247	38.3	0.7	1394302	40.8	1.3	72945	3.4	0.1
东营市	16291462	-0.6	8.0	3427609	-7.1	3.1	12863853	1.3	13.9
烟台市	29068307	-4.8	14.2	17336913	-2.2	15.6	11731394	-8.4	12.6
潍坊市	17880687	10.0	8.8	11319193	8.5	10.2	6561494	12.6	7.1
济宁市	4617907	8.3	2.3	2852242	28.8	2.6	1765665	-14	1.9
泰安市	1722101	7.1	0.8	1344848	5.4	1.2	377253	13.4	0.4
威海市	14021251	0.8	6.9	9214111	0.8	8.3	4807140	0.6	5.2
日照市	10525560	17.5	5.2	4066315	0.1	3.7	6459245	32	7.0
临沂市	8366780	22.9	4.1	6812754	26.4	6.1	1554026	9.9	1.7
德州市	3454344	17.2	1.7	2040381	7.9	1.8	1413963	33.9	1.5
聊城市	4091269	-16.4	2.0	2074384	-15.6	1.9	2016885	-17.3	2.2
滨州市	8730078	6.8	4.3	3116420	2.0	2.8	5613658	9.7	6.0
菏泽市	4852651	-5.5	2.4	1770325	15.2	1.6	3082326	-14.3	3.3

1984—2018 年山东省货物贸易额一览表
Foreign Trade Values from 1984 to 2018

表 4-24

年 份	进出口（万美元）	出口（万美元）					进口（万美元）
		总 额	一般贸易	来料加工装配贸易	进料加工贸易	其他贸易	
1984	352012	207786	—	—	—	—	144226
1985	414448	234652	—	—	—	—	179796
1986	382840	191926	—	—	—	—	190914
1987	355294	289938	264633	2566	19232	3507	65356
1988	573361	309773	261451	3796	40458	4068	263588
1989	616511	327015	266337	6274	49047	5357	289496
1990	428522	341719	274898	8660	53152	5009	86803
1991	483200	375230	293951	13681	63430	4168	107970
1992	778140	433752	330729	18598	79452	4973	344388
1993	728586	420360	292058	23834	96748	7720	308226
1994	962927	587011	371013	40640	168470	6888	375916
1995	1395007	816101	460278	77503	270177	8143	578906
1996	1616394	918298	449683	130565	331035	6339	698096
1997	1753631	1085888	483895	185156	410664	6173	667743
1998	1661740	1034705	458607	172262	396013	7823	627035
1999	1827094	1157909	541405	218625	394880	2999	669185
2000	2498998	1552905	746563	293008	507050	6284	946093
2001	2896313	1812899	913253	310013	579125	10508	1083414
2002	3394175	2111511	1089063	341530	669958	10960	1282664
2003	4465752	2657285	1400709	392861	845249	18466	1808467
2004	6078136	3587286	1799792	483369	1252126	51999	2490850
2005	7688876	4625113	2310122	594991	1668351	51649	3063763
2006	9528817	5864717	3013461	655916	2083042	112298	3664100
2007	12261798	7524374	3800924	679014	2863332	181104	4737424
2008	15814480	9317486	4739880	722044	3573434	282128	6496994
2009	13860378	7956530	3637582	697915	3296132	324901	5903848
2010	18895085	10424695	4973019	750340	4230872	470464	8470390
2011	23599191	12578809	6466907	842878	4737751	531273	11020382
2012	24554487	12873171	6875045	867657	4566215	564254	11681316
2013	26715854	13450998	7603966	866031	4392892	588109	13264856
2014	27711549	14474545	8373918	802064	4734553	564010	13237004
2015	24174867	14406069	9042024	739933	4183875	440237	9768798
2016	23420733	13715826	8653875	716557	3904404	440990	9704907
2017	26305670	14710207	9428956	651868	4151643	477739	11595464
2018	29239097	16013984	11047764	601424	3918203	446592	13225113

2019年山东境内海关特殊监管区域进出口额一览表
Trade in Goods of Customs Special Supervision Areas

表4-25

海关特殊监管区域	进出口		出口		进口	
	金额（万元）	增长（%）	金额（万元）	增长（%）	金额（万元）	增长（%）
青岛前湾保税港区	8531226	18.2	1445581	1.8	7085645	22.2
烟台保税港区	7141374	-11.8	4011495	-10.2	3129878	-13.8
潍坊综合保税区	855206	40.2	611848	46.2	243358	27.2
威海综合保税区	754591	6.8	339731	6.0	414860	7.4
临沂综合保税区	740432	109.5	162335	17.9	578097	167.9
青岛胶州湾综合保税区	705593	6.3	387516	4.1	318077	9.2
青岛西海岸综合保税区	515830	-10.4	106299	-30.2	409531	-3.3
济南综合保税区	396555	311.6	93905	93.8	302650	531.9
东营综合保税区	339716	69.6	230334	59.2	109382	96.8
合　计	**19980523**	**7.9**	**7389044**	**-1.2**	**12591478**	**14.0**

2019 年山东省主要进口商品一览表
Major Import Goods of Shandong Province in 2019

表 4-26

进口商品名称	进口额（万元）	增长（%）	权重（%）
原油	30575177.3	13.4	39.5
电器及电子产品	6984945.2	-9.6	9.0
铁矿砂及其精矿	6826556.5	46.8	8.8
机械设备	5883602.5	5.8	7.6
粮食	3499650.5	-10.9	4.5
铝矿砂及其精矿	3054190.0	14.8	3.9
铜矿砂及其精矿	3037847.1	-16.7	3.9
纸浆	2481264.1	-2.9	3.2
水海产品	2265954.0	14.7	2.9
仪器仪表	2241563.4	-9.2	2.9
初级形状的塑料	2152109.3	-6.1	2.8
未锻轧铜及铜材	1529247.2	-12.9	2.0
合成橡胶（包括胶乳）	1294118.6	0.5	1.7
天然橡胶（包括胶乳）	1000067.0	0.0	1.3
棉花	940210.1	2.8	1.2
运输工具	881601.7	-16.8	1.1
纺织纱线、织物及制品	773596.3	-8.1	1.0
煤及褐煤	704790.3	-28.0	0.9
钢材	700487.5	3.7	0.9
成品油	656085.2	38.1	0.8

2019 年山东省大宗资源性商品进口量一览表
Staple Goods Import Volume of Shandong Province in 2019

表 4–27

进口商品名称	进口量（万吨）	进口商品名称	进口量（万吨）
原油	9389.3	未锻压铜及铜材	35.7
铁矿砂及其精矿	10578.7	天然橡胶（包括胶乳）	103.6
粮食	1383.3	棉花	70.7
大豆	966.4	煤及褐煤	1244.8
铝矿砂及其精矿	8762.5	成品油	168.9
铜矿砂及其精矿	274.8	食用植物油	14.6
初级形状的塑料	230.3		

2019 年山东省主要出口商品一览表
Major Export Goods of Shandong Province in 2019

表 4–28

出口商品名称	出口额（万元）	增长（%）	权重（%）
机械设备	12319034.8	8.5	15.0
电器及电子产品	10745987.1	–4.1	13.1
服装及衣着附件	8723601.6	5.1	10.6
运输工具	8555240.4	10.2	10.4
纺织纱线、织物及制品	6857260.2	–0.8	8.3
新的充气橡胶轮胎	6173051.4	6.0	7.5
金属制品	5249804.5	20.2	6.4
钢材	5205063.5	–2.3	6.3
水海产品及制品	3464787.3	3.7	4.2
蔬菜及制品	2884845.8	15.2	3.5
家具及其零件	1843649.7	2.4	2.2
塑料制品	1605185.0	16.8	1.9
未锻轧铝及铝材	1547251.8	–2.8	1.9
医药品	1264135.5	8.7	1.5
鞋类	1173053.7	11.8	1.4
水果及制品（鲜干水果及坚果）	1139700.6	10.5	1.4
陶瓷产品	953678.5	49.2	1.2
仪器仪表	940066.4	–0.2	1.1
胶合板及类似多层板	886674.1	–7.7	1.1
箱包及类似容器	809892.7	21.8	1.0

2019年山东省主要贸易伙伴一览表
Main Trade Partners of Shandong Province in 2019

表4-29

贸易伙伴	贸易额（万元）	增长（%）	权重（%）
东　　盟	24125918	15.2	11.8
欧　　盟	23957323	9.6	11.7
韩　　国	19509865	0.9	9.6
美　　国	19243436	-17.8	9.4
日　　本	15117810	2.8	7.4
巴　　西	14451269	19.9	7.1
中　　东	14222775	20.2	7.0
俄 罗 斯	10256337	11.7	5.0
澳大利亚	8827379	12.7	4.3
南　　亚	6333672	12.3	3.1

2019年山东省主要进口来源一览表
Import Origins of Shandong Province in 2019

表4-30

进口来源	进口额（万元）	增长（%）	权重（%）
巴　　西	12716284	20.4	13.7
东　　盟	10125238	14.6	10.9
韩　　国	7977122	-9.8	8.6
俄 罗 斯	7638300	11.4	8.2
中　　东	7413164	22.1	8.0
欧　　盟	6661644	15.7	7.2
澳大利亚	6609329	15.7	7.1
安 哥 拉	4935065	5.5	5.3
日　　本	3189408	-4.9	3.4
美　　国	3154864	-26.3	3.4

2019年山东省主要出口市场一览表
Export Final Destinations of Shandong Province in 2019

表 4-31

出口市场	出口额（万元）	增长（%）	权重（%）
欧　　盟	17295679	7.3	15.5
美　　国	16088572	-16.0	14.5
东　　盟	14000680	15.6	12.6
日　　本	11928402	5.1	10.7
韩　　国	11532744	9.8	10.4
中　　东	6809611	18.3	6.1
南　　亚	5233414	11.7	4.7
墨 西 哥	2819840	9.0	2.5
俄 罗 斯	2618038	12.8	2.4
中国香港	2517799	-9.4	2.3

2019年山东省与各大洲市场主体货物贸易额一览表
Countries and Regions Engaged in Trade with Shandong Province

表4-32

市场主体	进出口			出口			进口		
	金额（万元）	增长（%）	权重（%）	金额（万元）	增长（%）	权重（%）	金额（万元）	增长（%）	权重（%）
合　计	**204209310**	**5.8**	**100.0**	**111303726**	**5.3**	**100.0**	**92905584**	**6.4**	**100.0**
亚洲	**87957351**	**8.7**	**43.0**	**53939046**	**10.6**	**48.5**	**34018305**	**5.8**	**36.6**
中国香港	2646410	-9.6	1.3	2517799	-9.4	2.3	128612	-12.6	0.1
中国台湾	3559406	-1.5	1.7	1252430	6.5	1.1	2306976	-5.3	2.5
日本	15117810	2.8	7.4	11928402	5.1	10.7	3189408	-4.9	3.4
韩国	19509865	0.9	9.6	11532744	9.8	10.4	7977122	-9.8	8.6
东盟	24125918	15.2	11.8	14000680	15.6	12.6	10125238	14.6	10.9
印度尼西亚	3729327	-4.6	1.8	2521721	3.1	2.3	1207606	-17.5	1.3
马来西亚	5194816	37.5	2.5	2037513	11.6	1.8	3157304	61.6	3.4
新加坡	1780647	13.4	0.9	1122862	24.2	1.0	657785	-1.1	0.7
泰国	4952489	0.6	2.4	2142923	9.0	1.9	2809566	-5.0	3.0
南亚	6333672	12.3	3.1	5233414	11.7	4.7	1100257	15.1	1.2
印度	4018941	13.4	2.0	3002926	10.8	2.7	1016015	21.8	1.1
中东	14222775	20.2	7.0	6809611	18.3	6.1	7413164	22.1	8.0
阿拉伯联合酋长国	2544875	21.1	1.3	1411421	15.5	1.3	1133454	29.0	1.2
非洲	**18301372**	**2.9**	**9.0**	**7015046**	**12.6**	**6.3**	**11286326**	**-2.3**	**12.2**
南非	1256159	-14.1	0.6	884616	2.7	0.8	371543	-38.1	0.4

续表 4–32

市场主体	进出口			出口			进口		
	金额（万元）	增长（%）	权重（%）	金额（万元）	增长（%）	权重（%）	金额（万元）	增长（%）	权重（%）
欧洲	**36676101**	**11.3**	**18.0**	**21378300**	**9.8**	**19.2**	**15297801**	**13.5**	**16.5**
欧盟	23957323	9.6	11.7	17295679	7.3	15.5	6661644	15.7	7.2
英国	3726982	12.1	1.8	2612039	6.8	2.4	1114943	27.2	1.2
德国	5133318	8.8	2.5	3025622	7.1	2.7	2107697	11.4	2.3
荷兰	3027144	11.7	1.5	2700764	7.9	2.4	326380	57.8	0.4
法国	1682071	6.4	0.8	1275461	7.7	1.2	406610	2.3	0.4
意大利	1840830	–1.4	0.9	1384479	–4.4	1.2	456351	9.2	0.5
俄罗斯	10256337	11.7	5.0	2618038	12.8	2.4	7638300	11.4	8.2
拉丁美洲	**28001225**	**10.7**	**13.7**	**8225946**	**8.7**	**7.4**	**19775279**	**11.6**	**21.3**
巴西	14451269	19.9	7.1	1734985	16.1	1.6	12716284	20.4	13.7
智利	2938657	–6.4	1.4	716775	–8.8	0.6	2221882	–5.7	2.4
北美洲	**23060817**	**–14.7**	**11.3**	**18022454**	**–14.8**	**16.2**	**5038363**	**–14.5**	**5.4**
美国	19243436	–17.8	9.4	16088572	–16.0	14.5	3154864	–26.3	3.4
加拿大	3731397	7.1	1.8	1933175	–1.1	1.7	1798222	17.6	1.9
大洋洲	**10212444**	**11.8**	**5.0**	**2722934**	**6.8**	**2.5**	**7489510**	**13.8**	**8.1**
澳大利亚	8827379	12.7	4.3	2218050	4.6	2.0	6609329	15.7	7.1
一带一路	**60309146**	**15.9**	**29.5**	**32861909**	**16.3**	**29.5**	**27447237**	**15.3**	**29.5**

出口退（免）税
Export Tax Reimbursement

2019年山东省出口退（免）税额一览表
Statistic Data of Export Tax Reimbursement in 2019

表 4-33

地　区	海关信息出口额（万美元）	企业申报出口额（万美元）	企业申报率（%）	企业申报退免税额（万元）	审核通过退（免）税额（万元）	审核通过率（%）	审核通过应退税额（万元）	国库办理退（免）税额（万元）	退税（万元）	免抵调库（万元）	国库退付率（%）	综合办理率（%）
山东省	**22987154**	**19187635**	**83.47**	**14226039**	**14223327**	**100.00**	**7932976**	**11626979**	**7932500**	**3694479**	**99.99**	**94.49**
济南市	1554332	1299111	83.58	1119495	1118415	99.90	592000	764405	592000	172405	99.90	94.46
青岛市	4979617	4202299	84.39	3505096	3504956	100.00	2637500	3837009	2637500	1199509	100.00	94.80
淄博市	1379773	1152662	83.54	760261	760261	100.00	256800	610930	256800	354130	100.00	94.51
枣庄市	170058	140995	82.91	190472	190472	100.00	78800	102700	78800	23900	100.00	94.30
东营市	1282140	1055201	82.30	502659	502659	100.00	269400	421780	269400	152380	100.00	94.10
烟台市	3244522	2709825	83.52	1987268	1987268	100.00	1000300	1510120	1000300	509820	100.00	94.51
潍坊市	3560490	2977638	83.63	1950060	1949820	99.99	869900	1385503	869900	515603	100.00	94.54
济宁市	303576	251938	82.99	330089	329993	99.97	132171	232788	131700	101088	99.64	94.20
泰安市	215553	179017	83.05	268061	268052	100.00	104000	177996	104000	73996	100.00	94.35
威海市	2649758	2212018	83.48	1095020	1095020	100.00	570700	765930	570700	195230	100.00	94.49
日照市	1062683	873738	82.22	464267	464267	100.00	283800	344420	283800	60620	100.00	94.07
临沂市	861074	713744	82.89	739973	739963	100.00	406000	447385	406000	41385	100.00	94.30
德州市	366001	300084	82.17	318082	318082	100.00	127400	215035	127400	87635	100.00	94.06
聊城市	357843	294970	82.43	317453	316316	99.64	208600	261079	208600	52479	100.00	94.02
滨州市	732987	603688	82.36	427768	427768	100.00	281600	371099	281600	89499	100.00	94.12
菏泽市	266746	220706	82.74	250014	250014	100.00	114005	178800	114000	64800	100.00	94.25

贸易救济案件
Trade Remedy Cases

2019 年山东省出口商品遭遇的贸易救济调查案件一览表
Trade Remedy Measures Initiated by Foreign Entities

表 4-34

序　号	立案时间	案件类型	发起主体	目标商品	涉案金额（万美元）	涉案企业（家）
1	2019-01-04	保障措施	土耳其	尼龙产品	107	5
2	2019-01-07	保障措施	马达加斯加	洗衣粉	841	4
3	2019-01-11	反倾销	越南	铝型材	4770	40
4	2019-01-11	保障措施	菲律宾	陶瓷地砖和墙砖	73	9
5	2019-01-31	反倾销	加拿大	铜管件	395	4
6	2019-01-31	反补贴	加拿大	铜管件	395	4
7	2019-02-15	反倾销	欧盟	钢制轮毂	6509	68
8	2019-02-15	反倾销	秘鲁	府绸织物	2	1
9	2019-02-21	反倾销	欧盟	玻璃纤维布	855	25
10	2019-02-25	反倾销	阿根廷	铝板	1	1
11	2019-02-25	反倾销	阿根廷	氢氟烃类混配制冷剂	8	1
12	2019-02-26	反倾销	澳大利亚	角钢	8153	219
13	2019-02-26	反倾销	美国	预制钢结构	11432	252
14	2019-02-26	反补贴	美国	预制钢结构	11432	252
15	2019-03-01	保障措施	欧亚经济联盟	微波炉产品	1	1
16	2019-03-04	保障措施	南非	螺纹紧固件	10	2
17	2019-03-04	保障措施	欧亚经济联盟	不锈钢焊接管	29	3
18	2019-03-27	反倾销	美国	木质柜子和洗手台	71123	359
19	2019-03-27	反补贴	美国	木质柜子和洗手台	71123	359
20	2019-04-01	反倾销	印度	聚氯乙烯	2654	10
21	2019-04-02	反倾销	印度	镀铝锌合金扁轧钢	3145	33

续表 4-34

序　号	立案时间	案件类型	发起主体	目标商品	涉案金额（万美元）	涉案企业（家）
22	2019-04-05	反倾销	墨西哥	冷轧不锈钢板	24	3
23	2019-05-01	反倾销	美国	瓷砖	112	20
24	2019-05-01	反补贴	美国	瓷砖	112	20
25	2019-05-07	反倾销	欧亚经济联盟	铝带	25	4
26	2019-05-07	反倾销	阿根廷	铝管	21	3
27	2019-05-14	保障措施	巴拿马	猪肉	17	3
28	2019-05-16	反补贴	欧盟	玻璃纤维织物	855	25
29	2019-05-17	反倾销	印度	数字胶印印版	4	3
30	2019-05-21	反倾销	美国	金属文件柜	4845	153
31	2019-05-21	反补贴	美国	金属文件柜	4845	153
32	2019-05-29	保障措施	摩洛哥	热轧钢板	1634	7
33	2019-06-12	反倾销	阿根廷	电动机	4	1
34	2019-06-14	保障措施	印度尼西亚	蒸发器	156	
35	2019-06-21	反倾销	阿根廷	电烤箱	437	
36	2019-06-24	反倾销	澳大利亚	热镀锌角钢	8153	219
37	2019-06-27	反倾销	美国	订书钉	75	8
38	2019-06-27	反补贴	美国	订书钉	75	8
39	2019-06-28	反倾销	印度	尼龙长丝纱线	36	4
40	2019-07-03	反倾销	印度	不锈钢扁轧制品	816	8
41	2019-08-04	反倾销	土耳其	安抚奶嘴	3133	183
42	2019-08-05	反倾销	越南	聚丙烯薄膜	86	7
43	2019-08-06	反倾销	阿根廷	手套	90	2
44	2019-08-09	反倾销	墨西哥	铝盘	6	2
45	2019-08-12	反倾销	欧盟	不锈钢板卷	31	4
46	2019-08-16	反倾销	巴西	铅笔	74	9
47	2019-09-03	反倾销	越南	不锈钢板卷	667	15

续表 4-34

序　号	立案时间	案件类型	发起主体	目标商品	涉案金额（万美元）	涉案企业（家）
48	2019-09-04	保障措施	乌克兰	复合氮肥	3	1
49	2019-09-09	保障措施	乌克兰	氮肥	3	1
50	2019-09-12	保障措施	菲律宾	大米	13	1
51	2019-09-17	反倾销	阿根廷	非电动三轮车	3	2
52	2019-09-18	保障措施	印度尼西亚	织物	2647	51
53	2019-09-20	保障措施	印度尼西亚	纱线	328	11
54	2019-09-20	保障措施	印度尼西亚	窗帘	19	3
55	2019-09-24	反倾销	印度	玻璃纤维棉卷	343	25
56	2019-09-26	反倾销	日本	磷酸三酯	57	2
57	2019-10-01	反倾销	印度	氯化胆碱	285	11
58	2019-10-01	反倾销	印度	聚对苯二甲酸乙二醇酯树脂	7	2
59	2019-10-10	反补贴	欧盟	热轧不锈钢板材和卷材	31	4
60	2019-10-16	反倾销	美国	玻璃容器	14977	172
61	2019-10-16	反补贴	美国	玻璃容器	14977	172
62	2019-10-23	反倾销	印度尼西亚	冷轧不锈钢产品	159	6
63	2019-10-24	反倾销	土耳其	玻璃纤维及其制品	430	3
64	2019-10-24	保障措施	海湾合作委员会	钢产品	7542	92
65	2019-10-31	反倾销	越南	味精	380	7
66	2019-11-01	反倾销	墨西哥	瓶式液压千斤顶	236	8
67	2019-11-04	保障措施	印度	异丙醇	84	1
68	2019-12-06	保障措施	厄瓜多尔	扁平陶瓷	15	5
69	2019-12-10	保障措施	乌克兰	注射器	6	2
70	2019-12-18	反倾销	欧盟	订书钉	2052	223
71	2019-12-23	反倾销	印度	1- 苯基 -3- 甲基 -5- 吡唑啉酮	10141	116
72	2019-12-24	反倾销	欧亚经济联盟	不锈钢焊管	27	3

服务贸易
Trade in Services

2019年山东各市服务贸易额一览表
Service Trading Values of 16 Cities in 2019

表4-35

地　区	进出口			出　口			进　口		
	金额（万元）	增长（%）	权重（%）	金额（万元）	增长（%）	权重（%）	金额（万元）	增长（%）	权重（%）
山东省	**23794280**	**8.9**	**100**	**11825604**	**14.2**	**100**	**11968676**	**4.1**	**100**
济南市	4402538	10.7	18.5	1946358	15.6	16.5	2456180	7.1	20.5
青岛市	8398603	8.4	35.3	4463255	13.0	37.7	3935348	3.6	32.9
淄博市	771768	7.4	3.2	239134	8.1	2.0	532634	7.1	4.5
枣庄市	113196	5.1	0.5	15144	18.1	0.1	98052	3.3	0.8
东营市	650096	2.3	2.7	78777	−22.4	0.7	571319	7.0	4.8
烟台市	4173594	10.3	17.5	2977068	13.4	25.2	1196526	3.2	10
潍坊市	1025963	7.2	4.3	371639	7.5	3.1	654324	7.1	5.5
济宁市	460271	15.8	1.9	174828	50.1	1.5	285443	1.6	2.4
泰安市	319606	9.2	1.3	136437	16.9	1.2	183169	4.1	1.5
威海市	1432433	14.6	6.0	945493	20.6	8.0	486940	4.5	4.1
日照市	528578	7.3	2.2	235220	−6.0	2.0	293358	21.1	2.5
临沂市	393690	4.3	1.7	122562	7.5	1.0	271128	2.9	2.3
德州市	168280	0.5	0.7	32202	81.4	0.3	136078	−9.1	1.1
聊城市	196612	2.7	0.8	34519	−4.2	0.3	162093	4.3	1.4
滨州市	619000	0.2	2.6	31026	−178.3	0.3	587974	−10.6	4.9
菏泽市	140052	0.5	0.6	21942	9.1	0.2	118110	−0.9	1.0

2019 年山东省服务贸易领域一览表
Service Trading Sectors in 2019

表 4-36

贸易领域	进出口			出　口			进　口		
	金额（万元）	增长（%）	权重（%）	金额（万元）	增长（%）	权重（%）	金额（万元）	增长（%）	权重（%）
总　额	**23794280**	**8.9**	**100.0**	**11825604**	**14.2**	**100.0**	**11968676**	**4.1**	**100.0**
运输服务	5886928	5.7	24.7	2245176	5.7	19.0	3641752	5.6	30.4
旅游服务	9440741	2.6	39.7	1911680	4.1	16.2	7529061	2.3	62.9
建筑服务	658468	−0.8	2.8	548790	−0.6	4.6	109678	−1.3	0.9
保险服务	140893	626.1	0.6	133944	1558.7	1.1	6949	−38.7	0.1
金融服务	85978	190.6	0.4	48681	667.2	0.4	37297	60.5	0.3
电信、计算机和信息服务	3480071	22.4	14.6	3386504	22.2	28.6	93567	29.8	0.8
专有权利使用费和特许费服务	382086	6.5	1.6	8079	131.4	0.1	374007	5.3	3.1
体育、文化和娱乐服务	36579	39.6	0.2	2157	63.1	—	34422	38.4	0.3
其他商业服务	1505766	4.0	6.3	1363823	0.5	11.5	141943	55.2	1.2
加工服务	1109042	−8.4	4.7	1106972	−8.2	9.4	2070	−54.3	—
维护和维修服务	396723	67.4	1.7	256850	71.2	2.2	139873	60.9	1.2
知识流程服务	2176771	28.4	9.1	2176771	28.4	18.4	—	—	—

2019 年山东省服务贸易主要对象一览表
Service Trading Partners of Shandong Province in 2019

表 4-37

贸易对象	进出口			出口			进口		
	金额（万元）	增长（%）	权重（%）	金额（万元）	增长（%）	权重（%）	金额（万元）	增长（%）	权重（%）
总　额	**23794280**	**8.9**	**100.0**	**11825604**	**14.2**	**100.0**	**11968676**	**4.1**	**100.0**
亚洲	**12871763**	**13.1**	**54.1**	**8198229**	**14.5**	**69.3**	**4673534**	**10.6**	**39.0**
韩国	3313632	5.6	13.9	2706392	3.6	22.9	607240	15.6	5.1
中国香港	3346506	2.2	14.1	1704389	–7	14.4	1642117	13.9	13.7
日本	2474576	27.7	10.4	1948876	35.3	16.5	525700	5.9	4.4
新加坡	2325561	32.3	9.8	908388	143.3	7.7	1417173	2.4	11.8
中国台湾	164683	–5.4	0.7	75498	–21.9	0.6	89185	15.2	0.7
泰国	192346	44	0.8	144628	61	1.2	47718	9.1	0.4
印度	98302	–14.8	0.4	50724	–37.2	0.4	47578	37.4	0.4
沙特阿拉伯	59199	–57.3	0.2	55955	–46	0.5	3244	–90.7	—
非洲	**256491**	**2.4**	**1.1**	**207169**	**4.7**	**1.8**	**49322**	**–6.4**	**0.4**
阿尔及利亚	13551	–16.8	0.1	10997	–29.4	0.1	2554	250.8	—
赞比亚	45939	17.8	0.2	45351	97.1	0.4	588	–96.3	—
埃及	6345	0.8	—	2566	–12	—	3779	11.8	—
尼日利亚	18173	59.3	0.1	16099	78.7	0.1	2074	–13.5	—

续表 4-37

贸易对象	进出口			出口			进口		
	金额（万元）	增长（%）	权重（%）	金额（万元）	增长（%）	权重（%）	金额（万元）	增长（%）	权重（%）
南非	9471	-28.5	—	5208	-29.3	—	4262	-27.4	—
欧洲	**3866760**	**14.1**	**16.3**	**1596646**	**27.4**	**13.5**	**2270114**	**6.3**	**19.0**
荷兰	330150	24.0	1.4	251024	40.7	2.1	79125	-10	0.7
瑞士	649207	14.1	2.7	188218	0.5	1.6	460989	20.8	3.9
德国	755715	6.8	3.2	314805	17.0	2.7	440910	0.6	3.7
法国	138565	-14.6	0.6	45748	-8.8	0.4	92817	-17.2	0.8
意大利	193551	7.1	0.8	37723	-2.1	0.3	155828	9.6	1.3
西班牙	75569	-22.5	0.3	35413	-33.9	0.3	40157	-8.6	0.3
俄罗斯	82193	21.7	0.3	43248	-12.8	0.4	38945	117	0.3
美洲	**5376097**	**0.6**	**22.6**	**1581055**	**1.3**	**13.4**	**3795042**	**0.3**	**31.7**
美国	3644259	4.4	15.3	1115242	5.1	9.4	2529017	4.1	21.1
加拿大	1292725	-3.9	5.4	228458	23.6	1.9	1064266	-8.3	8.9
大洋洲	**1423169**	**-4.1**	**6.0**	**242505**	**31.0**	**2.1**	**1180664**	**-9.1**	**9.9**
澳大利亚	1125185	0.7	4.7	148529	70.9	1.3	976656	-5.3	8.2
新西兰	182507	-13.5	0.8	9014	87	0.1	173492	-15.8	1.4
一带一路	**3693125**	**26.1**	**15.5**	**1825088**	**50.6**	**15.4**	**1868037**	**8.8**	**15.6**

2019年山东各市服务外包签约额和执行额一览表
Service Outsource Business Performance by City

表4-38

地区	合同数						签约额						执行额					
	服务外包		离岸外包		在岸外包		服务外包		离岸外包		在岸外包		服务外包		离岸外包		在岸外包	
	数量（个）	增长（%）	数量（个）	增长（%）	数量（个）	增长（%）	金额（万元）	增长（%）	金额（万元）	增长（%）	金额（万元）	增长（%）	金额（万元）	增长（%）	金额（万元）	增长（%）	金额（万元）	增长（%）
山东省	**32884**	**-17.2**	**30017**	**-15.1**	**2867**	**-33.9**	**14152403**	**39.4**	**12493847**	**42.6**	**1658556**	**19.0**	**9984611**	**23.8**	**8785741**	**25.8**	**1198870**	**10.5**
济南市	9638	-8.3	8846	-9.5	792	7.0	4802598	50.9	4140947	45.1	661651	101.3	2753331	20.2	2369245	17.5	384086	40.4
青岛市	8968	1.8	7644	3.8	1324	-8.2	4924058	30.8	4240797	39.5	683261	-5.5	3232532	9.3	2715931	12.7	516600	-6
淄博市	5654	-53.8	5437	-48.8	217	-86.5	278191	32.4	274604	38.6	3587	-70.3	250186	79.8	247127	85.4	3059	-47.6
枣庄市	—	—	—	—	—	—	—	—	—	—	—	—	20	-99.2	20	989.7	—	—
烟台市	2316	34.6	2028	47.8	288	-17.5	2731672	45.6	2549510	54.2	182162	-18.0	2594865	48.5	2413053	54.5	181811	-2.1
潍坊市	625	61.5	578	60.6	47	74.1	422954	-13.1	381268	-18.5	41686	120.3	350012	-8.7	325359	-14.1	24653	435.8
济宁市	1	-75.0	1	-75.0	—	—	167	-33.8	167	-33.8	—	—	78	-58.1	78	-58.1	—	—
泰安市	39	129.4	14	1300	25	56.2	167571	135.6	91053	3112.5	76518	12	95308	52.7	11207	272.8	84101	41.5
威海市	4979	1.3	4919	1.8	60	-25.9	796152	57.9	787860	57.6	8292	95.7	693183	48.5	690298	48.7	2885	12.3
日照市	594	-42.4	490	-52.3	104	2500.0	10677	-31.3	9473	-38.9	1204	2396.9	8107	1.4	7275	-8.5	831	1624
临沂市	51	-20.3	41	—	10	-84.4	6478	550.2	6283	—	195	-80.4	1731	93.4	1541	—	190	-78.8
德州市	2	-33.3	2	-33.3	—	—	3325	-48.6	3325	-48.6	—	—	—	—	—	—	—	—
聊城市	1	-66.7	1	-66.7	—	—	1757	-70.2	1757	-70.2	—	—	—	—	—	—	—	—
滨州市	16	77.8	16	128.6	—	—	6803	52.5	6803	77.1	—	—	5258	297.3	4607	248.0	654	—

2019年山东省服务外包业务类型一览表
Service Trading Catogories in 2019

表 4–39

服务外包类型	服务外包合同数		离岸外包合同数		在岸外包合同数	
	数量（个）	增长（%）	数量（个）	增长（%）	数量（个）	增长（%）
总　　量	**6073**	**–17.6**	**5537**	**–15.3**	**536**	**–36.1**
信息技术外包	634	–34.8	515	–10.6	119	–69.9
知识流程外包	4719	–12.3	4490	–10.9	229	–33.4
业务流程外包	720	–29.3	532	–42.2	188	89.9

续表 4–39

服务外包类型	服务外包签约额		离岸外包签约额		在岸外包签约额	
	金额（万元）	增长（%）	金额（万元）	增长（%）	金额（万元）	增长（%）
总　　额	**4040660**	**59.7**	**3566496**	**70.4**	**474164**	**8.5**
信息技术外包	688362	–19.7	653410	–6.3	34952	–78.2
知识流程外包	2944394	143.2	2659438	151.4	284956	86.3
业务流程外包	407904	–11.8	253648	–25.0	154256	24.4

续表 4–39

服务外包类型	服务外包执行额		离岸外包执行额		在岸外包执行额	
	金额（万元）	增长（%）	金额（万元）	增长（%）	金额（万元）	增长（%）
总　　额	**2763680**	**11.9**	**2474111**	**17.7**	**289569**	**–21.6**
信息技术外包	615964	–29.5	586790	–17.0	29174	–82.6
知识流程外包	1769772	47.3	1655571	49.6	114201	20.2
业务流程外包	377944	–4.3	231750	–19.5	146194	36.5

2019 年山东省离岸服务外包业务来源一览表
Contractees of Offshore Service Outsourcing Business in 2019

表 4-40

业务来源	合同		签约额		执行额	
	数量（个）	增长（%）	金额（万元）	增长（%）	金额（万元）	增长（%）
合　计	**30017**	**-15.1**	**12493847**	**42.6**	**8785741**	**25.8**
亚洲	**13944**	**-22.0**	**7241943**	**46.7**	**4974861**	**30.8**
中国香港	2666	-23.5	894685	12.6	653778	-2.3
韩国	2642	-13.5	1583940	56.5	1289505	39.7
日本	2594	7.0	1904472	88.4	1731856	84.2
印度尼西亚	460	-54.0	387304	231.3	116200	70.2
印度	842	-6.0	126911	-19.2	102617	-19.0
中国台湾	88	-80.0	7915	-93.6	3543	-96.9
非洲	**1253**	**-12.3**	**1258703**	**89.1**	**849213**	**79.4**
莫桑比克	25	-46.8	20682	36.0	3222	-76.9
阿尔及利亚	56	-25.3	26206	-92.5	159231	-33.8
尼日利亚	104	-20.0	70718	36.4	65911	25.4
欧洲	**5551**	**-7.1**	**1450535**	**25.0**	**1090584**	**4.0**
英国	794	-2.7	122407	16.2	111360	27.1
德国	798	-14.5	299988	7.4	247807	-6.4
俄罗斯	442	-6.2	103621	1.1	90758	-1.9
荷兰	374	16.1	171521	4.5	114193	-31.7
意大利	562	-34.7	130020	54.7	95791	34.5
法国	519	34.5	119574	92.3	92144	65.9
丹麦	218	19.8	55423	-25.4	31410	-55.8
西班牙	259	-23.4	78983	4.3	63145	2.1
瑞典	134	18.6	32139	-6.4	23949	-26.5
美洲	**7790**	**-12.4**	**2275238**	**22.4**	**1672647**	**8.5**
美国	5440	-12.5	1875648	48.2	1382044	29.9
加拿大	599	-7.4	124960	-12.8	80468	-34.2
巴西	338	15.0	70758	-54.5	60325	-43.2
墨西哥	244	-22.0	42456	5.7	36510	-2.5
大洋洲	**1479**	**21.9**	**267428**	**95.3**	**198436**	**68.6**
澳大利亚	1250	23.4	159851	28.8	111430	4.8
新西兰	142	14.5	13325	266.4	11189	252.6
一带一路	—	—	**3175288**	**45.4**	**1569642**	**19.9**

2019年山东各市文化贸易额一览表
Trade in Culture by City

表 4-41

地区	进出口		出口		进口	
	金额（万元）	增长（%）	金额（万元）	增长（%）	金额（万元）	增长（%）
山东省	**4324869**	**-6.3**	**4205081**	**-7.3**	**119788**	**45.0**
济南市	57618	43.5	47710	29.3	9908	203.8
青岛市	726190	17.4	701559	18.5	24631	-6.7
枣庄市	101741	147.7	101676	147.7	65	117.7
淄博市	46089	-14.7	45334	-15.1	755	19.1
东营市	865	-80.7	595	-82.5	270	-75.4
烟台市	2328734	-22.1	2255403	-23.5	73331	79.4
潍坊市	248063	-8.6	243645	-8.5	4418	-12.5
济宁市	92324	116.1	92114	116.7	210	1.7
泰安市	21738	134.5	18387	99.1	3351	9853.6
威海市	184925	50.9	183811	51.9	1114	-30.5
日照市	18086	-29.6	17279	-29.4	807	-34.9
滨州市	9816	51.6	9681	102.6	135	-92.0
德州市	22280	19.8	22069	20.0	211	-0.6
聊城市	3399	29.0	3368	29.3	31	1.3
临沂市	418643	28.0	418146	27.9	497	100.8
菏泽市	44358	2.3	44304	2.2	54	807.0

2019年山东省文化贸易商品一览表
Cultural Trading Commodities in 2019

表 4-42

商品名称	进出口		出　口		进　口	
	金额（万元）	增长（%）	金额（万元）	增长（%）	金额（万元）	增长（%）
出版物	**32752**	**73.4**	**21713**	**68.1**	**11039**	**84.8**
图书、报纸、期刊	7912	73.4	7378	81.4	534	8.1
音像制品及电子出版物	9887	157.1	657	20.6	9230	179.7
其他出版物	14954	42.6	13678	64.7	1275	-41.5
工艺美术品及收藏品	**865113**	**8.5**	**858244**	**8.7**	**6869**	**-11.9**
工艺美术品	864891	8.7	858237	8.7	6654	13.8
收藏品	222	-88.6	7	—	215	-89.0
文化用品	**3314039**	**-10.9**	**3239845**	**-11.9**	**74194**	**76.7**
文具	7315	62.9	7288	62.8	27	113.8
乐器	62663	18.4	53703	23.4	8960	-5.1
玩具	664072	79.1	662063	79.6	2010	-8.6
游艺器材及娱乐用品	2579988	-21.6	2516791	-22.8	63197	108.3
文化专用设备	**112965**	**38.8**	**85280**	**56.4**	**27686**	**3.1**
印刷专用设备	60528	74.1	43100	86.1	17428	50.1
广播电视电影专用设备	52438	12.5	42179	34.5	10258	-32.8

2019年山东省文化贸易对象一览表
Cultural Trading Partners of Shandong Province in 2019

表 4-43

贸易对象	进出口		出　口		进　口	
	金额（万元）	增长（%）	金额（万元）	增长（%）	金额（万元）	增长（%）
亚洲	**1209840**	**8.1**	**1114360**	**5.7**	**95480**	**47.9**
中国香港	57897	-52.3	57591	-52.3	306	-60.2
中国台湾	19609	-67.6	16588	-71.2	3021	2.8
日本	494375	-7.1	476895	-7.4	17480	0.2
韩国	262308	21.7	254619	23.4	7689	-16.2
东盟	156550	128.6	145085	171.5	11465	-23.9
南亚	46015	191.1	45858	200.7	157	-71.9
亚洲其他国家	173086	65.6	117724	37.0	55362	197.7
非洲	**27663**	**89.4**	**27606**	**89.5**	**57**	**45.8**
南非	9477	22.3	9431	21.7	46	2983.5
非洲其他国家	18186	165.2	18175	166.5	11	-69.6
欧洲	**1446772**	**20.6**	**1436494**	**20.7**	**10278**	**3.2**
俄罗斯	31002	104.4	30844	103.5	158	1348.2
欧洲其他国家	1415770	19.5	1405650	19.7	10120	1.8
拉丁美洲	**149777**	**59.8**	**149723**	**60.1**	**54**	**-75.9**
巴西	17227	62.0	17212	64.4	15	-91.0
智利	15209	-4.0	15209	-4.0	—	—
拉丁美洲其他国家	117341	74.5	117302	74.6	39	-32.7
北美洲	**1438826**	**-32.9**	**1424964**	**-33.3**	**13862**	**78.5**
美国	1365778	-33.9	1353046	-34.3	12732	103.4
加拿大	73047	-4.5	71917	-4.1	1130	-24.9
北美洲其他国家	1	—	1	—	—	—
大洋洲	**51991**	**11.2**	**51934**	**11.3**	**57**	**-42.4**
澳大利亚	47710	10.3	47705	10.5	5	-94.6
大洋洲其他国家	4281	23.4	4229	21.9	52	38354.9

吸收外国及中国港澳台地区投资
Foreign Direct Investment

2019 年山东各市吸收外国及中国港澳台地区投资一览表
Direct Investment of 16 Cities in Shandong Province in 2019

表 4–44

地　区	投资项目		实际投资	
	数量（个）	增长（%）	金额（万美元）	增长（%）
山东省	**2517**	**16.7**	**1468933**	**18.6**
济南市	228	–6.9	224249	23.8
青岛市	954	–0.2	584193	0.7
淄博市	91	71.7	22553	38.9
枣庄市	59	96.7	14482	110.8
东营市	35	169.2	24385	151.6
烟台市	346	22.7	194054	15.0
潍坊市	120	100.0	69940	4.4
济宁市	65	23.1	45156	103.6
泰安市	50	–30.6	45908	–14.7
威海市	273	16.2	122247	42.8
日照市	42	82.6	18692	309.5
临沂市	127	126.8	38730	585.7
德州市	36	24.1	16001	91.1
聊城市	35	75.0	7253	99.4
滨州市	21	50.0	21720	95.5
菏泽市	35	118.8	19370	43.7

2019年山东省三次产业吸收外国及中国港澳台地区投资一览表
Investment in Primary，Secondary and Tertiary Industries

表 4-45

投资产业	投资项目		实际投资	
	数量（个）	增长（%）	金额（万美元）	增长（%）
合　计	**2517**	**16.7**	**1468933**	**18.6**
第一产业	**53**	**29.3**	**11205**	**-21.8**
第二产业	**602**	**-10.7**	**471283**	**-6.3**
采矿业	4	300.0	43240	720566.7
制造业	527	-13.5	340975	-26.6
纺织业	8	14.3	2184	-58.2
化学原料及化学制品制造业	32	52.4	39257	25.4
医药制造业	13	44.4	18558	111.5
通用设备制造业	64	-30.4	21698	-75.6
专用设备制造业	76	-17.4	45671	-16.5
通信设备、计算机及其他电子设备制造业	36	-10.0	20678	-61.9
电力、燃气及水的生产和供应业	51	37.8	73087	217.3
建筑业	20	-21.4	13981	-9.0
第三产业	**1862**	**29.2**	**986445**	**36.7**
批发和零售业	693	15.3	91899	-22.4
交通运输、仓储和邮政业	45	15.4	75306	276.3
住宿和餐饮业	57	26.7	18276	1412.9
信息传输、软件和信息技术服务业	136	37.4	41693	31.9
金融业	172	4.2	50325	112.9
房地产业	160	83.9	465882	16.2
租赁和商务服务业	243	56.8	133054	162.3
科学研究和技术服务业	227	38.4	68176	32.1
水利、环境和公共设施管理业	23	64.3	8382	51.7
居民服务、修理和其他服务业	22	4.8	1732	-59.3
教育	17	6.3	769	136.6
卫生和社会工作	17	142.9	1116	-77.2
文化、体育和娱乐业	30	66.7	22932	286.3
公共管理、社会保障和社会组织	1	—	66	450.0

2019 年各大洲投资主体在山东投资一览表
Sources of Investment by Continent in 2019

表 4-46

投资来源	投资项目		实际投资	
	数量（个）	增长（%）	金额（万美元）	增长（%）
合　计	**2517**	**16.7**	**1468933**	**18.6**
亚洲	**1971**	**18.2**	**1251259**	**18.2**
中国港澳地区	917	31.8	1107269	33.8
中国香港	911	31.3	1100347	32.9
韩国	589	-1.0	37189	-74.2
日本	83	-3.5	14586	-36.8
中国台湾	187	43.9	10452	-20.0
东盟	106	11.6	77421	62.7
新加坡	70	27.3	74767	189.4
非洲	**45**	**15.4**	**1691**	**-83.3**
欧洲	**236**	**36.4**	**97326**	**38.2**
欧盟	171	20.4	86806	54.9
德国	41	-4.7	42704	33.7
英国	50	85.2	13801	118.9
法国	13	-23.5	1722	-59.1
荷兰	16	23.1	21843	2151.9
拉丁美洲	**32**	**52.4**	**61830**	**44.8**
英属维尔京群岛	14	16.7	59976	89.7
北美洲	**169**	**-9.1**	**32888**	**-25.9**
美国	123	-15.2	22171	-34.9
加拿大	46	24.3	7963	-2.7
大洋洲	**64**	**20.8**	**23939**	**165.0**
澳大利亚	41	24.2	7795	18.0
萨摩亚	10	42.9	14131	673.5

山东省历年吸收外国及中国港澳台地区投资一览表
Direct Investment in Shandong Province Over the Years

表 4-47

年　份	投资项目（个）	实际投资（亿美元）
合　计	**76759**	**2406**
1987 年以前	114	0.7
1988 年	184	0.4
1989 年	195	1.3
1990 年	305	1.5
1991 年	656	1.8
1992 年	3258	9.7
1993 年	5940	18.4
1994 年	3192	25.4
1995 年	2574	26.1
1996 年	2175	25.9
1997 年	1597	25.0
1998 年	1366	22.2
1999 年	1717	24.7
2000 年	2728	29.7
2001 年	3047	36.2
2002 年	4065	55.9
2003 年	5305	70.9
2004 年	5891	87.0
2005 年	6415	89.7
2006 年	4030	100.0
2007 年	2717	110.1
2008 年	1527	82.0
2009 年	1468	80.1
2010 年	1632	91.7
2011 年	1433	111.6
2012 年	1333	123.5
2013 年	1405	140.5
2014 年	1352	152.0
2015 年	1509	163.0
2016 年	1477	168.3
2017 年	1479	178.6
2018 年	2156	205.2
2019 年	2517	146.9

说明：2003 年以前吸收投资金额为全口径数据，包括从境外借款，项目数和签约投资额则不包括从境外借款部分。2004 年，商务部改革外商投资（含外国及中国港澳台地区投资，下同）统计制度，统计数据中剔除境外借款。2008 年实际利用外资改为实际到账外资，2016 年改为实际使用外资，2019 年实际投资不包括股东贷款和投资性公司投资

山东各市及省直单位累计吸收外国及中国港澳台地区投资一览表
Accumulate Investment Received by 17 Cities and Provincial Entities

表 4-48

地　区	投资项目		实际投资	
	数量（个）	权重（%）	金额（亿美元）	权重（%）
济南市	4582	6.0	214.9	8.9
青岛市	28659	37.3	914.4	38.0
淄博市	2914	3.8	92.4	3.8
枣庄市	1025	1.3	25.6	1.1
东营市	946	1.2	33.9	1.4
烟台市	13207	17.2	349.3	14.5
潍坊市	4908	6.4	154.4	6.4
济宁市	1992	2.6	97.1	4.0
泰安市	1596	2.1	49.2	2.0
威海市	8274	10.8	198.4	8.3
日照市	1277	1.7	65.9	2.7
莱芜市	517	0.7	16.1	0.7
临沂市	2047	2.7	49.1	2.0
德州市	1279	1.7	33.5	1.4
聊城市	725	0.9	18.6	0.8
滨州市	849	1.1	54.5	2.3
菏泽市	1123	1.5	27.6	1.2
省直单位	839	1.1	11.1	0.5

山东省三次产业累计吸收直接投资一览表

Accumulate Investment in Primary,Secondary and Tertiary Industry

表 4-49

投资领域	投资项目		实际投资	
	数量（个）	权重（%）	金额（亿美元）	权重（%）
合　计	**76759**	**100.0**	**2405.9**	**100.0**
第一产业	**2473**	**3.2**	**65.6**	**2.7**
第二产业	**55430**	**72.2**	**1566.1**	**65.1**
采矿业	236	0.3	18.5	0.8
制造业	53246	69.4	1432.4	59.5
电力、燃气及水的生产和供应业	627	0.8	89.7	3.7
建筑业	1321	1.7	25.6	1.1
第三产业	**18856**	**24.6**	**774.2**	**32.2**
交通运输、仓储和邮政业	898	1.2	74.3	3.1
信息传输、计算机服务和软件业	710	0.9	23.8	1.0
批发和零售业	6623	8.6	115.8	4.8
住宿和餐饮业	1636	2.1	18.5	0.8
金融业	623	0.8	70.9	2.9
房地产业	2623	3.4	298.1	12.4
租赁和商务服务业	3016	3.9	70.7	2.9
科学研究、技术服务和地质勘查业	1246	1.6	69.9	2.9
水利、环境和公共设施管理业	174	0.2	9.2	0.4
居民服务和其他服务业	290	0.4	5.8	0.2
教育	149	0.2	2.0	0.1
卫生、社会保障和社会福利业	126	0.2	1.6	0.1
文化、体育和娱乐业	720	0.9	12.8	0.5
公共管理和社会组织	3	—	—	—

外商及中国港澳台商在山东投资设立的研究开发中心一览表
R&D Centers Invested by Overboundary Merchants in Shandong Province

表 4-50

序号	研究开发中心名称	投资总额（万美元）	注册资本（万美元）	签约投资（万美元）	实际投资（万美元）	设立日期	所在地
1	烟台绿叶医药控股有限公司	108000	36892.91	36892.91	37156.96	2014-05-15	烟台市
2	泰安东方国大生物科技有限公司	89970	29990	29990	0	2017-09-11	泰安市
3	烟台欧航通用航空制造有限公司	27144	15080	14929	0	2016-07-13	烟台市
4	富泰康电子研发（烟台）有限公司	18000	6000	6000	6000	2007-06-05	烟台市
5	烟台尼瑞药业有限公司	11000	3920	3920	3920	2011-05-26	烟台市
6	艾费尔（烟台）新型显示器研发中心有限公司	9731	9731	6812	7151	2010-11-05	烟台市
7	马夸特开关（威海）有限公司	4893	2174	2174	2358	2017-05-31	威海市
8	沃尔沃建筑设备技术（中国）有限公司	3834	3834	3834	3960	2010-11-30	济南市
9	威海华韵服装有限公司	3000	3000	1400	1380	2016-12-01	威海市
10	青岛朗讯科技通讯设备服务有限公司	2980	2000	3686	2980	1993-04-28	青岛市
11	青岛迪爱生精细化学有限公司	2750	1250	1250	1084	1996-03-14	青岛市
12	富耐立科技（烟台）有限公司	2697	1079	1079	0	2010-11-40	烟台市
13	威海芙丽亚生物技术研发有限公司	2500	1000	1000	0	2011-05-31	威海市
14	山东红菱机电科技研发中心有限公司	2500	1000	1000	832	2004-12-28	济南市
15	威海峰铭新能源科技有限公司	2445	1011	1011	0	2014-12-17	威海市
16	烟台神草济世药业有限公司	2360	945	945	1000	2009-11-20	烟台市
17	烟台台海石化装备技术有限公司	2000	1280	1200	0	2014-12-24	烟台市
18	山东莱因堡光电子研发有限公司	2000	1000	1000	1000	2004-05-28	威海市
19	山东迈科珍生物科技有限公司	1559	1559	624	605	2018-06-20	泰安市
20	沃通停车科技有限公司	1559	1559	935	0	2018-06-06	泰安市
21	环球石墨烯（青岛）有限公司	1559	1559	1559	0	2018-06-21	青岛市
22	青岛美即生物制药有限公司	1511	1511	741	0	2018-07-16	青岛市
23	淄博万杰医疗科技开发有限公司	1500	600	150	399	2001-06-15	淄博市

续表 4-50

序号	研究开发中心名称	投资总额（万美元）	注册资本（万美元）	签约投资（万美元）	实际投资（万美元）	设立日期	所在地
24	青岛海尔新材料研发有限公司	1446	723	181	230	2001-04-11	青岛市
25	山东青佰欣达医药科技有限公司	1000	600	300	0	2019-05-28	济南市
26	青岛汉姆维肯家居有限公司	765	765	765	0	2018-01-10	青岛市
27	山东林诺威神工控技术有限公司	757	454	242	333	2017-12-14	淄博市
28	文登喜特恩特电动车研发中心有限公司	700	400	400	400	2007-12-13	威海市
29	威海爱森生化研究开发有限公司	600	300	300	300	2003-03-05	威海市
30	山东智创新材料科技有限公司	600	300	225	221	2017-10-16	淄博市
31	荣成新逻纳米科技有限公司	500	300	300	100	2016-07-13	威海市
32	碧陆斯照明（山东）有限公司	500	481	481	481	2001-02-27	威海市
33	烟台康德仕纳米新材料研究院有限公司	500	500	500	500	2017-12-29	烟台市
34	青岛安富莱布斯食品科技有限公司	420	210	210	0	2010-10-14	青岛市
35	青岛特斯拉亚星新能源汽车研发有限公司	400	280	84	28	2010-11-08	青岛市
36	京安生物科技（山东）有限公司	382	382	382	0	2018-04-23	滨州市
37	浪潮 LG（烟台）数字移动通信技术研究开发有限公司	285	200	106	98	2001-03-12	烟台市
38	烟台油邦化工科技有限公司	280	200	98	0	2008-06-02	烟台市
39	怡天技动力机械研发（临沂）有限公司	210	150	150	149	2005-09-23	临沂市
40	威海基安生物工程有限公司	200	200	200	200	2001-07-02	威海市
41	洋马（山东）技术研发有限责任公司	200	140	140	140	2017-06-07	青岛市
42	青岛四方川崎车辆技术有限公司	140	140	70	70	2005-03-30	青岛市
43	青岛捷敏光电科技有限公司	100	100	100	0	2018-07-10	青岛市
44	青岛塔塔生态环保科技有限公司	74.7375	74.7375	74.7375	0	2019-03-20	青岛市
45	威海鹿洲电动汽车研发有限公司	72	72	43	20	2009-08-26	威海市
46	青岛佳鑫高丽自动化科技有限公司	29.895	29.895	15.24645	0	2019-04-01	青岛市
47	青岛鲁平中科微电技术有限公司	21	21	21	0	2013-10-28	青岛市

各大洲投资主体累计在山东投资一览表
Accumulate Investment by Invest Entities

表 4-51

投资主体	投资项目		实际投资	
	数量（个）	权重（%）	金额（亿美元）	权重（%）
合　计	**76759**	**100.0**	**2405.99**	**100.0**
亚洲	**60921**	**79.4**	**1918.75**	**79.7**
中国港澳地区	20564	26.8	1079.92	44.9
中国香港	20191	26.3	1076.07	44.7
韩国	24757	32.3	404.64	16.8
日本	5416	7.1	116.98	4.9
中国台湾	7016	9.1	86.10	3.6
东盟	2792	3.6	148.21	6.2
新加坡	1664	2.2	124.38	5.2
非洲	**448**	**0.6**	**16.75**	**0.7**
欧洲	**4197**	**5.5**	**149.09**	**6.2**
欧盟	3513	4.6	135.40	5.6
德国	884	1.2	41.54	1.7
英国	683	0.9	23.08	1.0
法国	396	0.5	15.38	0.6
拉丁美洲	**1326**	**1.7**	**125.90**	**5.2**
英属维尔京群岛	940	1.2	100.31	4.2
北美洲	**8138**	**10.6**	**157.06**	**6.5**
美国	6638	8.7	117.87	4.9
加拿大	1466	1.9	23.10	1.0
大洋洲	**1729**	**2.3**	**38.44**	**1.6**
澳大利亚	1243	1.6	21.32	0.9

对外国及中国港澳台地区投资
Outbound Investment

2019 年山东各市对外国及中国港澳台地区实际投资一览表
Actual Outbound Investment by 16 Cities in 2019

表 4-52

地　区	投资额（万美元）	增长（%）	权重（%）
山东省	**613331.0**	**-12.7**	**100.0**
济南市	110797.6	8.0	18.1
青岛市	154487.3	-40.5	25.2
淄博市	33923.6	-26.2	5.5
枣庄市	180.3	281.2	—
东营市	4912.6	-12.7	0.8
烟台市	108877.9	0.3	17.8
潍坊市	29797.9	-42.4	4.9
济宁市	75416.7	88.3	12.3
泰安市	7264.6	269.9	1.2
威海市	30437.2	-27.2	5.0
日照市	4110.9	-38.3	0.7
临沂市	4430.2	25.1	0.7
德州市	10091.1	74.7	1.6
聊城市	6908.2	170.2	1.1
滨州市	27435.3	83.7	4.5
菏泽市	4259.6	-61.7	0.7

2019年山东省对外国及中国港澳台地区投资月度进展一览表
Monthly Outbound Investment of Shandong Province in 2019

表4-53

月份	备案投资按月累计			实际投资按月累计	
	项目（个）	中方投资（万美元）	增长（%）	投资额（万美元）	增长（%）
1月	17	23717.1	-61.5	100529.3	81.9
2月	32	-95139.5	-204.5	154499.6	77.5
3月	71	11473.3	-92.6	200539.0	26.5
4月	93	147598.0	-20.9	250792.0	13.2
5月	134	195292.6	-24.2	295079.5	4.8
6月	171	223612.3	-60.8	328116.7	-13.0
7月	209	423105.8	-38.3	356578.3	-13.4
8月	250	523282.6	-37.5	401690.0	-14.7
9月	290	576216.0	-40.5	438581.6	-13.4
10月	327	644674.1	-40.9	494516.3	-17.2
11月	364	711349.7	-39.0	554346.2	-12.5
12月	422	797534.4	-37.6	613331.0	-12.7

2019年山东省对外国及中国港澳台地区实际投资分类指标一览表
Classified Indicators of Outbound Investment of Shandong Province

表 4–54

分类指标	中方投资（万美元）	增长（%）	权重（%）
总　额	**613331.0**	**–12.7**	**100.0**
投资主体			
国有企业	161661.5	–25.1	26.4
民营企业	354198.0	–19.0	57.7
外商投资企业	97471.5	96.0	15.9
设立方式			
新设企业	418747.6	–0.3	68.3
并购企业	194583.4	–31.1	31.7
出资方式			
货币出资	600191.0	–7.7	97.9
实物出资	13140.0	–74.9	2.1
行业领域			
资源开发	82299.7	64.2	13.4
产能合作	253801.9	–33.0	41.4
营销网络	196346.2	46.0	32.0
服务业	80883.2	–42.1	13.2

2019年山东省对外国及中国港澳台地区实际投资主要目的地一览表
Destinations of Actual Outbound Investment in 2019

表4-55

序　号	投资区域	投资额（万美元）	权重（%）
1	中国香港	233307	38.0
2	新 加 坡	79178	12.9
3	荷　　兰	40789	6.7
4	加 拿 大	34756	5.7
5	老　　挝	28221	4.6
6	越　　南	24755	4.0
7	美　　国	16649	2.7
8	泰　　国	14639	2.4
9	英属维尔京群岛	12297	2.0
10	澳大利亚	8016	1.3

说明：利润分摊额56184万美元未计入上述国家（地区）

2019年山东省对外国及中国港澳台地区备案投资目的地一览表
Destinations of Registered Outbound Investment in 2019

表 4–56

序 号	投资区域	项目数（个）	备案投资额（万美元）
	亚洲	**256**	**361191.0**
1	中国香港	51	44056.9
2	新加坡	10	24049.5
3	马来西亚	13	4344.2
4	巴基斯坦	2	110.5
5	柬埔寨	7	6208.5
6	越南	18	60252.9
7	缅甸	10	3043.7
8	阿拉伯联合酋长国	7	12057.6
9	韩国	29	8730.3
10	印度尼西亚	15	13013.0
11	老挝	3	4500.0
12	泰国	16	54600.4
13	哈萨克斯坦	3	15.0
14	蒙古	0	3386.4
15	日本	23	7057.3
16	印度	16	42672.7
17	沙特阿拉伯	1	—
18	吉尔吉斯斯坦	1	6000.0
19	尼泊尔	2	300.0
20	中国台湾	3	18.8

续表4-56

序　号	投资区域	项目数（个）	备案投资额（万美元）
21	斯里兰卡	1	—
22	以色列	0	300.0
23	孟加拉	8	61925.9
24	中国澳门	1	—
25	乌兹别克斯坦	5	-84.0
26	土耳其	3	4273.3
27	菲律宾	5	51.7
28	阿曼	2	306.0
29	亚美尼亚	1	0.6
	非洲	**49**	**35545.0**
30	埃及	1	—
31	毛里塔尼亚	1	450.0
32	安哥拉	3	600.0
33	加纳	6	250.1
34	肯尼亚	5	7411.0
35	乌干达	3	129.0
36	津巴布韦	1	500.0
37	埃塞俄比亚	4	860.0
38	赞比亚	2	350.0
39	塞内加尔	2	202.0
40	坦桑尼亚	4	2525.0
41	刚果（金）	1	—

续表4-56

序　号	投资区域	项目数（个）	备案投资额（万美元）
42	毛里求斯	0	17858.7
43	马里	1	34.0
44	喀麦隆	1	—
45	南苏丹	2	520.0
46	几内亚	4	332.0
47	吉布提	0	2500.0
48	科特迪瓦	1	—
49	莱索托	1	—
50	冈比亚	2	2.5
51	加蓬	1	300.0
52	几内亚（比绍）	1	200.0
53	马达加斯加	1	500.0
54	布基纳法索	1	20.7
	拉丁美洲	**14**	**35371.2**
55	秘鲁	2	600.0
56	乌拉圭	1	21000.0
57	英属维尔京群岛	3	110.0
58	开曼群岛	0	8040.0
59	阿根廷	1	832.0
60	哥伦比亚	2	100.0
61	巴西	3	428.0
62	墨西哥	1	4251.2
63	委内瑞拉	1	10.0

续表4–56

序　号	投资区域	项目数（个）	备案投资额（万美元）
	欧洲	**49**	**191171.7**
64	法国	1	7784.4
65	德国	20	39425.3
66	英国	6	3692.3
67	俄罗斯	2	1065.0
68	意大利	2	2650.6
69	荷兰	3	8649.4
70	乌克兰	1	200.0
71	瑞士	2	21933.2
72	西班牙	1	3342.6
73	波兰	3	1169.5
74	丹麦	0	2940.7
75	罗马尼亚	1	1100.0
76	匈牙利	1	437.3
77	波黑	1	222.8
78	塞尔维亚	5	96558.6
	北美洲	**46**	**158597.7**
79	美国	39	138188.6
80	加拿大	6	620.5
81	百慕大群岛	1	19788.6
	大洋洲	**8**	**15657.9**
82	澳大利亚	6	7916.3
83	新西兰	2	7741.6

2019年山东省对外国及中国港澳台地区实际投资流向一览表
Destinations of Actual Outbound Investment in 2019

表4–57

序　号	投资区域	投资额（万美元）	权重（%）
	亚洲	**418917.9**	**68.3**
1	阿拉伯联合酋长国	5776.6	
2	巴基斯坦	69.0	
3	菲律宾	27.2	
4	哈萨克斯坦	26.4	
5	韩国	1760.1	
6	吉尔吉斯斯坦	255.8	
7	柬埔寨	3552.6	
8	老挝	28220.8	
9	马来西亚	6602.3	
10	蒙古	2099.5	
11	孟加拉国	651.6	
12	缅甸	5004.7	
13	尼泊尔	3.5	
14	日本	3184.1	
15	沙特阿拉伯	300.0	
16	斯里兰卡	6.4	
17	塔吉克斯坦	1655.7	
18	泰国	14639.3	
19	乌兹别克斯坦	3632.4	
20	新加坡	79178.1	
21	印度	1293.1	
22	印度尼西亚	2764.5	
23	越南	24754.6	
24	中国台湾	152.8	
25	中国香港	233307.0	

续表4-57

序　号	投资区域	投资额（万美元）	权重（%）
	非洲	**2875.3**	**0.5**
26	埃塞俄比亚	322.4	
27	安哥拉	780.5	
28	吉布提	20.4	
29	几内亚	128.8	
30	加纳	132.0	
31	津巴布韦	0.5	
32	喀麦隆	32.0	
33	科特迪瓦	25.5	
34	肯尼亚	217.1	
35	莱索托	69.2	
36	马达加斯加	53.7	
37	毛里塔尼亚	100.0	
38	莫桑比克	124.8	
39	纳米比亚	17.0	
40	南非	93.5	
41	尼日利亚	184.3	
42	塞拉利昂	3.0	
43	苏丹	5.0	
44	坦桑尼亚	305.4	
45	乌干达	191.6	
46	赞比亚	68.6	
	拉丁美洲	**14490.6**	**2.4**
47	阿根廷	280.0	
48	巴西	1.9	
49	厄瓜多尔	1334.5	
50	哥伦比亚	11.0	
51	开曼群岛	538.6	

续表4–57

序　号	投资区域	投资额（万美元）	权重（%）
52	墨西哥	26.5	
53	英属维尔京群岛	12297.2	
54	智利	1.0	
	欧洲	**58423.9**	**9.5**
55	波黑	346.7	
56	波兰	16.6	
57	丹麦	2940.7	
58	德国	2278.9	
59	俄罗斯	1265.0	
60	法国	2368.5	
61	荷兰	40789.4	
62	卢森堡	2.7	
63	罗马尼亚	234.3	
64	葡萄牙	15.6	
65	瑞士	101.2	
66	塞尔维亚	6020.1	
67	西班牙	177.0	
68	匈牙利	780.8	
69	意大利	925.2	
70	英国	161.4	
	大洋洲	**11034.1**	**1.8**
71	澳大利亚	8015.8	
72	马绍尔群岛	5.9	
73	新西兰	3012.5	
	北美洲	**51404.9**	**8.4**
74	加拿大	34755.5	
75	美国	16649.4	

说明：利润分摊额56184万美元未计入上述国家（地区）

2019年各省区市在外国及中国港澳台地区实际投资一览表
Actual Outbound Investment by Provinces and Municipalities

表4–58

序　号	地　区	直接投资额（万美元）	增长（%）
1	广东省	1027731	–25.5
	深圳市	663298	–29.7
2	上海市	905767	–30.5
3	浙江省	873219	1.7
	宁波市	170879	–31.7
4	北京市	726315	3.1
5	山东省	613331	–12.7
	青岛市	154487	–40.5
6	福建省	431899	52.0
	厦门市	102988	43.5
7	江苏省	408428	–22.1
8	海南省	238956	–29.5
9	天津市	204562	42.1
10	江西省	184507	120.9
11	河北省	145272	–46.1
12	河南省	144290	–26.5
13	安徽省	136136	–6.1
14	新疆维吾尔自治区	114365	39.7
15	湖北省	107653	–0.9

续表4–58

序　号	地　区	直接投资额（万美元）	增长（%）
16	湖南省	96026	–42.4
17	云南省	95186	–19.6
18	重庆市	74064	2.4
19	辽宁省	69931	–69.4
	大连市	15227	–88.4
20	四川省	65462	–60.7
21	内蒙古自治区	64276	–8.9
22	陕西省	48389	–25.3
23	黑龙江省	44475	–11.6
24	广西壮族自治区	31178	–65.3
25	山西省	24157	–27.6
26	甘肃省	23492	–65.8
27	宁夏回族自治区	12401	–75.0
28	贵州省	8334	–11.5
29	吉林省	8058	135.3
30	西藏自治区	4448	–68.7
31	新疆生产建设兵团	2376	–73.5
32	青海省	1912	–27.9
地方合计		**6936595**	**–16.9**
全国合计（含央企）		**11060000**	**–8.2**

与外国及中国港澳台地区经济技术合作
Economic Cooperation

2019年山东各市对外承包工程和劳务派遣业务开展情况一览表
Economic Cooperation Business Operation by 14 Cities

表4-59

地　区	承包工程合同额			承包工程营业额			劳务派遣		
	金额（万美元）	增长（%）	权重（%）	金额（万美元）	增长（%）	权重（%）	数量（人次）	增长（%）	权重（%）
山东省	**1269937**	**-11.8**	**100**	**1147942**	**-5.8**	**100**	**62734**	**8.4**	**100**
济南市	573114	1.3	45.1	408820	0.1	35.6	8047	22.2	12.8
青岛市	335980	-31.9	26.5	418315	-3	36.4	19181	62.3	30.6
淄博市	65160	13.9	5.1	67564	7.7	5.9	1275	-49.7	2
枣庄市	206	-73.9		2050	-50.3	0.2	190	-55.3	0.3
东营市	55182	119.9	4.3	19556	-24.3	1.7	105	-72.9	0.2
烟台市	39613	-13.5	3.1	40487	-45.2	3.5	5870	-0.4	9.4
潍坊市	5000	-63.8	0.4	10850	-37.9	0.9	3906	-21.6	6.2
济宁市	21061	25.6	1.7	14261	-49.7	1.2	8559	14.3	13.6
泰安市	33800	0.4	2.7	20302	7.3	1.8	2080	-13.7	3.3
威海市	126792	5.1	10	97809	-0.2	8.5	10829	1.6	17.3
日照市	—	—	—	—	—	—	984	564.9	1.6
临沂市	1452	-90.3	0.1	27312	17.8	2.4	434	-2.3	0.7
德州市	12578	-75.1	1	19091	-17.1	1.7	600	-17.6	1
聊城市	—	—	—	1525	-62.4	0.1	145	-3.3	0.2

2019年山东省对外承包工程和劳务派遣月度进展一览表

Monthly Economic Cooperation Business Operation of Shandong Province

表 4-60

月份	承包工程合同额				承包工程营业额				劳务派遣			
	当月		月度累计		当月		月度累计		当月		月度累计	
	金额（万美元）	增长（%）	金额（万美元）	增长（%）	金额（万美元）	增长（%）	金额（万美元）	增长（%）	数量（人次）	增长（%）	数量（人次）	增长（%）
1月	70412	-34.0	70412	-34.0	107309	4.4	107309	4.4	3340	-22.1	3340	-22.1
2月	174997	19.8	245409	-2.9	98092	-4.1	205401	0.1	2813	-42.1	6153	-32.7
3月	106869	135.3	352278	18.2	94982	2.1	300383	0.8	4507	-19.8	10660	-27.8
4月	90014	-64.6	442292	-20.0	108703	-9.0	409086	-2.0	5975	27.0	16635	-14.5
5月	25521	-81.6	467813	-32.3	63656	-63.0	472742	-2.6	3962	-36.2	20597	-19.8
6月	383768	112.6	851581	-2.3	96706	12.7	569448	-0.3	5097	52.6	25694	-11.4
7月	56572	-50.5	908153	-7.9	69305	-26.8	638754	-4.1	3902	-30.5	29553	-11.7
8月	69888	-23.6	978041	-9.2	74308	-11.9	713062	-4.6	8659	99.4	38212	1.1
9月	74713	-11.6	1052754	-9.4	94469	-17.7	807531	-6.3	5391	-21.6	43603	-2.4
10月	75027	-44.5	1127781	-13.1	129760	9.3	937291	-4.4	5293	13.1	48896	-0.9
11月	77648	-28.9	1205429	-14.3	97435	-20.3	1034726	-6.2	6654	37.0	55550	2.5
12月	64508	96.7	1269937	-11.8	113216	-2.5	1147942	-5.8	7184	96.1	62734	8.4

2019年山东省对外承包工程和劳务派遣区域分布一览表
Economic Cooperation Business Operation with the Continents

表4-61

区域	承包工程合同额			承包工程营业额			劳务派遣		
	金额（万美元）	增长（%）	权重（%）	金额（万美元）	增长（%）	权重（%）	（数量）人次	增长（%）	权重（%）
合计	**1269937**	**-11.8**	**100.0**	**1147942**	**-5.8**	**100.0**	**62734**	**8.4**	**100.0**
亚洲	704335	7.5	55.5	731769	5.8	63.7	47917	11.7	76.4
非洲	334059	-46.5	26.3	318264	-16.1	27.7	8307	-5.3	13.2
拉丁美洲	175165	34.6	13.8	60639	-28.6	5.3	4068	16.7	6.5
大洋洲	39347	401.6	3.1	9859	-25.7	0.9	919	-31	1.5
欧洲	12442	-28.8	1.0	16558	-50.0	1.4	973	-8.5	1.6
北美洲	4589	12.2	0.4	10853	-35.6	0.9	473	43.3	0.8
一带一路	**691988**	**24**	**54.5**	**739394**	**0.8**	**64.4**	**23199**	**-2.0**	**37**

2019 年山东省对外承包工程和劳务派遣市场一览表
Market of Contracted Engineering and Labour Dispatching

表 4-62

市　场	承包工程				劳务派遣	
	签约额（万美元）	增长（%）	营业额（万美元）	增长（%）	数量（人次）	增长（%）
亚洲	**704335**	**7.5**	**731769**	**5.8**	**47917**	**11.7**
泰国	15249	—	7112	-50.9	16	-20.0
印度	151509	330.9	32682	-14.6	129	-34.5
中国澳门	771	-71.6	2584	8.3	92	—
孟加拉国	9724	135.6	27148	100.2	967	153.8
阿拉伯联合酋长国	19841	—	7042	156.7	566	-45.3
马尔代夫	—	—	1732	1137.1	110	2650.0
阿富汗	762	1521.3	1181	-22.1	—	—
乌兹别克斯坦	1507	1086.6	957	1936.2	138	200.0
柬埔寨	19328	218.1	8376	-32.0	78	2.6
斯里兰卡	6377	25.3	3508	-63.7	40	-45.9
越南	25960	536.7	9845	-12.2	278	9.0
菲律宾	5079	12597.5	11271	-5.4	176	1660.0
科威特	392	-98.6	17311	-8.0	1322	-26.7
以色列	—	—	—	—	172	-92.4
土库曼斯坦	1600	—	3867	62.5	16	-82.4
巴基斯坦	64600	-54.7	90664	62.0	705	34.5
中国香港	4707	-95.6	11786	-87.9	7142	190.2
缅甸	12600	1925.7	5269	-2.2	36	71.4
哈萨克斯坦	10154	-51.1	15013	9.1	93	-85.6
中国台湾	420	—	388	—	129	—
沙特阿拉伯	206364	41.2	148250	41.7	3351	57.5
老挝	2151	-7.2	4442	65.4	491	-58.7
尼泊尔	—	—	1376	-34.5	—	—
阿曼	5467	-81.6	28761	-51.3	251	-41.4
文莱	618	—	1694	-53.4	328	-67.3

续表4-62

市　场	承包工程				劳务派遣	
	签约额（万美元）	增长（%）	营业额（万美元）	增长（%）	数量（人次）	增长（%）
吉尔吉斯斯坦	200	100.0	110	42.9	34	-20.9
卡塔尔	—	—	244	-88.3	4	-90.5
韩国	10618	—	39939	5371.1	587	-4.2
新加坡	52570	-5.5	130088	134.4	7866	27.5
东帝汶	1553	—	350	-84.5	53	-55.8
伊拉克	10513	652.5	21175	81.6	347	-8.4
马来西亚	21825	-22.8	31737	-18.0	424	-42.3
塔吉克斯坦	3708	25.4	6707	663.0	186	148.0
日本	808	1054.3	280	-30.0	16774	2.2
约旦	—	—	870	-96.3	28	-82.2
伊朗	—	—	6687	587.3	18	-86.6
印度尼西亚	35819	148.7	47287	-28.5	4819	66.2
蒙古	688	-40.4	3064	12.1	141	-64.1
土耳其	850	191.1	969	-24.9	10	-61.5
非洲	**334059**	**-46.5**	**318264**	**-16.1**	**8307**	**-5.3**
津巴布韦	1300	128.1	14581	558.9	142	82.1
马达加斯加	—	—	209	-83.4	10	-56.5
中非共和国	12	—	12	—	—	—
乍得	2398	—	23201	87.1	305	122.6
多哥	—	—	2926	-71.2	29	-71.3
赤道几内亚	9301	31.1	6748	-58.7	230	-47.7
刚果（布）	11054	—	13480	—	33	—
加蓬	6640	—	7569	203.5	180	—
纳米比亚	5788	363.0	1835	-27.6	44	1366.7
突尼斯	9000	—	1000	—	—	—
加纳	4298	-18.6	3897	-84.8	47	-91.0
科摩罗	3102	—	740	—	—	—
佛得角	—	—	5000	—	—	—

续表4-62

市　场	承包工程				劳务派遣	
	签约额（万美元）	增长（%）	营业额（万美元）	增长（%）	数量（人次）	增长（%）
赞比亚	5989	-95.6	8598	-37.5	147	-45.6
塞拉利昂	—	—	—	—	56	-38.5
南苏丹	50283	738.0	10696	-71.3	205	25.0
毛里塔尼亚	428	—	348	—	7	-58.8
几内亚	17359	809.8	3079	42.4	590	793.9
安哥拉	96	-99.3	9363	-61.6	49	-85.2
利比里亚	190	—	153	-69.6	334	912.1
科特迪瓦	25589	-41.4	11536	5.6	92	206.7
布基纳法索	—	—	790	-77.2	—	—
博茨瓦纳	2255	-54.8	4013	77.3	21	—
坦桑尼亚	1230	-73.8	1386	-38.3	45	-33.8
马里	3650	2112.1	789	-55.9	5	—
卢旺达	1100	—	253	-91.7	26	333.3
埃塞俄比亚	13388	13.3	5443	-30.9	799	192.7
塞舌尔	405	—	94	-61.5	8	—
莫桑比克	8920	100.0	4071	-26.0	105	-52.1
莱索托	5069	-65.4	2099	2232.2	64	433.3
马拉维	—	—	658	-73.2	4	-76.5
摩洛哥	—	—	3424	-81.6	116	-59.7
尼日尔	138	—	2354	339.2	58	-9.4
埃及	7202	3501.0	6629	2073.4	560	11100.0
贝宁	—	—	—	—	11	-60.7
苏丹	—	—	11933	13.8	311	-34.9
乌干达	5958	-55.6	13624	-39.1	1152	-25.0
肯尼亚	27483	-17.7	19394	22.4	102	-22.7
喀麦隆	460	-92.7	10827	85.1	30	66.7
阿尔及利亚	34390	-52.3	49236	-7.2	1694	-28.1
塞内加尔	33568	235.7	13678	7.7	86	41.0
布隆迪	—	—	—	—	3	-40.0

续表4-62

市场	承包工程				劳务派遣	
	签约额（万美元）	增长（%）	营业额（万美元）	增长（%）	数量（人次）	增长（%）
刚果（金）	32287	-0.9	40783	52.4	289	29.6
吉布提	—	—	7	-92.4	7	-85.1
尼日利亚	3730	-63.4	1807	-55.6	311	19.6
欧洲	**12442**	**-28.8**	**16558**	**-50.0**	**973**	**-8.5**
德国	1618	146.6	1606	144.8	74	-34.5
格鲁吉亚	50	—	39	-41.8	78	95.0
英国	—	—	—	—	50	—
希腊	335	—	335	—	26	—
波兰	—	—	—	—	3	-25.0
亚美尼亚	—	—	1301	187.8	61	154.2
西班牙	75	—	686	119.9	28	40.0
奥地利	—	—	—	—	18	—
瑞典	—	—	—	—	13	1200.0
荷兰	—	—	—	—	72	26.3
阿尔巴尼亚	—	—	—	—	4	—
法国	2474	—	3672	—	18	—
俄罗斯	1918	135.0	777	-96.5	8	-97.7
意大利	356	196.7	356	196.7	160	5.3
乌克兰	—	—	70	-88.6	0	-100.0
丹麦	—	—	—	—	3	200.0
摩纳哥	—	—	—	—	4	-76.5
白俄罗斯	5000	—	3050	903.3	76	985.7
塞尔维亚	534	-59.0	3721	-54.2	179	-28.4
爱尔兰	—	—	—	—	79	—
葡萄牙	—	—	—	—	14	-30.0
芬兰	82	—	82	—	1	-66.7
保加利亚	—	—	864	—	—	—
匈牙利	—	—	0	—	2	—

续表4–62

市 场	承包工程				劳务派遣	
	签约额（万美元）	增长（%）	营业额（万美元）	增长（%）	数量（人次）	增长（%）
拉丁美洲	**175165**	**34.6**	**60639**	**-28.6**	**4068**	**16.7**
墨西哥	1026	—	982	—	0	—
伯利兹	—	—	—	—	494	1.0
秘鲁	25227	139.6	4693	38.1	36	-39.0
安提瓜和巴布达	—	—	—	—	17	112.5
多米尼克	—	—	740	91.7	2	-92.3
厄瓜多尔	4249	211.7	2793	-33.8	—	—
苏里南	—	—	—	—	13	-23.5
委内瑞拉	99620	41.0	27103	-43.7	80	900.0
智利	230	—	230	—	—	—
古巴	220	—	135	—	268	—
圭亚那	—	—	960	553.1	—	—
哥伦比亚	—	—	10	-83.3	—	—
巴西	44593	-4.7	22560	-7.9	17	-80.7
牙买加	—	—	248	31.9	—	—
巴拿马	—	—	—	—	3131	28.0
玻利维亚	—	—	186	-77.3	10	400.0
北美洲	**4589**	**12.2**	**10853**	**-35.6**	**473**	**43.3**
美国	4589	12.2	10635	-32.4	472	47.5
加拿大	—	—	218	-80.7	1	-90.0
大洋洲	**39347**	**401.6**	**9859**	**-25.7**	**919**	**-31.0**
马绍尔群岛	—	—	—	—	505	136.0
新西兰	—	—	—	—	198	-34.4
澳大利亚	1136	—	1181	—	119	33.7
斐济	6500	-17.1	7674	-33.5	63	-88.8
所罗门群岛	28898	—	—	—	—	—
密克罗尼西亚联邦	—	—	586	18.1	—	—
巴布亚新几内亚	2813	—	417	-53.0	29	866.7
基里巴斯	—	—	—	-100.0	5	-96.5
其他国家或地区	—	—	—	—	**77**	**1183.3**

2001—2019年山东省对外承包工程和劳务派遣情况一览表
Economic Cooperation Business Operation from 2001 to 2019

表4-63

年　份	承包工程项目数（个）	承包工程签约额（万美元）	承包工程营业额（万美元）	劳务派遣数量（人次）	年末在外数量（人）
2001	1580	104622	55913	20575	36489
2002	1380	134098	83133	21595	43554
2003	1322	124243	99213	22959	52077
2004	1879	146590	151568	31675	62705
2005	2171	164091	174518	37797	71610
2006	2513	392134	232293	41369	83974
2007	2642	540344	301928	45212	93797
2008	2880	754137	358867	45269	90623
2009	2397	932312	509083	46296	96421
2010	3075	1092504	602415	47300	102149
2011	—	948287	819857	48836	108662
2012	—	988209	898864	51425	103736
2013	—	1078349	940828	52591	98988
2014	—	1237694	1021544	59941	115328
2015	—	1198283	1017083	60764	—
2016	—	1266500	1093045	68673	119655
2017	—	1295541	1175577	71570	130384
2018	—	1439085	1219211	57878	125224
2019	—	1269937	1147942	62734	133849

2019 年山东省对外承包工程领域一览表
Sectors of Contracted Engineering in 2019

表 4–64

工程领域	新签合同额			完成营业额		
	金额（万美元）	增长（%）	权重（%）	金额（万美元）	增长（%）	权重（%）
一般建筑	323038	–26.2	25.4	447163	–4.4	39.0
电力工程	281490	–51.2	22.2	361654	–3.8	31.5
交通运输	361849	78.4	28.5	127526	–9.5	11.1
石油化工	89206	39.9	7	78646	15.4	6.9
制造加工设施	25501	1005.4	2	29595	50.7	2.6
水利	22122	0.7	1.7	24197	0.3	2.1
工业	10952	43	0.9	20901	92.6	1.8
废水（物）处理	581	—	—	1224	58.1	0.1
通信工程	1	—	—	1	–100.0	—
其他	155198	23.8	12.2	57035	–37.5	5.0

2019年山东省对外承包工程主要签约对象一览表
Main Contract Entities of Contracted Engineering in 2019

表 4-65

序　号	签约对象	签约额（万美元）	增长（%）	权重（%）
1	沙特阿拉伯	206364	41.2	16.2
2	印度	151509	330.9	11.9
3	委内瑞拉	99620	41.0	7.8
4	巴基斯坦	64600	−54.7	5.1
5	新加坡	52570	−5.5	4.1
6	南苏丹	50283	738.0	4.0
7	巴西	44593	−4.7	3.5
8	印度尼西亚	35819	148.7	2.8
9	阿尔及利亚	34390	−52.3	2.7
10	塞内加尔	33568	235.7	2.6

2019年山东省对外承包工程主要营业区域一览表
Main Operating Destinations of Contracted Engineering in 2019

表 4-66

序　号	营业区域	营业额（万美元）	增长（%）	权重（%）
1	沙特阿拉伯	148250	41.7	12.9
2	新加坡	130088	134.4	11.3
3	巴基斯坦	90664	62.0	7.9
4	阿尔及利亚	49236	−7.2	4.3
5	印度尼西亚	47287	−28.5	4.1
6	刚果（金）	40783	52.4	3.6
7	韩国	39939	5371.2	3.5
8	印度	32682	−14.6	2.8
9	马来西亚	31737	−18.0	2.8
10	阿曼	28761	−51.3	2.5

2019 年山东省对外承包重大签约项目一览表
Main Projects of Contracted Engineering in 2019

表 4-67

序　号	签约企业名称	项目名称	签约额（万美元）	营业额（万美元）	所在国家
1	中国电建集团山东电力建设有限公司	萨拉曼国王国际综合港务设施 A、B、C、D 区	203000	18517	沙特阿拉伯
2	山东电力建设第三工程有限公司	印度鼓达 2×800 兆瓦超临界燃煤电站项目	142829	10595	印度
3	山东电力建设第三工程有限公司	巴基斯坦伊斯兰共和国幸运电力有限公司卡拉奇 660 兆瓦燃煤电站	56200	20398	巴基斯坦
4	山东科瑞石油装备有限公司	巴西 UPGN 天然气处理场站工程项目	44009	11163	巴西
5	中铁十四局集团有限公司	南苏丹瓦乌至拉加公路提升改造 EPC 工程项目	37230	0	南苏丹
6	中铁十局集团有限公司	阿尔塔米拉矿山铁矿石开采还款贸易合同	35827	2700	委内瑞拉
7	中铁十局集团有限公司	所罗门金岭金矿施工总承包项目	28898	0	所罗门群岛
8	青建集团股份公司	承建新加坡顺福轩公寓	21870	38834	新加坡
9	威海国际经济技术合作有限公司	恩沃之城项目	20088	0	塞内加尔
10	威海国际经济技术合作有限公司	科特迪瓦手工业促进及发展数字化平台项目	17872	0	科特迪瓦

2019年山东省对外承包工程主要签约企业一览表
Main Contracting Enterprises of Contracted Engineering in 2019

表4-68

序　号	企业名称	签约额（万美元）	完成营业额（万美元）
1	山东电力建设第三工程有限公司	207429	175163
2	山东电建建设集团有限公司	203000	56478
3	中铁十局集团有限公司	184732	36334
4	威海国际经济技术合作有限公司	116899	92296
5	中铁十四局集团有限公司	99994	27264
6	青建集团股份公司	85349	174517
7	山东科瑞石油装备有限公司	52085	15905
8	烟建集团有限公司	29853	37734
9	中国电建集团核电工程有限公司	25282	60411
10	山东淄建集团有限公司	18535	19504

2019年山东省对外承包工程经营业绩十佳企业一览表
Top Contracted Engineering Operation Enterprises in 2019

表4-69

序　号	企业名称	营业额（万美元）	权重（%）
1	山东电力建设第三工程有限公司	175163	15.3
2	青建集团股份公司	174517	15.2
3	威海国际经济技术合作有限公司	92296	8.0
4	中国电建集团核电工程有限公司	60411	5.3
5	中国电建集团山东电力建设第一工程有限公司	58446	5.1
6	中建八局第一建设有限公司	56740	4.9
7	山东电建建设集团有限公司	56478	4.9
8	烟建集团有限公司	37734	3.3
9	中铁十局集团有限公司	36334	3.2
10	中国山东对外经济技术合作集团有限公司	34895	3.0

2019年山东省主要劳务派驻地一览表
Major Labor Dispatching Locations of Shandong Province in 2019

表 4-70

序　号	派驻地	派出数量（人次）	增长（%）	权重（%）	年末驻留（人）	增长（%）	权重（%）
1	日本	16774	2.2	26.7	51579	2.3	38.5
2	新加坡	7866	27.5	12.5	21081	14.0	15.7
3	中国香港	7142	190.2	11.4	6468	101.1	4.8
4	印度尼西亚	4819	66.2	7.7	1786	25.5	1.3
5	沙特阿拉伯	3351	57.5	5.3	4207	33.8	3.1
6	巴拿马	3131	28.0	5.0	3227	-15.7	2.4
7	阿尔及利亚	1694	-28.1	2.7	3891	-7.7	2.9
8	科威特	1322	-26.7	2.1	1455	-12.8	1.1
9	乌干达	1152	-25.0	1.8	1135	59.0	0.8
10	孟加拉国	967	153.8	1.5	781	130.4	0.6

2019年山东省主要劳务派遣企业一览表
Major Labor Dispatching Enterprises of Shandong Province in 2019

表 4-71

序　号	企业名称	派出数量（人次）	权重（%）	年末在外人数（人）
1	迪尔集团有限公司	6297	10.0	1609
2	山东电力建设第三工程有限公司	4454	7.1	4108
3	烟台国际经济技术合作集团有限公司	2089	3.3	5003
4	山东日昇国际经济技术合作有限公司	2052	3.3	7802
5	威海国际经济技术合作有限公司	1908	3.0	4530
6	威海万方人才合作股份有限公司	1840	2.9	3278
7	山东润泽国际经济技术合作有限公司	1572	2.5	3015
8	威海市联桥国际合作集团有限公司	1525	2.4	3387
9	山东省海丰船舶管理有限公司	1492	2.4	858
10	中国山东对外经济技术合作集团有限公司	1292	2.1	7268

经济园区
Economic Zones

山东省经济（技术）开发区一览表
List of Economic and Technological Development Zones

表 4-72

序　号	开发区名称	类　别
1	山东明水经济技术开发区	国家级
2	山东青岛经济技术开发区	
3	山东胶州经济技术开发区	
4	山东东营经济技术开发区	
5	山东烟台经济技术开发区	
6	山东招远经济技术开发区	
7	山东潍坊滨海经济技术开发区	
8	山东威海经济技术开发区	
9	山东威海临港经济技术开发区	
10	山东日照经济技术开发区	
11	山东临沂经济技术开发区	
12	山东德州经济技术开发区	
13	山东聊城经济技术开发区	
14	山东邹平经济技术开发区	
15	山东滨州经济技术开发区	
16	山东济南经济开发区	省级
17	山东济南临港经济开发区	
18	山东济北经济开发区	
19	山东济南槐荫经济开发区	
20	山东济南新材料产业园区	
21	山东商河经济开发区	
22	山东平阴经济开发区	
23	山东济南莱芜经济开发区	
24	山东济南钢城经济开发区	
25	山东环海经济开发区	

续表4-72

序　号	开发区名称	类　别
26	山东即墨经济开发区	省级
27	山东平度经济开发区	
28	山东莱西经济开发区	
29	山东青岛城阳工业园区	
30	山东淄博经济开发区	
31	山东临淄经济开发区	
32	山东淄川经济开发区	
33	山东博山经济开发区	
34	山东周村经济开发区	
35	山东桓台经济开发区	
36	山东张店经济开发区	
37	山东高青经济开发区	
38	山东沂源经济开发区	
39	山东淄博东岳经济开发区	
40	山东枣庄经济开发区	
41	山东滕州经济开发区	
43	山东薛城经济开发区	
44	山东峄城经济开发区	
45	山东山亭经济开发区	
46	山东台儿庄经济开发区	
47	山东垦利经济开发区	
48	山东广饶经济开发区	
49	山东利津经济开发区	
50	山东河口经济开发区	
51	山东大王经济开发区	
52	山东莱山经济开发区	
53	山东牟平经济开发区	
54	山东龙口经济开发区	
55	山东莱阳经济开发区	
56	山东莱州经济开发区	
57	山东蓬莱经济开发区	

续表4-72

序　号	开发区名称	类　别
58	山东栖霞经济开发区	省级
59	山东海阳经济开发区	
60	山东龙口高新技术产业园区	
61	山东潍坊经济开发区	
62	山东青州经济开发区	
63	山东诸城经济开发区	
64	山东安丘经济开发区	
65	山东高密经济开发区	
66	山东昌邑经济开发区	
67	山东昌乐经济开发区	
68	山东临朐经济开发区	
69	山东潍坊奎文经济开发区	
70	山东潍城经济开发区	
71	山东潍坊峡山生态经济开发区	
72	山东济宁经济开发区	
73	山东济宁运河经济开发区	
74	山东曲阜经济开发区	
75	山东邹城经济开发区	
76	山东梁山经济开发区	
77	山东泗水经济开发区	
78	山东鱼台经济开发区	
79	山东嘉祥经济开发区	
80	山东汶上经济开发区	
81	山东微山经济开发区	
82	山东金乡经济开发区	
83	山东兖州工业园区	
84	山东邹城工业园区	
85	山东济宁新材料产业园区	
86	山东泰安经济开发区	
87	山东新泰经济开发区	
88	山东岱岳经济开发区	
89	山东泰山经济开发区	

续表4-72

序　号	开发区名称	类　别
90	宁阳经济开发区	省级
91	山东东平经济开发区	
92	山东肥城经济开发区	
93	山东荣成经济开发区	
94	山东文登经济开发区	
95	山东乳山经济开发区	
96	威海南海经济开发区	
97	山东岚山经济开发区	
98	山东日照工业园区	
99	山东日照市北经济开发区	
100	山东莒县经济开发区	
101	临沂河东经济开发区	
102	山东沂水经济开发区	
103	山东兰陵经济开发区	
104	山东沂南经济开发区	
105	山东临沭经济开发区	
106	山东费县经济开发区	
107	山东莒南经济开发区	
108	山东郯城经济开发区	
109	山东蒙阴经济开发区	
110	山东平邑经济开发区	
111	山东临沂兰山经济开发区	
112	山东临沂临港经济开发区	
113	山东罗庄经济开发区	
114	山东齐河经济开发区	
115	山东宁津经济开发区	
116	山东夏津经济开发区	
117	山东乐陵经济开发区	
118	山东临邑经济开发区	
119	山东庆云经济开发区	

续表4-72

序 号	开发区名称	类 别
120	山东武城经济开发区	省级
121	山东平原经济开发区	
122	山东陵县经济开发区	
123	山东德州运河经济开发区	
124	山东聊城嘉明经济开发区	
125	山东高唐经济开发区	
126	山东临清经济开发区	
127	山东东阿经济开发区	
128	山东聊城鲁西经济开发区	
129	山东茌平经济开发区	
130	山东阳谷祥光经济开发区	
131	山东冠县经济开发区	
132	山东博兴经济开发区	
133	山东滨州工业园区	
134	山东阳信经济开发区	
135	山东惠民经济开发区	
136	山东无棣经济开发区	
137	山东沾化经济开发区	
138	山东滨州北海经济开发区	
139	山东菏泽经济开发区	
140	山东菏泽牡丹经济开发区	
141	山东成武经济开发区	
142	山东曹县经济开发区	
143	山东鄄城经济开发区	
144	山东巨野经济开发区	
145	山东郓城经济开发区	
146	山东定陶经济开发区	
147	山东单县经济开发区	
148	山东东明经济开发区	

市级商务

Municipal Business

简要说明

一、栏目内容

本栏目记述各市2019年商务经济运行情况，含各市商务及其他相关部门所开展的有关工作、业务运行状况等，以文字加图表的形式呈现。

二、资料来源

各市商务主管部门

Brief Introduction

Ⅰ. Content

The column records commerce economic operation conditions of 17 cities in 2019, including relevant work carried out by commerce and other relevant departments in every city, business operation conditions , presented in words and diagrams.

Ⅱ. Data sources

Commercial department in every city

2019 年济南市商务经济运行情况

Business Operation Conditions of Jinan City in 2019

【商贸流通】

社会消费品零售总额 2019 年，济南市实现社会消费品零售总额 5162.2 亿元，比上年的 4777.6 亿元增长 8.1%。按地域分，城镇实现消费品零售额 4656.0 亿元，乡村实现消费品零售额 506.2 亿元。按行业分，批发和零售贸易业商品零售额 4391.5 亿元，住宿和餐饮业零售额 770.7 亿元。

2019 年济南市社会消费品零售总额一览表
Consumer Good Retail Sales of Jinan City in 2019

表 5-1

分类指标	金额（亿元）	增长（%）
总　　额	**5162.2**	**8.1**
城　　镇	4656.0	8.1
乡　　村	506.2	7.7
商品零售	4393.5	8.0
餐饮住宿	770.7	8.5
限额以上	1349.1	1.1
限额以下	3813.1	11.0

市场物价 2019 年，济南市居民消费价格上涨 3.3%，商品零售价格上涨 2.5%，其中食品烟酒价格上涨 9.1%。工业生产者购进价格下降 1.4%。

市场秩序建设 2019 年，济南市商务部门持续开展诚信兴商宣传活动，增强商贸流通企业的诚信意识。开展行业自律、行业倡议、信用承诺等商务诚信创建活动，引导商贸流通企业诚信经营。严格执行国家、省、市出台的守信联合激励和失信联合惩戒措施，规范和约束企业经营行为。创建泉城家政服务品牌，完善家政诚信体系，以公安部门在线身份认证为基础打造全市家政服务业从业人员诚信认证全覆盖的诚信平台，年内入驻平台的商贸流通企业 38 家，人证同一认证 1 万多人。商务、市场监督管理、公安等部门开展为期 3 个月的单用途商业预付卡专项治理活动，打击侵害消费者权益的违规发卡行为，加强部门联合惩戒，督促发卡企业落实备案监管和资金存管制度。商务部门加强产品追溯体系建设和运维管理，建立追溯运行情况周汇总、月分析、季通报制度，发布有效数据约5000万条。新纳入肉菜流通追溯节点96个，节点总数增加到886个。七里堡、匡山两个批发市场创建“支付＋追溯”的新型追溯模式，摆脱了传统追溯模式对电子追溯秤等追溯设备的依赖。商务部门开展成品油流通专项整治工作，摸排涉油违规违法事项92件，办结销号84件。受理市民热线反映成品油事项310余件，从中筛选涉嫌违规经营问题11件，全部办结。

市场体系建设　2019年，济南市商务部门以加强特色商业街区建设和培育、提升社区便民商业服务品质、推动公益性农产品批发市场建设等工作为着力点，推动建立统一、开放、竞争、有序的现代市场体系，城市商业布局进一步优化提升。投资额逾1亿元、营业面积超过1万平方米的在建大型批零贸易项目47个，开业项目9个。欧亚大观乐活城、济南首创奥特莱斯、百联奥特莱斯、济南印象城、悦立方、济南华润万象城等开业项目，对全市商贸新业态形成了有效补充。特色商业街区建设工作取得新进展，济南泉城路商业街、世茂宽厚里步行街被山东省商务厅列入全省首批步行街改造提升试点项目，泉城路商业街被中国步行商业街工作委员会评定为智慧商街（试点）街区。供应链体系建设试点工作继续推进。市商务部门根据商务部供应链体系建设工作部署，遴选12家供应链企业作为试点企业，全市供应链体系建设试点企业增加到22家，试点项目总投资43624万元，至2019年年底完成投资43156万元，已形成链主带动、跨区联动、平台整合资源、联盟推动加城乡高效配送四种试点模式。社区便民商业服务品质进一步提升，商务部门组织编制《济南市15分钟社区便民商圈规划暨示范建设规划（2019—2021）》，制定《济南市15分钟社区便民商圈建设指导意见》及其实施计划和运营管理规范，年内建成52个15分钟社区便民商圈，历下区吉祥苑商圈被中国社区商业工作委员会评定为15分钟便民商圈示范工程，C7商业艺术中心商圈被认定为社区商业文化创新示范项目，和瑞广场被评定为标准化社区商业中心示范工程。全市共培育放心早餐工程建设企业12家、主食加工配送中心18个、放心早餐连锁店501家，其中2019年培育放心早餐工程建设企业2家、新建主食加工配送中心2个、新建放心早餐连锁店65家。商务部门在中心城区重点打造郎茂山、北徐幸福里、白马社区、中海国际、龙锦社区等8个集生鲜购物、便民餐饮、家政、理发、维修、洗衣等基本生活服务于一体的社区便民消费服务中心，实现社区消费一站式服务，其中振大郎茂山社区便民消费服务中心建设经验被商务部发文推广。年底，济南文旅发展集团有限公司投资的长清区平安片区公益性农产品批发市场项目开工建设。该市场占地2662亩，规划总投资137亿元，包括果品交易区、蔬菜交易区、粮油副食交易区、水产交易区、肉禽蛋区、冷链物流区、净菜加工配送区、商务区、生活配套区等交易区域。一期开工的果品区占地198亩，建设规模11.5万平方米，计划2020年10月竣工。餐饮企业绿色发展迈出新步伐。市商务部门根据市人民政府2018年发布的《关于餐饮质量安全提升工程的实施意见》，将创建国家级绿色餐饮企业作为引领全市餐饮企业转型发展的导向标，进一步扩大国家钻级酒家、中国绿色饭店品牌企业规模，年内新增37家国家钻级酒家和中国绿色饭店（国家级绿色餐饮企业）。

商贸新业态　2019 年 6 月，济南市人民政府印发《关于推进夜间经济发展的实施意见》，成立市、区两级领导小组，统筹推进全市夜间经济发展。商务部门推出《济南购物、济南美食、济南夜间消费指南》、夜经济消费地图以及推动夜间经济发展的实施方案，拟打造首批 7 个精品夜间经济样板间和99个消费打卡地。年内，济南市新增夜经济主体 2600 多个、就业岗位 12000 多个，新增歌厅、酒吧、24 小时便利店 460 余家，新增夜经济综合体 47 个，夜间经济消费增速跻身国内各城市前三位，并被有关机构评定为夜间经济十佳城市、中国十大夜经济影响力城市之一。

会展经济　2019 年，济南市会展场馆建设取得新进展，展会水平进一步提高。总展览面积 15 万平方米的山东国际会展中心 8 月份建成启用，国内规划展览面积最大的绿地国际博览城开工建设，济南市由此进入“10 万平方米 +”一线会展城市行列。有关机构引进全国汽配展、全国工业机器人技能大赛等一批国家级展会，第八届山东国际文化产业博览交易会成为国内规模最大的文化类综合展会，第五届济南电子商务产业博览会荣获中国品牌展览会金奖。年内，济南市举办各类展会 220 个，其中国家级、国际性展会 20 个，总展览面积 320 万平方米。15 个品牌展会获得国际展览机构认证。

特殊行业发展　商务部门开展全市拍卖企业核查工作，取消 9 家拍卖企业的经营资格，责令 3 家拍卖企业限期整改，96 家拍卖企业通过年度核查。商务、发改、财政、自然资源、住建、城管、生态环境、供销社等部门推荐市内企业参与山东省再生资源示范产业园和回收分拣示范中心创建工作，推动再生资源回收规范化、资源利用集约化，济南市莱芜福泉橡胶有限公司、山东神州再生资源有限公司、山东闽源再生资源有限公司被省有关机构确定为创建单位。商务部门对全市 39 个二手车交易市场重新备案审核，保留 15 个符合条件的市场，取消 24 个不符合条件的市场。各交易市场年内交易二手车 19.25 万辆，较上年增长 5.2%。

市场运行和消费促进　2019 年，济南市人民政府先后出台《关于进一步激发消费潜力促进经济高质量发展的实施意见》《济南市人民政府办公厅关于推进夜间经济发展的实施意见》《济南市支持首店经济和连锁经营发展的若干措施》，15 个市直部门联合出台《济南市商业服务业服务质量提升三年行动计划（2019—2021 年）》，促消费政策支撑体系进一步完善。商务部门适时开展猪肉供求调控工作，在落实 1500 吨常规猪肉储备的基础上，增加 3500 吨额外储备，缓解供给不足状况。中秋、国庆期间，商务部门在全市范围内设立 108 个猪肉投放点，投放储备冻猪肉 779 吨，惠及 30 余万个家庭。商务、发改、财政、农业农村部门完成 15000 吨的政府冬春蔬菜储备任务。商务部门组织开展诚信家政进社区惠民服务公益活动，遴选家政、养老、洗衣、搬家、美发、婚庆、摄影、家电维修等 14 个行业的 36 家品牌企业，在济南领秀城社区开展现场咨询、服务优惠、商品打折、赠送、换购、抽奖等多种形式的惠民服务，让企业和消费者零距离接触，增加消费体验，增进相互了解。

【货物贸易】

进出口额　2019 年，济南市实现进出口 1103.3 亿元，较上年增长 17.9%。

2019年济南市货物贸易额一览表
Foreign Trade Value of Jinan City in 2019

表 5-2

分类指标	进出口		出　口		进　口	
	金额（万元）	增长（%）	金额（万元）	增长（%）	金额（万元）	增长（%）
总　额	**11032949**	**17.9**	**6225286**	**5.2**	**4807663**	**39.6**
国有企业	2459700	37.9	390859	-5.3	2068841	50.9
外商投资企业	2254647	6.5	1709635	14.4	545012	-12.4
其他企业	49104	458.1	22740	164.8	26364	872.3
集体企业	507617	12.7	150695	-22.3	356922	39.0
私营企业	5753218	15.2	3942697	3.6	1810521	51.6
个体工商户	8663	-19.5	8660	-17.9	3	-98.8
一般贸易	9839489	19.2	5637757	10.3	4201732	33.5
加工贸易	390558	-23.5	304427	-20.0	86131	-33.8
其他贸易	802902	35.7	283102	-33.7	519800	214.9
纺织服装	347280	0.1	337819	0.4	9461	-10.01
农产品	931014	48.0	526237	46.1	404777	50.47
化工产品	982897	-7.8	828206	-7.2	154691	-11.0
机电产品	5664441	5.5	3657645	-4.5	2006796	30.2
高新技术产品	3133095	36.5	912007	-7.8	2221088	70.0

进口额　实现进口480.8亿元，较上年增长39.6%。

2019年济南市主要进口商品一览表
Major Import Goods of Jinan City in 2019

表 5-3

进口商品名称	进口额（万元）	增长（%）
机械设备	1476480	43.3
铁矿砂及其精矿	956857	58.0
仪器仪表	265836	15.0
纸浆	235979	3.2
电器及电子产品	149630	-9.0
运输工具	77124	-3.0
水海产品	76717	34.5
初级形状的塑料	71101	-10.2
原油	65444	—
煤及褐煤	48655	-45.2
粮食	44641	26.7
乳品	34178	30.8
金属制品	33899	3.1
纸及纸板（未切成形的）	15632	-25.6
酒类	14817	26.4
未锻轧铜及铜材	14273	-46.2
合成橡胶（包括胶乳）	12422	-51.4
变压、整流、电感器及零件	11153	-57.5
纺织纱线、织物及制品	8286	-17.6
棉花	8125	-29.3

进口来源　进口商品来自 109 个国家（地区）。从 10 个主要进口来源进口 3652184 万元，占进口总额的 76.0%。

2019 年济南市主要进口来源一览表
Major Import Sources of Jinan City in 2019

表 5-4

进口来源	进口额（万元）	增长（%）
澳大利亚	727446	60.9
马来西亚	654308	110.3
泰　　国	465697	9.8
中国香港	360885	125.5
美　　国	340240	31.6
巴　　西	296928	32.3
德　　国	276432	–25.8
日　　本	211739	80.0
中国台湾	186943	252.9
加 拿 大	131566	86.5

出口额　实现出口 622.5 亿元，比上年增长 5.2%，出口额占全省出口总值的 5.6%。

2019 年济南市主要出口商品一览表
Major Export Goods of Jinan City in 2019

表 5-5

出口商品名称	出口额（万元）	增长（%）
运输工具	1338665	19.3
机械设备	1172020	–20.6
金属制品	556333	–5.4
钢材	500803	–14.3
电器及电子产品	468708	–10.8
蔬菜及制品	316912	50.1
医药品	229230	–1.4
纺织纱线、织物及制品	192479	0.9
服装及衣着附件	145339	–0.1

续表 5-5

出口商品名称	出口额（万元）	增长（%）
水果及制品（鲜干水果及坚果）	103125	32.3
仪器仪表	72873	–0.1
塑料制品	69065	26.3
杀虫剂、除草剂及类似品	65280	–23.4
玻璃制品	61298	7.1
未锻轧铝及铝材	47641	–11.3
柠檬酸	41723	–4.9
家具及其零件	36493	39.6
钢铁或铜制标准紧固件	27927	–13.9
陶瓷产品	21666	–14.6
体育用品及设备	21355	44.7

出口市场　出口商品销往 214 个国家（地区）。对 10 个主要市场出口 2736027 万元，占出口总额的 44.0%。

2019 年济南市主要出口市场一览表
Major Export Markets of Jinan City in 2019

表 5-6

出口市场	出口额（万元）	增长（%）
美　国	620786	–28.3
日　本	341128	3.0
菲律宾	287749	27.0
印　度	276038	12.0
越　南	236627	45.5
韩　国	229461	9.3
俄罗斯	204647	21.5
德　国	192970	2.8
尼日利亚	175708	50.5
印度尼西亚	170913	–59.5

【服务贸易】

进出口额　2019年，济南市实现服务进出口4402538万元，比上年的3976999万元增长10.7%。

进口额　实现进口2456180万元，比上年的2293298万元增长7.1%。

出口额　实现出口1946358万元，比上年的1683701万元增长15.6%。

主要业务领域　2019年，济南市服务贸易涉及旅游、交通、文化、娱乐、金融、信息、设计等业务领域。

主要出口市场　美国、加拿大、日本、韩国、中国香港等。

【技术贸易】

进出口额　2019年，济南市实现技术进出口32628.82万美元，比上年的11204.88万美元增长191.2%。

技术引进　签订技术引进和设备进口合同24个，比上年增加10个。签约额10067.5万美元，比上年的2846.22万美元增长253.7%。

技术出口　签订技术出口合同89个，比上年减少1个。签约额22561.32万美元，比上年的8358.66万美元增长169.9%。

【吸收外国及中国港澳台地区投资】

总体情况　济南市2019年引进外国及中国港澳台投资项目228个，签约投资额4694594万元，实际投资额1548439万元。

投资产业　第一产业项目5个，签约投资额21938万元，实际投资额312万元。第二产业项目30个，签约投资额1078463万元，实际投资额556966万元。第三产业项目193个，签约投资额3594193万元，实际投资额991161万元。

投资来源　2019年有43个国家（地区）在济南市投资，投资额居前五位的国家（地区）分别是中国香港、萨摩亚、英属维尔京群岛、英国、德国，合计投资项目138个，签约投资额2954289万元，实际投资额1481058万元。

2019年济南市吸收外国及中国港澳台地区投资一览表
Overboundary Investment of Jinan City in 2019

表5-7

投资方式	项目数（个）	签约投资		实际投资	
		签约额（万元）	增长（%）	投资额（万元）	增长（%）
合资企业	127	1758839	31.0	782174	264.4
独资企业	100	2413531	9.5	420080	–55.7
股权投资	1	522224	944.1	345175	—
合　计	**228**	**4694594**	**30.5**	**1548439**	**33.1**

【经济技术合作】

对外国及中国港澳台地区投资　2019年，济南市兴办境外企业（机构）79家，总投资额135.97亿元，中方投资额83.41亿元，在境外实际投资额76.43亿元。投资项目主要分布在中国香港、印度、美国、印度尼西亚、塞尔维亚、韩国、德国、日本等28个国家和地区，主要投资项目包括山东对外经济技术合作集团有限公司孟加拉达卡机场高架快速路PPP（政府与社会资本合作）项目，中方投资额6.19亿美元；水发能源集团有限公司并购百慕大群岛中国兴业太阳能技术控股有限公司项目，中方投资额1.98亿美元；睿感（济南）传感器有限公司并购荷兰艾迈斯有限公司项目，中方投资额7132.35万美元；山东高速尼罗投资发展有限公司肯尼亚PPP道路项目，中方投资额7121万美元。

承包工程　济南市2019年签订对外承包工程合同69个，签约额395.36亿元，完成营业额282.02亿元，新签约项目涉及港口设施、道路桥梁、电力建设等行业，主要分布在沙特阿拉伯、孟加拉、巴基斯坦等国家。8月18日，山东高速集团有限公司承建的塞尔维亚E763高速公路第3、4、5标段竣工通车。该项目是中国—中东欧国家合作框架下首个落地的基础设施项目，也是中企在欧洲建成的首条高速公路。

劳务合作　济南市2019年派出劳务人员8047人，年末在外27913人，主要派遣至日本、埃及、新加坡、沙特阿拉伯等42个国家和地区。

【重大商务举措】

济南市人民政府、中国中丝集团有限公司签署合作协议　5月23日，中共济南市委、济南市人民政府在北京举办济南企业与中央企业合作对接会，济南市人民政府副市长李自军与中国中丝集团有限公司总经理王波签署开发建设国际丝绸大型文旅综合体项目的合作协议，拟共同打造济南市参与国家“一带一路”倡议新标杆、丝绸产业发展新龙头、丝绸文化旅游新空间、高品质生活新样板。

【促销推介活动】

2019东亚博览会　济南市人民政府、山东省商务厅、山东省人民政府外事办公室、中国国际贸易促进委员会山东省委员会主办，7月5—7日在济南国际会展中心举办。展览展示面积2.6万平方米，展品以日韩及“一带一路”相关国家特色商品为主，到会参观、采购观众12万余人次，实现交易额46.3亿元。组委会同期举办首届东亚电子商务发展峰会暨2019山东省电子商务大会、第二届中日医养健康（介护）国际论坛。

武隆农特产品（济南）产销对接推介会　济南市商务局、重庆市武隆区商务委主办，8月22日在济南国贸电子商务产业园举办。武隆区羊角豆制品公司、重庆久味夙食品（集团）有限公司、武隆区火炉铺食品公司等企业业务人员推介各自的产品。济南国贸电子商务产业园、山东宇佳贸易有限公司、山东帮为鲜果品有限公司、大众海蓝有限公司、鲜发至人商贸有限公司、山东苏宁易购线上超市经营中心、山东统一银座商业有限公司、孟鑫超市等20余家济南企业与武隆企业的业务人员进行洽谈对接。

第14届中国（济南）新能源汽车展览会　中国机械工业联合会主办，8月23—25日在山东国际会展中心举办。展览面积70000平方米，展品主要为新能源汽车、微型电动汽车及关键零部件。

2019齐鲁国际车展　齐鲁晚报社主办，9月5—9日在济南山东国际会展中心举办。展览面积6.5万平方米，上百家国内外主流汽车品牌企业参展，展品包括宾利、劳斯莱斯、玛莎拉蒂、奔驰、宝马、沃尔沃、路虎、捷豹、凯迪拉克、雷克萨斯、林肯等进口品牌，上汽大众、北京现代、一汽丰田等合资品牌以及红旗、比亚迪等自主品牌产品。

第四届中国鲁菜美食文化节　中国饭店协会、济南市商务局主办，9月6日至10月11日在济南举办。文化节期间，组委会举办国际美食餐饮产业展览会、泉城狂欢季、美食迎国庆全民美食节、情满中秋、共飨鲁味餐饮国际嘉年华、雪野湖沙滩美食音乐节、第二届民间厨艺赛、世茂宽厚里第二届同享美食长桌宴、温泉花乡食味中华商河美食月、2020世界奥林匹克烹饪大赛中国国家烹饪队献艺泉城、创新鲁菜盛典等系列活动，推出济南智造美食文创之《泉城味道——鲁菜菜谱》《泉城美食——手绘地图》《济南智造——泉城有礼》等无声或有声读物，多角度、立体化地呈现鲁菜美食文化风貌。其中，国际美食餐饮产业博览会展览面积12000平方米，设置520个展位，296个国内外商家参展，成交金额1.3亿元。

第八届山东国际文化产业博览交易会　中共山东省委宣传部、山东省文化和旅游厅、济南市人民政府主办，9月19—23日在济南山东国际会展中心举办。展会设置8个展馆、10个展区，展览面积10万多平方米，51个国家、国内17个省区、山东16个市及省直单位组团参展，参展商2700余家。展示内容涵盖旅游、影视演艺、创意设计、文化产品等领域。组委会推介文化产业项目322个，投资总额4792亿元。30个项目集中签约，集中签约额921亿元，现场订单额4.9亿元。

第86届全国汽车配件交易会　中国机械工业联合会、中国汽车工业配件销售有限公司主办，10月11—13日在山东国际会展中心举办。展会设9个展厅，展览面积103500平方米。参展企业2800家，其中山东企业840家。境内外60000多家汽配生产企业业务人员和专业采购商到会采购。

第五届济南电子商务产业博览会　济南市人民政府、山东省商务厅主办，10月25—27日在济南举办。展览面积2.5万平方米，近400家电子商务企业参展，展示电子商务新业态、新模式及创新成果。组委会同期举办第二届泉城电子商务大会、第六届山东互联网大会等近20个主题活动。

第26届山东植保信息交流暨农药械交易会　山东省植物保护协会主办，10月30—31日在山东国际会展中心举办。展览面积60000平方米，参展企业800余家，展品包括农药、化肥、植物保护机械及包装设备。组委会同期举办山东省建国70周年农药行业成就展、草地贪夜蛾高峰论坛、科学植保与智慧农业服务论坛等活动。

济南（莱芜）生姜文化节暨姜产业博览会　中国食品土畜进出口商会、中国园艺学会葱姜蒜分会主办，11月1—3日在莱芜会展中心举办。设置120个展位，200多家企业参展，展品以莱芜生姜为主，同时展示特色农业、品牌农业、精致农业及区域旅游业发展成果。现场签订成交协议24个，成交额73.9亿元。

深化丝路合作——济南2019南亚、东南亚经贸洽谈会　济南市商务局主办，12月17日在济南举办。南亚、东南亚30多家企业的采购代表与170多家济南本地生产企业的业务人员对接洽谈，签署贸易合作协议30多个，涉及机械设备、家居家具、服装鞋帽、医疗器械、化工、农用产品、电力成套设备、重型汽车配件等产品。

2019年青岛市商务经济运行情况

Business Operation Conditions of Qingdao City in 2019

【商贸流通】

社会消费品零售总额　2019年，青岛市社会消费品零售总额较上年增长8.1%，其中城镇消费品零售额增长7.6%，乡村消费品零售额增长10.3%，商品零售额增长7.1%，餐饮收入增长14.7%。

在限额以上单位商品零售额中，粮油、食品类商品零售额较上年增长3.2%，饮料零售额增长94.7%，烟酒零售额增长15.8%，服装、鞋帽、针纺织品零售额增长0.2%，化妆品零售额增长1.3%，金银珠宝零售额下降2.7%，日用品零售额下降1.8%，家用电器和音像器材零售额增长4.3%，中西药品零售额增长1.8%，文化办公用品零售额增长11.7%，电子出版物及音像制品零售额增长35.9%，家具零售额增长64.1%，通信器材零售额增长6.1%，智能手机零售额增长27.2%，建筑及装潢材料零售额下降4.0%，石油及其制品零售额下降2.3%，汽车零售额增长1.8%。

市场物价　2019年，青岛市居民消费价格指数为103.3，其中非食品价格指数为101.3，服务价格指数为101.7，消费品价格指数为104.3。工业生产者出厂价格指数为100.0，工业生产者购进价格指数为98.4。

市场秩序建设　2019年，青岛市商务部门会同其他部门加强对成品油流通的监管，依法规范成品油经营企业办事流程并向社会公开，对全市13家成品油批发经营企业、6家仓储企业和859个零售加油站进行执法检查，纠正违规经营行为。市成品油监管联席会议办公室印发《关于进一步加强成品油市场监管的通知》，组织开展14次购进安邦炼化油专项清查，摸排881家成品油经营企业，并组织开展打击黑加油站点行动，完善线索举报、案件移交、联合检查、周信息报送、月调度通报等工作机制，成员单位开展现场联合督查，督导区市开展专项治理行动。商务部门推进商务领域诚信体系建设，将工作任务分解、落实到各相关单位，并探索推进事前信用审核、信用承诺、信用公示、信用分类监管等项制度建设，组织开展诚信兴商宣传月活动，依托青岛市商务诚信子站对诚信企业进行公示，发挥其正向激励作用。对单用途商业预付卡运营过程中出现苗头性问题的企业，各级商务部门提前介入，及时约谈企业负责人，督促其落实预算资金结算、风险管理、日常监督、应急处置等制度。

市场体系建设　2019年，青岛市实有各类商品交易市场950个，其中年交易额逾亿元的市场98个、逾10亿元的市场29个、逾百亿元的市场6个。商务部门通过政策引导进一步培育市场主体，加快商业设施建设，完善商业零售业态，培育打造高端商贸服务集聚区，商业载体、业态、环境转型成效明显，已形成以6个市级商业中心、9个区级商业中心、6个特色商贸集聚区、43条商业街为依托，39万个商业网点（其中130个大中型网点）及覆盖城乡的6400多家便民连锁门店为基础的市场网络体系。

商贸新业态培育　2019年，青岛市人民政府出台《关于推动夜间经济发展的意见》，建立夜间经济发展协调机制、夜间区（市）长、夜生活首席执行官制度，完善促进夜间经济发展政策，打造购物休闲、特色餐饮、文体娱乐、演艺体验、观光旅游五位一体的夜间经济模式，开辟市南区、市北区、西海岸新区15条夜经济街区，其中新都心1907、奥帆中心成为全市夜经济新地标，台东步行街完成全国步行街改造提升试点“1+X”规划。

全市引进商业新业态、新模式项目41个。新增大型商业综合体80万平方米，是2018年新增面积的1.5倍。商务部门推动苏宁易购与大润发、家乐福、麦凯乐、海信广场、金鼎广场等17个传统零售企业合作，实现“线上+线下”“商品+服务”“零售+体验”相互交汇的多业态、融合式发展。盒马鲜生在市南银座商城、市北保利广场、大融城设立店铺，在青岛市所设立的店铺数量增加到5个。知名便利连锁企业加快发展以经营生鲜、食品、日用品、早餐等为主的品牌连锁便利店，年内开业115家。

商品拍卖　2019年，青岛市实有拍卖企业69家，从业人员463人，其中拍卖师95人。拍卖企业实现拍卖成交额24亿元、佣金收入3657万元，网络拍卖为主要拍卖方式。商务部门规范拍卖市场秩序，定期开展拍卖行业非法集资风险排查工作，促进行业健康发展，年内未发生违法违规拍卖现象。

二手车交易　2019年，青岛市新增5个二手车交易市场，市场数量增加到32个。二手车交易量21.5万辆，较上年增长7.5%，交易额70.7亿元，增长12.2%。商务部门进一步落实取消二手车限制迁入政策，按照“放管服”结合原则制定二手车交易市场备案办法，优化二手车交易工作流程，便利二手车交易，活跃二手车市场，推动二手车流通提速提质增效。2019年4月，商务部、公安部、海关总署放开国内二手车出口限制，青岛市成为首批开展二手车出口业务的10个地区之一。

再生资源回收　2019年，青岛市实有再生资源回收企业200余家，回收站点1500余个，从业人员4000余人，回收各种废旧物资约300万吨。实有报废汽车回收拆解企业两家、报废机动车回收网点5家，回收老旧汽车6537辆。

市场运行和消费促进　2019年，青岛市商务局等政府部门制定《关于贯彻国办发〔2019〕42号文件加快发展流通促进商业消费的实施意见》等政策措施，并建立消费在增长中促繁荣工作专班，推动消费转型升级和消费增长，完善促消费工作机制。

商务部门组织或引导商贸企业举办2019青岛城市购物节、2019中日韩泰国际美食文化嘉年华等双百（为期100天，举办100个促消费活动）促消费系列活动，重点推出新品发布、全城商家打折季，打造商场、步行街、酒吧一条街等体验消费、海鲜美食、店庆日、夜经济、文化旅游、展会展销等主题活动。升级e购青岛手机客户端及其配套后台管理系统，在机场、码头、车站和10个大型商超设置大型电子屏幕滚动播出青岛购物，进行品牌推广宣传，方便国内外宾客在青岛体验无障碍餐饮购物、交通出行、城市导览等服务。

【货物贸易】

进出口额　2019年，青岛市实现进出口59255880万元，比上年的53212551万元增长11.4%。

2019年青岛市货物贸易额一览表
Foreign Trade Value of Qingdao City in 2019

表5-8

分类指标	进出口		出　口		进　口	
	金额（万元）	增长（%）	金额（万元）	增长（%）	金额（万元）	增长（%）
总　　额	**59255880**	**11.4**	**34119000**	**7.6**	**25136880**	**17.0**
国有企业	7846216	1.1	2989178	7.0	4857038	−2.2
外商投资企业	15842708	−2.9	9307581	−8.0	6535127	5.4
其他企业	35566956	21.8	21822241	15.7	13744715	33.0
集体企业	926591	−16.7	865611	−3.5	60980	−71.7
私营企业	34405093	22.9	20904922	16.5	13500171	34.4
个体工商户	235272	182.5	51708	356.7	183564	155.1
一般贸易	37341272	12.2	24169954	9.9	13171318	16.6
加工贸易	11684985	−3.7	8605845	−3.6	3079140	−4.0
其他贸易	10229623	30.4	1343201	59.6	8886422	26.9
纺织服装	5021865	−1.8	4771872	−1.0	249993	−14.4
农产品	9316338	16.8	4074443	5.2	5241895	27.7
化工产品	2775274	5.3	1974548	8.1	800726	−1.2
机电产品	19156484	7.1	14449354	6.7	4707130	8.3
高新技术产品	5214408	−0.7	2790725	−11.7	2423683	15.9

进口额　实现进口25136880万元，比上年的21490342万元增长17.0%。

进口商品结构　初级产品进口16718584万元，占进口总额的66.5%。工业制成品进口8418296万元，占进口总额的33.5%。

2019年青岛市主要进口商品一览表
Major Import Goods of Qingdao City in 2019

表 5–9

进口商品名称	进口额（亿元）	权重（%）
原油	387.5	15.4
铁矿砂	251.0	10.0
电器及电子产品	171.7	6.8
机械设备	149.1	5.9
粮食	99.4	4.0
仪器仪表	94.8	3.8
合成橡胶	81.7	3.3
冻鱼	78.4	3.1
塑料原料	77.1	3.1
集成电路	76.5	3.0
纸浆	75.9	3.0
天然橡胶	64.2	2.6
成品油	56.3	2.2
棉花	47.1	1.9
铜矿砂	34.8	1.4
运输工具	33.7	1.3
原木	29.7	1.2
钢材	27.1	1.1
纺织品	23.6	0.9
煤及褐煤	22.3	0.9

进口来源　进口商品来自180个国家（地区）。从10个主要进口来源进口1477.6亿元，占进口总额的58.8%。

2019年青岛市主要进口来源一览表
Major Import Sources of Qingdao City in 2019

表 5-10

进口来源	进口额（亿元）	权重（%）
巴　西	360.6	14.3
韩　国	243.3	9.7
澳大利亚	186.0	7.4
美　国	132.4	5.3
日　本	127.2	5.1
俄罗斯	101.7	4.0
泰　国	99.0	3.9
德　国	86.6	3.4
中国台湾	79.1	3.1
刚果（金）	61.7	2.5

出口额　实现出口34119000万元，比上年的31722209万元增长7.6%。出口额占全市生产总值的53.1%、全省出口总值的15.4%。

出口商品结构　初级产品出口4401786万元，占出口总额的12.9%。工业制成品出口29717214万元，占出口总额的87.1%。

2019年青岛市主要出口商品一览表
Major Export Goods of Qingdao City in 2019

表 5-11

出口商品名称	出口额（亿元）	权重（%）
机械设备	515.7	15.1
电器及电子产品	343.8	10.1
服装	302.8	8.9
运输工具	288.4	8.5
金属制品	185.6	5.4
纺织品	174.3	5.1
轮胎	115.2	3.4
水海产品	109.7	3.2

续表 5–11

出口商品名称	出口额（亿元）	权重（%）
钢材	89.2	2.6
家具及其零件	74.2	2.2
蔬菜	73.8	2.2
鞋类	69.0	2.0
塑料制品	67.4	2.0
汽车零配件	50.4	1.5
箱包	43.3	1.3
仪器仪表	38.2	1.1
床上用品	32.6	1.0
陶瓷产品	28.4	0.8
体育用品及设备	27.4	0.8
水果及坚果	28.1	0.8

出口市场　出口商品销往 227 个国家（地区）。对 10 个主要市场出口 1898.7 亿元，占出口总额的 55.6%。

2019 年青岛市主要出口市场一览表
Major Export Markets of Qingdao City in 2019

表 5–12

出口市场	出口额（亿元）	权重（%）
美　　国	543.2	15.9
日　　本	399.4	11.7
韩　　国	298.2	8.7
德　　国	116.2	3.4
中国香港	100.3	2.9
越　　南	100.2	2.9
英　　国	100.0	2.9
墨 西 哥	82.3	2.4
印　　度	80.5	2.4
澳大利亚	78.4	2.3

【服务贸易】

进出口额 2019年，青岛市实现服务进出口839.9亿元，比上年的774.8亿元增长8.4%。

进口额 实现进口393.5亿元，比上年的379.8亿元增长3.6%。

出口额 实现出口446.3亿元，比上年的395亿元增长13.0%。

主要业务领域 青岛市2019年服务贸易涉及运输、旅游、建筑、电信计算机和信息、金融服务、保险服务、文化和娱乐服务等领域。按外汇收支口径，运输、旅游、建筑、电信计算机和信息等业务领域实现出口142.3亿元。

主要出口市场 青岛市2019年服务贸易主要出口市场为中国香港、韩国、新加坡、日本、美国。按外汇收支口径，年内对上述主要出口市场出口162.6亿元。

【技术贸易】

进出口额 2019年，青岛市实现技术进出口57.2亿元，比上年的76.6亿元下降25.3%。

技术引进 签订技术引进和设备进口合同222个，比上年减少57个。签约额34.5亿元，比上年的42.1亿元下降18.1%。

技术出口 签订技术出口合同189个，比上年减少57个。签约额22.8亿元，比上年的34.5亿元下降33.9%。

【吸收外国及中国港澳台地区投资】

总体情况 2019年，青岛市以平台思维、生态思维整合优质要素资源，建成会议、会展、论坛、孵化器等188个招商引资、招才引智平台，启动建设面向日本、韩国、德国、以色列和上海合作组织成员国的5个“国际客厅”，加大重点产业吸引外资力度，引进外国及中国港澳台地区投资项目954个，实际投资额58.4亿美元。与上年相比，制造业和现代服务业利用外国及中国港澳台地区投资权重增加3.2个百分点。

投资产业 第一产业项目8个，实际投资额1.1亿美元。第二产业项目154个，实际投资额10.4亿美元。第三产业项目792个，实际投资额46.9亿美元。

投资来源 2019年有67个国家（地区）在青岛市投资，投资额居前五位的国家（地区）分别是中国香港、德国、英属维尔京群岛、美国、韩国，合计投资项目659个，实际投资54.1亿美元。

2019年青岛市吸收外国及中国港澳台地区投资一览表
Overboundary Investment of Qingdao City in 2019

表5-13

投资方式	签约情况			实际投资	
	项目数（个）	签约投资（万美元）	增长（%）	金额（万美元）	增长（%）
合资企业	358	415708	113.8	215914	68.3
合作企业	1	1010	-97.1	68	-97.6
独资企业	586	794686	6.9	299610	-33.2
股份制企业	2	93315	—	68585	—
合伙企业	7	30832	—	16	—
合　计	**954**	**1335551**	**36.3**	**584193**	**0.7**

外国及中国港澳台地区投资企业生产经营情况　2019年青岛市外商投资企业年度经营联合报告显示，青岛市实有外商投资企业8906家，投资总额978.7亿美元，境外方投资391.6亿美元，实现产值633亿美元。盈利企业2247家，盈利总额71亿美元。亏损企业3085家，亏损总额15.5亿美元。

【经济技术合作】

对外国及中国港澳台地区投资　2019年，青岛市兴办境外企业113家，总投资29.76亿美元，中方投资26.64亿美元。主要投资对象为新西兰、斯洛文尼亚、泰国、越南、印度尼西亚、新加坡，主要投资项目包括青岛海尔股份有限公司设立海尔新西兰投资控股有限公司，中方投资8.56亿美元；青岛海信国际营销股份有限公司收购斯洛文尼亚GORENJE GOSPODINJSKI APARATI d.d.，中方投资3.39亿美元；青岛森麒麟轮胎有限公司增资森麒麟轮胎（泰国）有限公司，中方投资2.32亿美元；赛轮金宇集团股份有限公司增资赛轮（越南）有限公司，中方投资2亿美元。

承包工程　青岛市2019年签订境外承包工程合同86个，签约额33.6亿美元，完成营业额41.83亿美元。新签约项目涉及电力、房屋建筑、石油化工、交通运输等行业，主要分布在印度、巴基斯坦、新加坡、阿曼、柬埔寨、阿尔及利亚等国家。

劳务合作　青岛市2019年新签劳务人员合同工资总额1.82亿美元，派出各类劳务人员（含海员）19181人，年末在外23103人（含海员）。主要派驻地是日本、新加坡、沙特阿拉伯、科威特、中国香港。

【园区建设】

经济（技术）开发区　2019年，青岛市两个国家级经济技术开发区、5个省级经济开发区实现公共财政预算收入420.9亿元，增长8.3%；完成固定资产投资2670.6亿元，增长16.5%；实现规模以上工业增加值2312.7亿元，增长6.3%；外国及中国港澳台商实际投资24.3亿美元，增长12.4%，占全市吸收外国及中国港澳台实际投资的41.9%；实现进出口339.9亿美元，增长5.2%。

青岛经济技术开发区居全国经济技术开发区综合排名第6位、生产总值第4位、吸收外国及中国港澳台地区投资第6位。胶州经济技术开发区居全国经济技术开发区综合排名第63位。

海关特殊监管区域　2019年，青岛市实有4个海关特殊监管区域，即青岛前湾保税港区、青岛西海岸综合保税区、青岛胶州湾综合保税区、青岛即墨综合保税区。除青岛即墨综合保税区正在建设、尚未运营外，其他3个海关特殊监管区域年内实现公共财政预算收入13.3亿元，增长8.8%；完成固定资产投资8.2亿元，增长24.1%；实现规模以上工业增加值22.1亿元，下降23.6%；吸收外国及中国港澳台地区投资5530万美元，下降34.9%；实现进出口145.0亿美元，增长15.6%。

【重大商务举措】

中国—上海合作组织地方经贸合作示范区建设　2019年7月24日，中央全面深化改革委员会第九次会议审议通过《中国—上海合作组织地方经贸合作示范区建设总体方案》。9月20日，国务院批准山东省人民政府、商务部提报的总体方案。根据该总体方案，中国—上海合作组织地方经贸合作示范区覆盖青岛全域，按照1个核心区+N个联动区进行布局建设。核心区位于胶州，共有61.1平方千米，包括36.7平方千米的胶州经济技术开发区和24.4平方千米的概念性规划新区。中共青岛市委、青岛市人民政府成立示范区推进实施领导小组，对标雄安新区，制定示范区建设实施方案，高起点、高标准、高质量谋划示范区建设和发展。年内，示范区在建产业类项目38个，总投资223亿元。已建成的上合国际贸易中心集聚贸易企业193家。已建成的多式联运中心设立齐鲁号欧亚班列青岛运营中心，开行国际国内班列线路16条。已启用的金融服务中心集聚金融机构23个。

跨境电子商务综合试验区建设　2019年，青岛市相关职能机构推动先入区后报关、货物拼箱及同仓存储等监管措施落地，促进跨境电子商务快速发展，年内跨境电子商务实现进出口480亿元，增长40%。唯品会、网易考拉、菜鸟网络、京东海囤全球等国内知名电子商务平台在青岛落户，市内跨境电子商务企业在22个国家设立49个公共海外仓。相关外贸综合服务企业为3600余家中小外贸企业提供专业化服务，实现进出口140亿元，增长10%。

【促销推介活动】

2019中国国际消费电子博览会　商务部、科学技术部、山东省人民政府主办，工业和信息化部支持，中国机电产品进出口商会、中国电子学会和青岛市人民政府承办，2019年7月19—22日在青岛国际会展中心举办，展览面积25000平方米，179家全球知名企业参展，接待观众51451人次，协议成交额7.14亿元。展会期间举办硬创产业更新链群签约活动，签约项目59个，平台签约金额逾5亿元。

"一带一路"国家进口商品展　青岛市商务局、崂山区商务局支持，青岛市商贸发展服务中心主办，青岛环球国际消费电子博览会有限公司承办，青岛全球财富中心开发建设有限公司、青岛金狮广场和青岛澎聚互动传媒有限公司2019年8月11—14日在青岛国际会展中心合作举办。展会设82个展位，展览面积1000平方米，巴基斯坦、印度、伊朗、尼泊尔、马来西亚、俄罗斯、阿塞拜疆、蒙古、斯里兰卡、吉尔吉斯斯坦等18个"一带一路"沿线国家的45家企业参展。现场零售成交额684万元，意向订单成交额4500万元，总成交额5184万元。

2019 年淄博市商务经济运行情况
Business Operation Conditions of Zibo City in 2019

【商贸流通】

社会消费品零售总额　2019 年，淄博市社会消费品零售总额较上年增长 6.2%。按经营地统计，城镇消费品零售额增长 6.2%，乡村消费品零售额增长 6.3%。按行业分，批发和零售业零售额增长 5.4%，住宿和餐饮业零售额增长 12.3%。限额以上企业商品零售额中，粮油食品、服装鞋帽针纺织品和日用品分别增长 13.2%、3.1% 和 13.8%，汽车零售额增长 0.2%，通信器材零售额增长 9.1%，中西药品零售额增长 8.9%，建筑及装潢材料零售额增长 21.3%。

市场物价　2019 年，淄博市居民消费价格上涨 3.0%，商品零售价格上涨 2.1%，其中食品价格上涨 9.1%，非食品价格上涨 1.6%。工业生产者出厂价格下降 3.3%，工业生产者购进价格下降 4.9%。

市场秩序建设　2019 年，淄博市商务部门加强商务诚信体系建设，开展诚信兴商宣传月活动，组织部分商务诚信经营典型企业、重要产品追溯体系企业开展扫码查询追溯信息互动活动。召开首届全市商务诚信推进会，组织 130 余家商贸流通企业签订诚信承诺书。强化单用途商业预付卡管理，对全市 27 家各类单用途商业预付卡经营企业备案、发行、服务等情况进行全面检查，对 23 家规模和其他发卡企业的 134 个售卡网点进行重点检查，及时发现和纠正各种违规行为。开展农村假冒伪劣食品专项整治行动、守护舌尖安全行动，维护食品流通秩序。

市场体系建设　2019 年，淄博市商务部门继续推进农商互联示范市建设工程，加强农产品产后商品化处理设施建设，补齐农产品供应链中的短板。推动农产品冷链流通全程不断链，构建覆盖加工、运输、储存、销售等环节的农产品全程冷链流通体系。以保障和改善民生为出发点和落脚点，推动社区菜店、生鲜超市等零售网点的新建与升级改造。年内，淄博市被省级商务部门评定为农商互联示范城市。市规划委员会批准《淄博市城区农贸市场专项规划》，城区标准化农贸市场建设和提升工作正式启动。商品交易市场转型发展取得成效，年交易额逾百亿元的市场增加到 4 个、逾十亿元的市场增加到 20 个、逾亿元的市场超过 40 个。围绕农超对接工作，市商务部门举办 2019 淄博（临淄）农超对接暨促消费洽谈会，近 50 个知名农产品品牌生产商、300 多种农副特产参加展销，总交易额约 3613 万元。品牌农产品进超市工程承办企业山东新星集团有限公司开设品牌农产品销售专区示范门店 20 个，品牌农产品直采比例超过 20%。智慧便利店进社区承办企业增加到 5 家，开设社区智慧便利店 200 多个。

特殊行业发展　2019年，淄博市实有20家拍卖企业、21个二手车交易市场和1家废旧汽车拆解企业。拍卖企业实现拍卖成交金额6.29亿元。二手车交易市场交易二手车90000辆，交易金额36.3亿元。报废汽车拆解企业拆解报废车3064辆。

市场运行监测　2019年，淄博市市场运行监测系统纳入生活必需品监测企业18家、生产资料监测企业10家、重点流通监测企业89家，监测样本总数增加到117个。监测数据报送率超过99%、及时率超过95%。

【货物贸易】

进出口额　2019年，淄博市实现货物进出口8830836万元，比上年的9523857万元下降7.3%。

2019年淄博市货物贸易额一览表
Foreign Trade Value of Zibo City in 2019

表5-14

分类指标	进出口		出口		进口	
	金额（万元）	增长（%）	金额（万元）	增长（%）	金额（万元）	增长（%）
总　　额	**8830836**	**–7.3**	**4189642**	**0.1**	**4641194**	**–13.1**
国有企业	213917	–13.1	194356	–14.2	19561	0.3
外商投资企业	1787645	–3.0	1423888	–5.2	363757	6.9
其他企业	6829274	–8.0	2571398	4.6	4257876	–14.2
集体企业	448882	–16.9	349592	–4.9	99290	–42.4
私营企业	6380392	–7.3	2221806	6.3	4158586	–13.2
一般贸易	6837122	–4.7	3537033	1.6	3300089	–10.6
加工贸易	774445	–10.5	625730	–9.5	148715	–14.5
其他贸易	1219269	–17.4	26879	82.4	1192390	–79.4
机电产品	761331	1.1	576922	0.6	184409	2.7
化工产品	1852969	–0.3	1542857	0.1	310112	–2.4
纺织服装	876195	–1.5	842747	–2.8	33448	44.4
农产品	176455	1.3	64300	7.8	112155	–2.1
轻工工艺品	765891	–2.1	699563	6.0	66328	–45.8
高新技术产品	228084	5.2	166231	6.0	61853	3.2

进口额　实现进口4641194万元，比上年的5338501万元下降13.1%。

进口商品结构　初级产品进口4127549万元，占进口总额的88.9%。工业制成品进口513645万元，占进口总额的11.1%。

2019年淄博市主要进口商品一览表
Major Import Goods of Zibo City in 2019

表5-15

进口商品名称	进口额（万元）	权重（%）
原油	3480041	75.0
铝矿砂及其精矿	210240	4.5
机械设备	121732	2.6
初级形状的塑料	113539	2.4
有机化学品（第29章）	111882	2.4
纸浆	57886	1.2
棉花	56243	1.2
生皮及皮革（第41章）	38252	0.8
纺织纱线、织物及制品	33152	0.7
铁矿砂及其精矿	19477	0.4
成品油	5536	0.1
废纸	1301	—

进口来源　进口商品来自91个国家（地区）。从10个主要进口来源进口3947349万元，占进口总额的85.1%。

2019年淄博市主要进口来源一览表
Major Import Sources of Zibo City in 2019

表5-16

进口来源	进口额（万元）	权重（%）
中　东	936257	20.2
安哥拉	577531	12.4
俄罗斯	563898	12.1
东　盟	531610	11.5
巴　西	402561	8.7
澳大利亚	224538	4.8
加　蓬	216682	4.7
刚果（布）	192676	4.2
欧　盟	189350	4.1
美　国	112246	2.4

出口额 实现出口4189642万元，比上年的4185356万元略有增长，出口额占全市生产总值的8.2%、全省出口总值的4%。

出口商品结构 初级产品出口460861万元，占出口总额的11.0%。工业制成品出口3728781万元，占出口总额的89.0%。

2019年淄博市主要出口商品一览表
Major Export Goods of Zibo City in 2019

表5-17

出口商品名称	出口额（万元）	权重（%）
玻璃制品	301965	7.2
色织布	192912	4.6
绿色环保制冷剂	157020	3.7
普通棉布	121156	2.9
聚氯乙烯手套	98529	2.4
维生素C	86341	2.1
家用陶瓷	85391	2.0
纸及纸板	76455	1.8
化学纤维	74354	1.8
钛白粉	72969	1.7
耐火陶瓷制品	57133	1.4
衬衫	55897	1.3
棉制裤	55724	1.3
核酸	50485	1.2
聚四氟乙烯	30863	0.7
己二酸	26610	0.6
铝箔	23951	0.6
蔬菜及其制品	20622	0.5
黄原胶	10966	0.3

出口市场 出口商品销往203个国家（地区）。对10个主要市场出口3538519万元，占出口总额的84.5%。

2019 年淄博市主要出口市场一览表
Major Export Markets of Zibo City in 2019

表 5-18

出口市场	出口额（万元）	权重（%）
东　　盟	722451	17.2
美　　国	680098	16.2
欧　　盟	609108	14.5
南　　亚	443930	10.6
韩　　国	280621	6.7
日　　本	264848	6.3
中　　东	256713	6.1
俄 罗 斯	106922	2.6
巴　　西	100976	2.4
中国台湾	72852	1.7

【服务贸易】

进出口额　2018 年，淄博市实现服务进出口 771768 万元，比上年的 718592 万元增长 7.4%。

进口额　实现进口 532634 万元，比上年的 497324 万元增长 7.1%。

出口额　实现出口 239134 万元，比上年的 221216 万元增长 8.1%。

主要业务领域　2019 年，淄博市服务贸易涉及旅游服务、运输服务、建筑服务、电信计算机和信息服务、知识流程服务、保险服务以及其他商业服务等领域。

主要出口市场　2019 年，淄博市服务贸易主要出口市场为欧盟、美国、日本、韩国及“一带一路”相关国家。

【技术贸易】

进出口额　2019 年，淄博市实现技术进出口 50790 万元，比上年的 21940 万元增长 131.5%。

技术引进　签订技术引进合同 7 个，比上年减少 1 个。签约额 41742 万元，比上年的 9749 万元增长 328.2%。

技术出口　签订技术出口合同 11 个，比上年增加 6 个。签约额 9047.6 万元，比上年的 12191 万元下降 25.8%。

【吸收外国及中国港澳台地区投资】

总体情况　淄博市2019年引进外国及中国港澳台地区投资项目91个，签约投资额149955万美元，实际投资额22553万美元。

投资产业　第一产业项目4个，签约额1064万美元，实际投资额14万美元。第二产业项目36个，签约额41465万美元，实际投资额14795万美元。第三产业项目51个，签约额107426万美元，实际投资额7744万美元。

投资来源　2019年有12个国家（地区）在淄博市投资，投资额居前五位的国家（地区）分别是中国香港、荷兰、英国、泰国、中国台湾，合计投资项目47个，签约额80601万美元，实际投资额21219万美元。

2019年淄博市吸收外国及中国港澳台地区投资一览表
Overboundary Investment of Zibo City in 2019

表5-19

投资方式	签约情况			实际投资	
	项目数（个）	签约额（万美元）	增长（%）	金额（万美元）	增长（%）
合资企业	51	23235	59.3	9964	150.4
合作企业	1	80000	5490.5	—	—
独资企业	39	46720	-15.1	12589	2.8
合　计	**91**	**149955**	**111.1**	**22553**	**38.9**

外国及中国港澳台地区投资企业生产经营情况　2019年淄博市实有外国及中国港澳台地区投资企业412家，投资总额92.8亿美元，外方投资39.3亿美元，实现产值776.7亿元。盈利企业243家，盈利总额78.7亿元。亏损企业169家，亏损总额13.2亿元。

【经济技术合作】

对外国及中国港澳台地区投资　淄博市2019年兴办境外企业28家，总投资37.2亿元，中方投资36.5亿元。主要投资领域为制造业、农业、批发和零售业，主要投资项目包括蓝帆医疗股份有限公司并购瑞士NVT医疗科技有限公司，中方协议投资额2.18亿美元；山东英科医疗用品股份有限公司在越南设立英科医疗越南有限公司，中方协议投资额1.4亿美元；山东英科环保再生资源股份有限公司在越南设立英科实业越南有限公司，中方协议投资额4000万美元。

承包工程　淄博市2019年签订对外承包工程合同269个，签约额44.95亿元，完成营业额46.61亿元。新签约项目涉及石化、房建、电力等行业，主要分布在阿尔及利亚、马来西亚、印度尼西亚、沙特阿拉伯等国家。

劳务合作　淄博市2019年派出劳务人员1275人（含工程项下劳务人员），年末在外3727人。主要派驻地是马来西亚、印度尼西亚、乌兹别克斯坦、阿尔及利亚。

【园区建设】

2019年，淄博市将推进开发区体制机制改革创新作为落实中共山东省委、山东省人民政府担当作为、狠抓落实工作要求的具体体现，作为推动老工业城市凤凰涅槃、加速崛起的关键抓手，高标准制定纳入全省改革范围的11个省级以上经济开发区（1个国家级高新技术开发区，10个省级经济开发区）改革实施意见。其中，淄博经济开发区、沂源经济开发区列入全省改革试点，年内试点任务已全面完成，淄博经济开发区试点经验得到山东省商务厅充分肯定，沂源经济开发区试点经验被省开发区体制机制改革领导小组办公室作为10个推广案例之一在全省范围内推广。其他9个经济开发区的改革实施方案已经制定完毕，将于2020年全面推开。

2019年年底，10个省级经济开发区实有各类企业1.52万家，其中规模以上工业企业819家、高新技术企业218家，分别占全市的47.4%和42.5%。新建和改扩建道路65条，总里程307.67千米，建成标准厂房106.85万平方米，在建厂房74.72万平方米。

2019年，省级经济开发区实现一般公共预算收入104.26亿元，实现进出口662.7亿元。引进内外资项目225个，竣工投产项目90个，实际到位外来投资656.84亿元。列入省、市建设规划的重大项目166个，计划总投资1421亿元，年度投资427亿元。

【促销推介活动】

重庆石柱特色农产品淄博行活动　淄博市商务局、石柱县商务委主办，淄博市总工会、淄博市卫生与健康委员会、淄博市经济合作局协办，9月3—5日分别在淄博市周村区、博山区、临淄区举办。石柱县13家企业业务人员推介、展销莼菜、辣椒、腊肉、蜂蜜、中药材等特色产品，淄博市500余家商超、电子商务平台、农产品流通企业、中医药销售企业、工会会员企业的业务人员进行采购对接。活动期间实现销售额22.5万元，签订意向合作协议21个。

2019年枣庄市商务经济运行情况

Business Operation Conditions of Zaozhuang City in 2019

【商贸流通】

社会消费品零售总额 2019年，枣庄市社会消费品零售总额较上年增长4.9%。按行业分，商品零售额增长4.3%，餐饮收入额增长9.2%。按所在地分，城镇消费品零售额增长2.9%，农村消费品零售额增长10.2%。限额以上新能源汽车销售额增长73.5%，能效等级为1级和2级的商品销售额增长18.0%，智能家用电器和音像器材销售额增长32.3%，中西药品销售额增长26.7%，通信器材销售额增长6.9%。

市场物价 2019年，枣庄市居民消费价格较上年上涨2.9%，商品零售价格上涨2.4%，其中服务项目价格上涨1.5%，消费品价格上涨3.9%。工业生产者出厂价格下降0.9%，其中生产资料价格下降1.8%，生活资料价格上涨3.3%。工业生产者购进价格下降0.5%。

市场秩序建设 2019年，枣庄市商务部门将单用途商业预付卡监督检查列为商务执法领域重点工作，突出大型零售企业及主要市场，全面开展单用途商业预付卡领域非法集资风险专项排查，及时纠正违规经营行为。

2019年，枣庄市实有成品油批发企业2家、仓储企业1家，成品油零售经营企业354家，其中中石化加油站84个、中石油加油站55个、社会加油站215个。4月，枣庄市成品油监管联席会议印发《枣庄市成品油监管联席会议工作规则》《枣庄市成品油监管联席会议成员单位职责》《枣庄市落实“四减四增”有关工作任务严厉查处黑加油站点工作方案》，建章立制，并通过现场核查、线上提报、部门联动等多种方式，加强对成品油流通的行业监管。商务部门对辖区加油站按照不低于30%的比例进行现场核查，对所有成品油经营企业实现现场检查全覆盖，并对外公布举报电话，鼓励公众监督、举报违法经营行为。各成员单位认真贯彻落实商务部等国家部委制定的《原油成品油流通管理办法》《成品油市场管理办法》《报废机动车回收管理办法》《汽车销售管理办法》等文件所规定的准入条件和技术规范，严把准入关、质量关。在产品追溯体系建设方面，枣庄市重要产品追溯体系管理平台8月份通过省级验收，建设经验被山东省商务厅在全省推广。

市场体系建设 2019年，枣庄市以创建品牌农产品进超市工程示范市为契机，进一步扩大农超对接规模，依托山东善利元商贸有限公司、枣庄市家乐佳购物有限公司2家骨干商超企业，设立14个品牌农产品专柜，农产品专区营业面积超过3000平方米，销售“三品一标”农产品100多种，在农产品基地的直接采购率超过22%。市商务部门引导滕州正德康城有限公司、北农农业有限公司等5家农产品供应链企业整合资源，加强农产品产后商品化处理设施、冷链物流设施、末端销售网络建设，强化农产品生产、商品化处理、流通等环节的集成和协同，打造新型农产品流通渠道，构建长期稳定的产销关系，形成独具特色的经营模式，枣庄市因此被省商务部门确定为农商互联试点市。商务、扶贫等部门探索创建“市场＋基地”模式，开辟扶贫商品引进和销售渠道，设立1个中西部农产品销售专区、5个专柜，组织相关企业采购、销售新疆、重庆等地农特产品3000多万元，其中包括花椒1240.39万元，榨菜、豆腐乳、牛肉等农特产品328万元。商务部门开展重要产品全链条追溯体系建设，追溯节点已覆盖566个单位、1500多种产品。

电子商务　2019年，枣庄市全面建成电子商务县、乡、村三级服务体系，实现淘宝村全域覆盖。涧头集镇后洪庙村、城头镇西城头村、洪绪镇东赵沟村、洪绪镇西赵沟村、洪绪镇龙庄村、南沙河镇北街村6个村升格为国家级淘宝村，洪绪镇、东沙河镇升格为国家级淘宝镇。滕州市被商务部认定为国家级电子商务进农村示范县。年内，枣庄市实现电子商务网络零售额93亿元，较上年增长37.7%。

【货物贸易】

进出口额　2019年，枣庄市实现货物进出口1467247万元，较上年的1060677万元增长38.3%。

2019年枣庄市货物贸易额一览表
Foreign Trade Value of Zaozhuang City in 2019

表5-20

分类指标	进出口		出　口		进　口	
	金额（万元）	增长（%）	金额（万元）	增长（%）	金额（万元）	增长（%）
总　额	**1467247**	**38.3**	**1394302**	**40.8**	**72945**	**3.4**
国有企业	196165	-1.3	164386	3.6	31779	-20.9
外商投资企业	228019	9.0	207582	5.7	20437	59.6
集体企业	5513	6.8	5409	7.6	104	-23.0
私营企业	1037550	60.2	1016925	61.4	20625	18.1
一般贸易	1206769	52.8	1158828	55.1	47941	12.4
加工贸易	260261	-3.8	235442	-3.0	24819	-10.9
其他贸易	217	85.5	32	18.5	185	105.6
纺织服装	330746	32.4	329835	32.9	911	-43.3
农产品	55051	27.9	44630	9.2	10421	378.9
化工产品	408979	5.6	389114	11.6	19865	-48.5
机电产品	301659	58.4	285221	56.9	16438	89.6
高新技术产品	89585	10.7	88056	11.2	1529	-10.6

进口额 实现进口72945万元，比上年的70578万元增长3.4%。

进口商品结构 初级产品进口15501万元，占进口总额的21.3%。工业制成品进口57444万元，占进口总额的78.7%。

2019年枣庄市主要进口商品一览表
Major Import Goods of Zaozhuang City in 2019

表5-21

进口商品名称	进口额（万元）	权重（%）
橡胶及其制品	17627	24.2
机器设备	16309	22.4
废纸	9385	12.9
钢铁及其制品	5237	7.2
煤及其制品	4366	6.0
铜及其制品	1873	2.6
塑料及其制品	1796	2.5
化工产品	1674	2.3
化学纤维	1610	2.2
非煤矿产品	714	1.0

进口来源 进口商品来自41个国家（地区）。从10个主要进口来源进口66760万元，占进口总额的91.5%。

2019年枣庄市主要进口来源一览表
Major Import Sources of Zaozhuang City in 2019

表5-22

进口来源	进口额（万元）	增长（%）
韩　　国	23637	103.7
泰　　国	10989	-50.5
美　　国	8628	162.7
印　　度	8189	233.6
马来西亚	3712	-47.4
印度尼西亚	3555	-41.3

续表 5-22

进口来源	进口额（万元）	增长（%）
日　　本	3404	2.3
越　　南	1944	1308.7
中国台湾	1351	-19.0
英　　国	1351	23.9

出口额　实现出口1394302万元，比上年的990098万元增长40.8%，出口额占全市生产总值的8.2%、全省出口总值的1.3%。

出口商品结构　初级产品出口91269万元，占出口总额的6.5%。工业制成品出口1303033万元，占出口总额的93.5%。

2019年枣庄市主要出口商品一览表
Major Export Goods of Zaozhuang City in 2019

表 5-23

出口商品名称	出口额（万元）	权重（%）
服装	247408	17.8
化学品	182474	13.1
橡胶及其制品	157204	11.3
钢铁及其制品	134811	9.7
玩具	100186	7.2
机械设备	67149	4.8
纺织品	66923	4.8
玻璃及其制品	57481	4.1
电气设备及蓄电池	52620	3.8
焦油沥青	45364	3.3
塑料及其制品	35020	2.5
肉及肉制品	30259	2.2
箱包及皮革制品	23158	1.7
纸及纸制品	18634	1.3
家具	17996	1.3
谷物蔬果	12712	0.9
铜及其制品	8467	0.6
乐器及其附件	1123	0.1

出口市场 出口商品销往226个国家（地区），对10个主要市场出口1094247元，占出口总额的78.5%。

2019年枣庄市主要出口市场一览表
Major Export Markets of Zaozhuang City in 2019

表5-24

出口市场	出口额（万元）	增长（%）
欧　　盟	208618	17.1
东　　盟	191925	85.3
中 近 东	169122	39.1
美　　国	146661	7.5
韩　　国	99087	58.6
日　　本	83885	21.8
南　　亚	72741	70.7
俄 罗 斯	52217	47.1
德　　国	37777	15.6
澳大利亚	32214	35.0

【服务贸易】

进出口额 2019年，枣庄市实现服务进出口113196万元，比上年的107703万元增长5.1%。

进口额 实现进口98052万元，比上年的94919万元增长3.3%。

出口额 实现出口15144万元，比上年的12823万元增长18.1%。

主要业务领域 枣庄市2019年服务贸易涉及加工服务、建筑服务、旅游服务、知识产权、文化和娱乐服务等领域。

主要出口市场 枣庄市2019年服务贸易主要出口市场为美国、法国、韩国、哈萨克斯坦、中国香港。

【技术贸易】

技术引进 2019年，枣庄市签订技术引进合同4个，比上年增加4个，签约额11112万元。

【吸收外国及中国港澳台地区投资】

总体情况 2019年，枣庄市引进外国及中国港澳台地区投资项目59个，签约投资额59015万美元，实际投资额14482万美元。

投资产业 第一产业项目5个，签约投资额3825万美元，实际投资额6万美元。第二产业项目22个，签约投资额20800万美元，实际投资额10922万美元。第三产业项目32个，签约投资额34390万美元，实际投资额3554万美元。

投资来源　2019年有24个国家（地区）在枣庄市投资，投资额居前五位的国家（地区）分别是中国香港、沙特阿拉伯、萨摩亚、中国台湾、澳大利亚，合计投资项目40个，签约投资额48457万美元，实际投资额14350万美元。

2019年枣庄市吸收外国及中国港澳台地区投资一览表
Overboundary Investment of Zaozhuang City in 2019

表5-25

投资方式	签约投资			实际投资	
	项目数（个）	签约额（万美元）	增长（%）	金额（万美元）	增长（%）
合资企业	25	23753	56.4	5887	192.7
独资企业	32	33440	343.2	8578	76.5
股份制企业	2	1822	57.6	17	—
合　计	**59**	**59015**	**147.1**	**14482**	**110.8**

外国及中国港澳台地区投资企业生产经营情况　2019年枣庄市实有外国及中国港澳台地区投资企业155家，投资总额113.3亿美元，外方投资42.2亿美元，实现营业收入111.9亿元。盈利企业60家，盈利总额7.4亿元。亏损企业49家，亏损总额1.9亿元。

【经济技术合作】

对外国及中国港澳台地区投资　枣庄市2019年兴办两家境外企业，实际投资180.3万美元。主要投资对象为美国、苏丹，投资领域为物流、废纸等废旧资源回收加工。

承包工程　枣庄市2019年签订对外承包工程合同2个，签约额206万美元，完成营业额2050万美元，主要施工领域为玻璃幕墙建设，施工地为阿尔及利亚和老挝。

劳务合作　枣庄市2019年派出劳务人员190人，主要派驻地为阿尔及利亚、老挝、马尔代夫。

【园区建设】

经济开发区　2019年，中共枣庄市委制定《关于推动开发区体制机制改革创新促进高质量发展的试点方案》，推动域内经济开发区转型发展。滕州经济开发区、枣庄经济开发区两个试点开发区围绕管理体制机制、人事制度、运营体制机制、保障要素、考评机制5个方面的20项具体任务先行先试、大胆创新，坚持市场化改革取向和去行政化改革方向，统筹推进开发区体制机制改革创新。市内6个省级经济开发区坚持集约用地，加大清理僵尸企业力度，处置利用低效闲置土地，共清理僵尸企业22家，盘活土地1600余亩。年内完成基础设施投资348952万元，实现亩均税收4.2843万元。批准入区项目82个，签约投资额242.86亿元，外商直接投资10334.08万美元。实现进出口118839.09万美元。

2019年东营市商务经济运行情况

Business Operation Conditions of Dongying City in 2019

【商贸流通】

社会消费品零售总额　2019年，东营市社会消费品零售总额比上年增长2.2%。其中，限额以上市场零售额比上年下降12.7%，限额以下市场零售额比上年增长6.8%。从消费区域看，城镇消费品零售额增长1.9%，乡村消费品零售额增长4.1%。从消费形态看，批发业销售额增长5.0%，零售业销售额增长2.5%，住宿业销售额增长3.7%，餐饮业销售额下降4.4%。

市场物价　2019年，东营市居民消费价格比上年上涨2.9%，其中食品烟酒价格上涨8.2%，衣着价格下降2.9%，居住价格上涨3.8%，生活用品及服务价格下降0.1%，交通和通信价格下降2.1%，教育文化和娱乐价格上涨1.0%，医疗保健价格上涨1.2%。工业生产者出厂价格下降1.2%，工业生产者购进价格下降2.2%。

市场秩序建设　2019年，东营市商务部门加强单用途商业预付卡监管，对单用途商业预付卡流通情况进行全面摸排，对已备案的9家规模发卡企业进行3次集中审核，引导发卡企业规范经营。相关部门制定《东营市投放储备肉稳定市场供应实施方案》，健全市稳定猪肉价格联席会议机制，强化对政府储备猪肉的监管工作，对储备节点进行全程监控和适时督导，确保各个储备节点保质保量完成储备任务，并开展自查和不定期抽查12次，开展第三方审计和约谈企业主要负责人6次，压实储备责任。

市场体系建设　2019年，东营市商务部门出台《东营市商业网点发展规划（2016—2030年）》，把商业网点建设纳入规范发展轨道。规划布局大型商超及农贸市场（标准化菜市场、生鲜超市）109个，其中营业面积1000平方米以上的较大商超34个。继续推进智慧便利店进社区工程建设，升级零售企业末端销售网络，引导其完善网定店取、送货上门、免费局域网、自助结算等服务设施，形成更加亲民、便民、利民的商业环境。在农商互联项目建设方面，东营利物商贸有限公司的高端低温仓储库、河口区供销宜家农商互联等5个项目被山东省商务厅纳入全省农商互联项目库，得以在更大范围内配置资源。在农村电子商务发展方面，黄河口农产品流通服务中心、京东特产东营馆及广饶馆等多个平台投入运营，广饶县电子商务服务站被山东省商务厅认定为兴农扶贫服务站，华誉食品天猫旗舰店入驻省兴农扶贫电视平台。邮政部门以邮政买卖惠平台为载体，建成便民服务站500多个。年内，全市电子商务企业增加到683家，网商店铺增加到3.6万个，实现网络零售额49.19亿元，较上年增长25.1%，其中农村电子商务实现网络零售额4.13亿元，增长16.7%。

特殊行业发展　2019年，东营市19家拍卖企业举办142次拍卖活动，实现佣金总额709.08万元。实现成交额40178.64万元，其中房地产成交额28752.7242万元，机动车成交额2616.28万元，其他商品成交额6895.557万元，股权、债权成交额510.93万元，无形资产成交额943.15万元，土地使用权成交额460万元。

市场运行和消费促进　2019年，东营市市场运行监测样本企业增加到100余家，监测商品包括64大类150余个品种，涵盖大型商超、农副产品批发、餐饮、生产资料等多种业态。检测机构全年发布运行分析信息300余条。商务部门严密监测粮、油、肉、蛋、菜等重要生活必需品供需态势，并通过投放储备商品等手段适时调控。引导商贸流通企业举办商品展销会、供货会和特卖、巡展活动，开辟销售专柜专区，设立店内年货大集、年节商品专区，开展专业特色商品集中展示，增加居民消费体验，扩大消费规模。

【货物贸易】

进出口额　2019年，东营市实现货物进出口16286674万元，比上年的16384848万元下降0.6%。

2019年东营市货物贸易额一览表
Foreign Trade Value of Dongying City in 2019

表5-26

分类指标	进出口		出　口		进　口	
	金额（万元）	增长（%）	金额（万元）	增长（%）	金额（万元）	增长（%）
总　额	**16286674**	**–0.6**	**3422820**	**–7.2**	**12863854**	**1.3**
国有企业	484689	35.1	108328	–32.8	376361	90.4
外商投资企业	821394	–31.7	195983	14.4	625411	–39.4
民营企业	14980591	1.1	3118509	–6.9	11862082	3.4
集体企业	1776164	–3.2	185077	23.7	1591087	–5.6
私营企业	13204427	1.7	2933432	–8.3	10270995	4.9
一般贸易	11925559	1.1	2112862	7.3	9812697	–0.2
加工贸易	1359442	–34.5	1070306	–29.6	289136	–47.9
其他贸易	3001673	19.5	239652	24.4	2762021	19.1
纺织服装	115018	5.4	95746	–2.9	19272	82.7
农产品	97559	4.1	31426	–0.2	66133	6.3
化工产品	2686191	–7.8	2446838	–3.5	239353	–37.0
机电产品	567013	–9.9	509900	–9.4	57113	–13.3
高新技术产品	153115	–8.8	136767	–12.9	16348	50.9

进口额　实现进口 12863854 万元，比上年的 12703023 万元增长 1.3%。

2019 年东营市主要进口商品一览表
Major Import Goods of Dongying City in 2019

表 5-27

进口商品名称	进口额（万元）	增长（%）
矿物燃料	11134433	8.5
原油	11067647	10.0
原料油	66786	-66.2
铜及其制品	773863	-6.2
未锻轧铜及铜材	676563	10.0
废杂铜	97276	-53.6
铜矿砂及其精矿	375725	-57.9
合成橡胶（包括胶乳）	83650	14.0
天然橡胶（包括胶乳）	79673	-57.2
废纸	69164	-9.2
纸浆	59247	-34.3
机械设备	37331	-24.7
棉花	28644	-10.5
纺织纱线、织物及制品	19259	82.6
粮食	11414	52.0
仪器仪表	9817	139.4
钢材	5645	-21.5
电器及电子产品	5197	-11.0
复合橡胶	64	-25.5

进口来源　进口商品来自 92 个国家（地区）。从 10 个主要进口来源进口 11526077 万元，占进口总额的 89.6 %。

2019 年东营市主要进口来源一览表
Major Import Sources of Dongying City in 2019

表 5-28

进口来源	进口额（万元）	增长（%）
俄 罗 斯	3428998	3.7
安 哥 拉	2797368	6.2
巴　　西	1844569	34.4
中　　东	1421205	1.8
刚果（布）	616778	50.0
智　　利	398882	–19.4
东　　盟	329248	–28.0
欧　　盟	254170	–42.3
哥伦比亚	222920	117.0
秘　　鲁	211939	–48.5

出口额　实现出口 3422820 万元，比上年的 3689788 万元下降 7.2%，出口额占全市生产总值的 12.7%、全省出口总值的 3.1%。

2019 年东营市主要出口商品一览表
Major Export Goods of Dongying City in 2019

表 5-29

出口商品名称	出口额（万元）	增长（%）
新的充气橡胶轮胎	1954171	–2.6
化工产品	392961	–4.6
石油装备	308189	–5.2
机械设备	233616	0.7
钢材	71127	–20.2
汽车零部件	135912	–19.7
塑料及其制品	90629	6.4
纺织纱线、织物及制品	84038	–0.8
金属制品	67789	–25.4

续表 5-29

出口商品名称	出口额（万元）	增长（%）
电器及电子产品	58831	27.8
电解铜	47981	-70.8
太阳能硅片	36673	-38.3
服装及衣着附件	11709	-15.6
蔬菜及制品	11182	17.1
纸及纸板（未切成形的）	8689	43.9
仪器仪表	5559	-56.7
鞋类	4924	-13.4
肉食品及制品	4601	-23.6
合成有机染料	4247	53.9
家具及其零件	1888	-13.9

出口市场 出口商品销往 208 个国家（地区）。对 10 个主要出口市场 2409898 元，占出口总额的 70.4%。

2019 年东营市主要出口市场一览表
Major Export Markets of Dongying City in 2019

表 5-30

出口市场	出口额（万元）	增长（%）
中　　东	690639	13.7
欧　　盟	429921	-3.6
美　　国	290635	-38.9
东　　盟	287817	-18.4
南　　亚	249053	1.9
俄 罗 斯	108813	9.4
尼日利亚	101179	-20.0
韩　　国	99994	-0.1
澳大利亚	81141	-4.9
加 拿 大	70706	-6.9

【服务贸易】

进出口额　2019年，东营市实现服务进出口650096万元,比上年的648604万元增长0.2%。

进口额　实现进口571319万元，比上年的547087万元增长4.4%。

出口额　实现出口78777万元，比上年的101517万元下降22.4%。

主要业务领域　东营市2019年服务贸易涉及运输服务、建设、保险服务、旅行、金融服务、电信服务等领域。

主要出口市场　东营市2019年服务贸易主要出口市场为欧盟、阿拉伯联合酋长国、中国香港。

【技术贸易】

进出口额　2019年，东营市实现技术进出口2142万元，比上年的3421万元下降37.4%。

【吸收外国及中国港澳台地区投资】

总体情况　2019年，东营市引进外国及中国港澳台地区投资项目35个，签约投资额60503万美元，实际投资额24387万美元。

投资产业　第一产业项目1个，签约投资额120万美元，实际投资额370万美元。第二产业项目12个，签约投资额24516万元，实际投资额5757万元。第三产业项目22个，签约投资额35867万元，实际投资额18260万元。

投资来源　2019年有13个国家（地区）在东营市投资，投资额居前五位的国家（地区）分别是新加坡、中国香港、德国、加拿大、阿拉伯联合酋长国。

2019年东营市吸收外国及中国港澳台地区投资一览表
Overboundary Investment of Dongying City in 2019

表5-31

投资方式	签约投资			实际投资	
	项目数（个）	签约额（万美元）	增长（%）	金额（万美元）	增长（%）
合资企业	17	28881	334.1	8538	19.4
独资企业	18	31672	871.2	13849	444.8
合作开发	—	—	—	2000	–45.0
合　计	**35**	**60503**	**514.2**	**24387**	**151.6**

外国及中国港澳台地区投资企业生产经营情况　2019年，东营市实有外国及中国港澳台地区投资企业169家，投资总额393569.49万美元，外方投资164724.8万美元，实现产值6751581万元。盈利企业53家，盈利总额273658万元。亏损企业91家，亏损总额58902万元。

【经济技术合作】

对外国及中国港澳台地区投资　东营市2019年新设境外投资企业（机构）14家，实际投资33889.6万元。主要投资对象为塔吉克斯坦、越南，主要投资项目包括中塔石油丹加拉120万吨石化项目、山东金宇轮胎有限公司在越南设立的年产200万条全钢子午线轮胎项目。

承包工程　东营市2019年对外承包工程完成营业额134914万元。工程项目涉及油气设计、咨询、服务等领域，主要分布在巴西、委内瑞拉、肯尼亚等国家。

【园区建设】

经济开发区　2019年，东营市实有1个国家级经济技术开发区和8个省级开发区（含东营综合保税区和东营高新技术产业开发区），其中东营港经济开发区和垦利经济开发区承担并完成山东省经济开发区体制机制改革试点任务。

年内，东营经济技术开发区新签约项目133个，总投资341亿元，其中世界500强企业、外商投资项目16个，8个项目入选山东省新旧动能转换优选项目和重点项目。实现进出口165.8亿元，其中进口138.2亿元，出口27.6亿元。吸收外国及中国港澳台地区投资4486万美元。

东营港经济开发区对23个基础设施建设项目投资2.03亿元。实现进出口347亿元，其中出口11.78亿元，进口335.22亿元。新设外国及中国港澳台地区投资企业4家，实际投资3417万美元。

垦利经济开发区实现进出口106.36亿元，其中进口73.75亿元，出口32.61亿元。吸收外国及中国港澳台地区投资2921万美元。

利津经济开发区实施重点工程项目、民生实事项目38个，总投资128.85亿元。实现进出口149.93亿元，其中进口144.14亿元，出口5.79亿元。开发区党工委被山东省委、省政府评为攻坚克难先进集体。

广饶经济开发区实现规模以上工业产值630亿元，实现利税35亿元，完成固定资产投资30亿元，实现公共财政预算收入7亿元，实现进出口105亿元。

东营高新技术产业开发区实现进出口30.7亿元，其中出口24.9亿元，进口5.8亿元。吸收外国及中国港澳台地区投资397万美元。

东营综合保税区实现进出口34.4亿元，其中出口23.5亿元，进口10.9亿元。新设外国及中国港澳台地区投资企业2家，实际投资1529.41万美元。

河口经济开发区实现进出口32.37亿元，其中进口29.86亿元，额2.51亿元。外商及中国港澳台商实际投资2660万美元。

大王经济开发区实现进出口136.8亿元，其中出口67.8亿元，进口69亿元。吸收外国及中国港澳台地区投资500万美元。

2019年烟台市商务经济运行情况

Business Operation Conditions of Yantai City in 2019

【商贸流通】

社会消费品零售总额　2019年，烟台市实现社会消费品零售总额3306.46亿元，较上年增长7.4%。按地域分，城镇社会消费品零售额2606.27亿元，增长7.3%，乡村社会消费品零售额700.19亿元，增长7.8%。按消费形态分，餐饮收入268.28亿元，增长8.9%，商品零售3038.18亿元，增长7.2%。

2019年烟台市社会消费品零售总额一览表

Consumer Good Retail Sales of Yantai City in 2019

表5-32

分类指标	金额（亿元）	增长（%）
总　　额	**3306.46**	**7.4**
城　　镇	2606.27	7.3
乡　　村	700.19	7.8
商品零售	3038.18	7.2
餐饮收入	268.28	8.9
限额以上	617.20	–0.6
限额以下	2689.26	9.4

市场物价　2019年，烟台市居民消费价格比上年上涨3.0%，其中消费品价格上涨3.5%，服务价格上涨2.2%，食品烟酒价格上涨7.2%，衣着价格上涨2.7%，交通和通信价格下降3.2%，教育文化和娱乐价格上涨3.9%，医疗保健价格上涨0.3%。工业生产者出厂价格上涨

1.7%，工业生产者购进价格下降0.4%。新建住宅销售价格上涨12.2%，二手住宅销售价格上涨10.1%。

市场秩序建设　2019年，烟台市商务部门加强单用途商业预付卡监管工作，对发卡备案企业进行培训、发出运行警示，从源头上遏制超范围发卡、非法集资等违法违规经营行为，并开展4次专项行动，对违法违规经营行为进行全面摸排，现场督导备案企业整改50余项违规经营行为。组织开展打击非法拆解机动车专项行动，取缔非法拆解点40余个。

市场体系建设　2019年，烟台市商务部门继续推进农产品冷链物流标准化建设工作，组织实施19个农产品冷链物流项目建设，所制定的《果品气调库管理规范》被山东省有关机构认定为省级地方标准，在全省范围内发布实施。在便民消费网络建设方面，烟台市作为山东省智慧便利店进社区试点城市，重点开展中小型生鲜超市、便利店进社区工作，有关部门引导龙头商贸企业开设社区连锁超市23个、改造连锁便利店30余个，社区连锁超市数量由此增加到297个。在农商互联示范城市建设工作中，商务部门组织专家进行项目评审，确定试点企业，引导其发挥龙头带动作用，进一步提高农产品直采比重。市政府成立由分管副市长任组长、15个市直部门参与的供应链创新与应用试点工作领导小组，全面推进供应链创新与应用试点工作，通过业务培训等手段提升企业供应链创新与应用水平，并引导企业利用中国人民银行应收账款融资服务平台等业务平台拓展相关业务。

特殊行业发展　2019年，烟台市商务部门根据《中华人民共和国拍卖法》等法律法规和相关规定，对全市拍卖企业进行业务监管，开展拍卖业务核查工作，在原有32家拍卖企业的基础上，核准设立3家拍卖企业。年内，拍卖企业举办618次拍卖活动，实现拍卖成交额21.73亿元，获得佣金收入2312.23万元。艺术品拍卖成交额逆势上扬，增长24.2%。股权、债权类拍卖成交额8.68亿元，增长139%。无形资产拍卖成交额341.19万元，增长10.6%。农副产品拍卖成交额772万元，增长10.6%。机动车拍卖成交额4043万元，增长55.4%。商务部门推进再生资源回收规范化建设，开展省级再生资源示范产业园和回收分拣示范中心创建工作，百汇物资有限公司成为省级再生资源示范产业园。报废汽车回收拆解企业回收拆解报废机动车6852辆。二手机动车交易市场交易二手机动车11万辆，交易额约31亿元。

市场运行与消费促进　2019年，烟台市人民政府出台《关于加快商贸流通业创新发展支持扩大消费的意见》，设立商贸流通发展专项资金，推动全市商贸流通企业创新发展和居民消费升级。商务部门委托卓创咨讯公司开展市场运行监测、提供专业化监测服务，向公众发布568条监测信息。市商务局制定《2019烟台城市购物节实施方案》，围绕金秋特卖季、海鲜美食季、展会展销季和网络互动季组织开展促销活动。面对猪肉供求关系紧张状况，合理调配猪肉准备，储备冻猪肉2500吨，以便适时平准供求关系。结合扶贫协作工作，引导市内企业采购巫山恋橙、脆李、土豆等特色农产品1500余万元，增加市场供给。

【货物贸易】

进出口额　2019年，烟台市实现货物进出口29068308万元，比上年的30534105万元下降4.8%。

2019年烟台市货物贸易额一览表
Foreign Trade Value of Yantai City in 2019

表5-33

分类指标	进出口		出　口		进　口	
	金额(万元)	增长(%)	金额(万元)	增长(%)	金额(万元)	增长(%)
总　额	**29068308**	**-4.8**	**17336913**	**-2.2**	**11731395**	**-8.4**
国有企业	2533202	61.0	962979	37.8	1570223	79.5
外商投资企业	14355501	-2.1	9412852	-16.8	4942649	-30.6
其他企业	12179605	16.2	6961082	22.7	5218523	8.5
集体企业	1323036	1.3	890437	13.4	432599	-16.9
私营企业	10856569	17.6	6070645	24.3	4785924	10.0
一般贸易	13097003	3.8	8854638	8.9	4242365	-5.3
加工贸易	10903936	-22.9	7319345	-19.1	3584591	-29.5
其他贸易	5067369	35.5	1162930	133.9	3904439	20.7
纺织服装	1191881	3.3	1100815	3.2	91066	4.4
农产品	3637371	-0.4	2296737	4.4	1340634	-7.8
化工产品	2560445	9.4	1637324	7.7	923121	12.7
机电产品	12931671	-13.5	9718104	-9.4	3213567	-24.0
高新技术产品	3230134	-41.0	2129227	-35.5	1100907	-49.4

进口额　实现进口11731395万元，比上年的12807200万元下降8.4%。

2019年烟台市主要进口商品一览表
Major Import Goods of Yantai City in 2019

表5-34

进口商品名称	进口额(万元)	增长(%)	权重(%)
机械设备	1271327	-5.9	10.8
电器及电子产品	920017	-41.3	7.8
原油	887278	63.2	7.6
铜矿砂及其精矿	835993	38.4	7.1
粮食	695601	-8.0	5.9
仪器仪表	686894	-34.3	5.9

续表 5-34

进口商品名称	进口额（万元）	增长（%）	权重（%）
液化石油气及其他烃类气	609558	-11.6	5.2
水海产品	390185	1.6	3.3
铁矿砂及其精矿	278043	20.7	2.4
钢材	252825	8.8	2.2
初级形状的塑料	237149	16.8	2.0
铝矿砂及其精矿	200358	13.9	1.7
合成橡胶（包括胶乳）	171938	-4.9	1.5
金属制品	151985	35.3	1.3
肥料	122021	91.5	1.0
运输工具	119395	-2.7	1.0
纺织纱线、织物及制品	85929	12.4	0.7
酒类	80560	-2.4	0.7
天然橡胶（包括胶乳）	51859	5.7	0.4
羊毛	42192	-22.3	0.4

进口来源　进口商品来自 133 个国家（地区）。从 10 个主要进口来源进口 7576727 万元，占进口总额的 64.6%。

2019 年烟台市主要进口来源一览表
Major Import Sources of Yantai City in 2019

表 5-35

序号	进口来源	进口额（万元）
1	韩　国	2142814
2	巴　西	753671
3	中国台湾	718483
4	俄罗斯	690380
5	日　本	686144
6	马来西亚	665971
7	澳大利亚	531772
8	泰　国	486092
9	美　国	462144
10	秘　鲁	439256

出口额 实现出口17336913万元，比上年的17726905万元下降2.2%，出口额占全市生产总值的22.7%、全省出口总值的15.6%。

2019年烟台市主要出口商品一览表
Major Export Goods of Yantai City in 2019

表5-36

出口商品名称	出口额（万元）	增长（%）	权重（%）
运输工具	2782443	20.9	16.1
电器及电子产品	2478891	-28.6	14.3
机械设备	1304852	5.0	7.5
水海产品及制品	869995	-2.0	5.0
未锻轧铝及铝材	759813	6.8	4.4
服装及衣着附件	750125	6.9	4.3
金属制品	659388	43.4	3.8
水果及制品（鲜干水果及坚果）	478498	6.9	2.8
纺织纱线、织物及制品	350690	-4.0	2.0
新的充气橡胶轮胎	334034	-7.8	1.9
蔬菜及制品	300298	14.9	1.7
仪器仪表	229050	-30.1	1.3
肥料	218566	55.0	1.3
塑料制品	157860	9.8	0.9
钢材	136339	24.4	0.8
稀土及其制品	125616	14.1	0.7
家具及其零件	116577	22.9	0.7
医药品	110521	15.7	0.6
肉食品及制品	108817	7.4	0.6
玻璃制品	78656	19.1	0.5

出口市场 出口商品销往208个国家（地区）。对10个主要市场出口11905672万元，占出口总额的68.7%。

2019年烟台市主要出口市场一览表
Major Export Markets of Yantai City in 2019

表5-37

序号	出口市场	出口额（万元）
1	日　本	3194363
2	美　国	3138640
3	韩　国	1788393
4	墨西哥	1141091
5	荷　兰	674382
6	中国香港	486752
7	德　国	428673
8	挪　威	364713
9	巴　西	347798
10	英　国	340867

【服务贸易】

进出口额　2019年，烟台市实现服务进出口4173594万元，比上年的3783856万元增长10.3%。

进口额　实现进口1196526万元，比上年的1159424万元增长3.2%。

出口额　实现出口2977068万元，比上年的2624432万元增长13.4%。

主要业务领域　烟台市2019年服务贸易主要涉及服务外包、旅游、加工服务等领域。

主要出口市场　烟台市2019年服务贸易主要出口市场为韩国、日本、美国。

【技术贸易】

进出口额　2019年，烟台市实现技术进出口41169.69万美元，比上年的18177万美元增长126.5%。

技术引进　签订技术引进和设备进口合同53个，比上年增加30个。签约额20052.71万美元，比上年的6277万美元增长219.5%。

技术出口　签订技术出口合同19个，比上年增加1个。签约额21116.98万美元，比上年的11900万美元增长77.5%。

【吸收外国及中国港澳台地区投资】

总体情况　烟台市2019年引进外国及中国港澳台地区投资项目346个，签约投资额598776万美元，实际投资额194054万美元。

投资产业　第一产业项目16个，签约投资额13635万美元，实际投资额2545万美元。第二产业项目96个，签约投资额211480万美元，实际投资额73156万美元。第三产业项目234个，签约投资额373661万美元，实际投资额118353万美元。

投资来源　2019年有38个国家（地区）在烟台市投资，投资额居前五位的国家和地区分别是中国香港、韩国、英属维尔京群岛、日本、新加坡，合计投资项目246个，签约投资额448476万美元，实际投资额167030万美元。

2019年烟台市吸收外国及中国港澳台地区投资一览表
Overboundary Investment of Yantai City in 2019

表 5-38

投资方式	签约投资			实际投资	
	项目数（个）	签约额（万美元）	增长（%）	金额（万美元）	增长（%）
合资企业	96	145378	7.8	57939	7.2
合作企业	—	—	—	7	—
独资企业	249	396184	33.1	110556	7.3
股权投资	1	57214	1592.2	25552	119.0
合　　计	**346**	**598776**	**37.4**	**194054**	**15.0**

【经济技术合作】

对外国及中国港澳台地区投资　烟台市2019年兴办境外企业（机构）29家，总投资150232万元，中方协议投资42817万元。主要投资对象为美国、中国香港、日本、韩国、塞尔维亚，主要投资领域为生产加工、商贸服务、货物贸易。

承包工程　烟台市2019年签订对外承包工程合同37个，签约额39613万元，完成营业额40488万元。新签约项目涉及建筑工程、专业设备维修等领域，主要分布在斯里兰卡、斐济、马来西亚、印度。

劳务合作　烟台市2019年派出劳务人员5870人，年末在外13197人。主要派驻地是日本、新加坡。

【园区建设】

经济开发区　2019年，烟台市实有11个省级以上经济开发区，包括烟台经济技术开发区、招远经济技术开发区两个国家级经济开发区和龙口经济开发区、莱州经济开发区、海阳经济开发区、莱阳经济开发区、莱山经济开发区、蓬莱经济开发区、牟平经济开发区、栖霞经济开发区、龙口高新技术产业园区9个省级经济开发区。11个经济开发区以占全市近10%的土地面积贡献了约70%的工业主营业务收入、60%的公共财政收入、70%的外商投资和80%的货物进出口，初步形成百亿级以上产业集群19个，其中千亿级产业集群2个、500亿级产业集群3个。全市营业额逾百亿元的工业企业70%以上集中在各类园区。

年内，各经济开发区以全省开发区体制机制改革为契机，积极探索节约集约用地的新路子，继续完善区内基础配套设施建设，拓展发展空间，优化投资环境，经济承载力显著提升，运行效益进一步提高。11个经济开发区实现货物进出口2412.7亿元，实际使用外国及中国港澳台地区投资144517万美元，分别占全市的83%和74.5%。其中9个省级经济开发区实现进出口720.1亿元，实际使用外国及中国港澳台地区投资46068.2万美元，分别占全市的24.8%和23.7%。

在商务部发布的国家级经济技术开发区综合发展水平考核评价排名中，烟台经济技术开发区居第8位，招远经济技术开发区居第143位。2019年烟台经济技术开发区实现进出口

1307.2亿元，实际使用外国及中国港澳台地区投资63627万美元，园区生产总值增长7.5%，规模以上工业增加值增长8.8%，固定资产投资增长9%，一般公共预算收入增长6.8%，高新技术产业产值占规模以上工业总产值的72%、高于全市平均水平24个百分点，20个项目入选山东省新旧动能转换优选项目、占全市入选项目的一半，3个项目入围山东省新旧动能转换重大攻关专项、占全市的3/5。

烟台保税港区　2019年，烟台保税港区进一步加大闲置土地资源盘活力度，重点推进跨境电子商务综合服务平台建设，有序开展厂房装修改造、园区环境综合整治和提升等系列工程，完善区内基础配套设施建设，园区能效进一步提高。全年实现货物进出口714.1亿元，在全省海关特殊监管区域中位居第二。引进内资项目26个、外资项目4个，韩国碧迪国际贸易公司、阿根廷潘帕公司、圣斐堡葡萄酒公司、云仓供应链公司、启鸿供应链公司等招商项目已在园区落地。

【促销推介活动】

第十七届烟台国际装备制造业博览会　中国机电产品流通协会、青岛金诺国际会展公司主办，5月9—11日在烟台国际博览中心举办。展品为机床工模具、智能工厂及机器人、钣金激光焊接切割、节能环保及清洁技术、工业自动化及传动控制、精密铸造及五金机电通用设备，美国赫克公司、德国普瑞米勒公司等海内外500余家企业参展，展览面积逾2万平方米。

东亚国际食品交易博览会　烟台市人民政府主办，5月31日—6月3日在烟台国际博览中心举办。展览面积2万平方米，设置23个专业展区、826个展位，境外12个国家和地区、国内22个省区市的130多家企业参展。

烟台国际葡萄酒博览会　烟台市人民政府主办，6月28—30日在烟台举办。法国、西班牙、意大利、德国等22个国家的48个葡萄酒产区和中国宁夏、新疆、甘肃、桓仁、房山、通化等10大葡萄酒主要产区的500多家品牌企业参展，展览面积3万平方米。

第二十届国际果蔬·食品博览会　商务部、山东省人民政府主办，11月8—10日在烟台举办。展览面积2万平方米，600余家境内外企业参展，展品包括上千种国内外优良果蔬种苗及产品、生产资料、果蔬生产、植保、加工机械、无害化技术及设备、灌溉技术及设备、保鲜技术及设备、温室工程、自动化控制、包装技术及设备。其间举办中国果蔬进出口贸易营销年会、中国（烟台）智慧农业应用与乡村振兴发展大会、中国果蔬行业数字经济高峰论坛和中国生鲜电子商务行业发展革新论坛、果蔬创意设计大赛、果蔬产业链供需见面会等特色活动。展会实现意向成交额5.3亿元。

2019 年潍坊市商务经济运行情况

Business Operation Conditions of Weifang City in 2019

【商贸流通】

社会消费品零售总额　2019 年，潍坊市实现社会消费品零售总额 2854.9 亿元，比上年的 2702.7 亿元增长 5.6%。按地域分，城镇社会消费品零售额 1813.8 亿元，乡村社会消费品零售额 1041.1 亿元。按消费形态分，商品零售 2544.8 亿元，餐饮收入 310.1 亿元。消费升级类商品增长较快，限额以上单位新能源汽车、可穿戴智能设备、智能家用电器和音像器材、一级和二级能效家电类商品零售额分别增长 93.5%、67.8%、50.8% 和 19.3%。

2019 年潍坊市社会消费品零售总额一览表
Consumer Good Retail Sales of Weifang City in 2019

表 5-39

分类指标	金额（万元）	增长（%）
总　　额	**28549000**	**5.6**
城　　镇	18138000	4.9
乡　　村	10411000	7.0
商品零售	25448000	5.5
餐饮收入	3101000	6.8
限额以上	5452000	-7.6
限额以下	23097000	8.0

市场物价　2019 年，潍坊市居民消费价格上涨 2.6%，商品零售价格上涨 1.3%，其中食品烟酒价格上涨 8.1%，其他用品和服务价格上涨 2.7%，居住价格上涨 2.2%，生活用品和服务价格上涨 1.2%，教育文化和娱乐价格上涨 0.6%，医疗保健价格上涨 0.2%，衣着价格下降

1%，交通和通信价格下降2.4%。工业生产者出厂价格增长1.5%，工业生产者购进价格下降0.7%。

市场秩序建设　2019年，潍坊市商务部门加强单用途商业预付卡管理，建立一卡三查工作机制，以企业自查、监管机构现场检查和随机抽查方式，在全市范围内开展单用途商业预付卡专项检查，防范和遏制违规经营行为，并构建信息报送系统，运用信息化手段加强对发卡企业的监督管理。以弘扬诚信理念、促进高质量发展为主题开展诚信兴商宣传活动，并以潍坊百货大楼等大型商贸流通企业为重点，开展诚信经营公开向社会承诺活动，营造良好的经营氛围。

市场体系建设　2019年8月，潍坊市被山东省商务厅确定为山东省农商互联示范市，市商务部门支持骨干企业建设一批农产品供应链支撑项目，以降低农产品流通成本、提高农民收益；以供应链平台建设为主体，减少流通环节；以农产品流通环节智能化为目标，使产销对接更加顺畅。鼓励企业在农产品采摘、分拣、包装等环节积极引入智能化、大数据等新技术、新模式，提高农产品后商品化处理水平。并以“互联网+”为平台支撑，以大数据为驱动，食品产业链、温控供应链多业融合、多网协同，构建跨界融合、共创共享、共生共赢的智慧农产品供应链生态圈。以供应链平台建设为主体，减少流通环节；以农产品流通环节智能化为目标，使产销对接更加顺畅。

在10月份举办的首届跨国公司领导人青岛峰会期间，潍坊市人民政府与山东省农业农村厅举办潍坊市与现代高效农业联合路演活动，推介农业项目，4个项目现场签约，总投资额23.77亿元。10月23—25日，商务部流通产业促进中心和山东省商务厅在潍坊召开农商互联大会，总结推广潍坊市农商互联典型经验。潍坊市人民政府同期举办2019农商互联创新发展大会，来自尼泊尔、孟加拉、泰国的63个采购商和300多个国内大型农产品采购单位的业务代表与潍坊近千家农产品生产加工企业业务人员进行项目对接洽谈，现场和意向成交额43.6亿元。

年内，山东省寿光蔬菜产业集团有限公司承建，包括智慧冷链物流配送中心、市场专用包装箱服务、大数据平台、卫星市场等6个项目的又一个潍坊市公益性农产品批发市场在寿光开工建设。山东省寿光蔬菜产业集团有限公司还设立了粤港澳大湾区菜篮子产品潍坊配送分中心，在完善潍坊农产品供应链体系建设的同时，积极融入粤港澳大湾区建设国家战略。

从2017年开始，潍坊市对中心城区商品交易市场进行转型升级改造，本着市区联动、属地管理，规范提升、转型发展的原则整合市场资源，全面提升商品交易市场规范化管理和服务水平。2019年11月底，中心城区75个商品交易市场转型升级改造提升任务全面完成。

2019年2月，潍坊市被商务部确定为国家城乡高效配送试点城市。4月，财政部、商务部、国务院扶贫开发领导小组办公室启动电子商务进农村综合示范工程，安丘市被认定为电子商务进农村综合示范县。

市场运行和消费促进　2019年，潍坊市市场运行监测体系生活必需品样本企业实现县市区全覆盖，重点流通企业监测样本企业销售额占社会消费品零售总额的比重稳定保持在20%以上。监测机构对生活必需品、重要生产资料周、月价格变化进行定期分析，通过潍坊商务预报平台发布332条运行信息，及时开展预警、预测，调节供求关系。商务部门为有效应对非洲猪瘟疫情影响、保障猪肉市场供应和价格总体稳定，进一步扩大猪肉储备规模，市、县两级共储备冷冻猪肉2500吨。商务部门主导制定《城市商业活力提升行动方案（2019—2021年）》，在保障居民基础消费、升级品质消费、引领时尚消费、壮大绿色消费等方面持续发力，面向外来商旅消费、休闲慢生活消费和便捷快生活消费3个消费人群，打造特色商业街、商业综合体、连锁便利店和特色消费品牌。

【货物贸易】

进出口额　2019年，潍坊市实现货物进出口17880687万元，比上年的16261931万元增长10.0%。

2019年潍坊市货物贸易额一览表
Foreign Trade Value of Weifang City in 2019

表5-40

分类指标	进出口		出　口		进　口	
	金额（万元）	增长（%）	金额（万元）	增长（%）	金额（万元）	增长（%）
总　额	**17880687**	**10.0**	**11319193**	**8.5**	**6561494**	**12.6**
国有企业	361197	3.8	323961	2.0	37236	21.8
外商投资企业	2964676	–8.5	2262964	–5.6	701712	–16.8
其他企业	14554814	14.4	8732268	13.1	5822546	17.6
集体企业	705281	–3.2	558758	2.6	146523	–20.3
私营企业	13849533	15.5	8173510	13.9	5676023	17.9
一般贸易	11605810	1.3	7654300	2.0	3951510	1.1
加工贸易	4253900	11.7	3445105	18.8	808795	–11.1
其他贸易	2020977	94.6	219788	599.4	1801189	78.8
纺织服装	2206854	3.9	2140776	3.9	66078	3.3
农产品	1398839	4.4	1047613	12.3	351226	–13.8
化工产品	3413232	–5.3	2802416	–2.3	610816	–16.9
机电产品	4008288	32.5	3237063	36.4	771225	18.1
高新技术产品	1740074	83.0	1332939	83.6	407135	81.0

进口额　实现进口6561494万元，比上年的5827259万元增长12.6%。

2019年潍坊市主要进口商品一览表
Major Import Goods of Weifang City in 2019

表5-41

进口商品名称	进口额（万元）	增长（%）	权重（%）
原油	3346581	28.5	51.0
纸浆	355694	-22.3	5.4
电器及电子产品	353562	54.6	5.4
机械设备	245191	-22.6	3.7
初级形状的塑料	222369	-24.7	3.4
铁矿砂及其精矿	181317	74.4	2.8
仪器仪表	144011	74.7	2.2
粮食	127275	-41.7	1.9
煤及褐煤	89643	35.1	1.4
棉花	88456	-14.8	1.4
天然橡胶（包括胶乳）	69479	-3.6	1.1
纺织纱线、织物及制品	65571	3.0	1.0
乙二醇	65140	-33.8	1.0
成品油	34800	-60.5	0.5
废纸	31884	-47.1	0.5
水海产品	25799	828.4	0.4
合成橡胶（包括胶乳）	21872	-30.1	0.3
金属制品	18425	12.8	0.3
纺织用合成纤维	12924	-23.4	0.2
钢材	11057	9.2	0.2

进口来源　进口商品来自117个国家（地区）。从10个主要进口来源进口5385402万元，占进口总额的82.1%。

2019年潍坊市主要进口来源一览表
Major Import Sources of Weifang City in 2019

表5-42

进口来源	进口额（万元）
巴　西	923303
中　东	828033
东　盟	824259
俄罗斯	727377
欧　盟	682481
澳大利亚	350623
韩　国	299945
中国台湾	294244
安哥拉	249745
加拿大	205392

出口额　实现出口11319193万元，比上年的10432436万元增长8.5%，出口额占全市生产总值的19.9%、全省出口总值的10.2%。

2019年潍坊市主要出口商品一览表
Major Export Goods of Weifang City in 2019

表5-43

出口商品名称	出口额（万元）	增长（%）	权重（%）
电器及电子产品	1516546	100.1	13.4
纺织纱线、织物及制品	1097572	8.4	9.7
服装及衣着附件	1043204	-0.5	9.3
机械设备	1024643	8.4	9.1
橡胶轮胎	810729	11.4	7.2
蔬菜及制品	415534	8.2	3.7
杀虫剂、除草剂及类似品	290576	5.8	2.6
纸及纸板（未切成形的）	276256	-1.4	2.5

续表 5-43

出口商品名称	出口额（万元）	增长（%）	权重（%）
家具及其零件	260202	-19.5	2.3
金属制品	224656	9.9	2.0
运输工具	221753	4.1	2.0
钢材	218084	17.9	1.9
柠檬酸	172853	-17.4	1.5
塑料制品	168348	-16.1	1.5
鞋类	166659	3.8	1.5
鸡制品	104953	3.8	0.9
碳酸钠（纯碱）	67041	-25.0	0.6
鸭制品	40204	47.8	0.4
洗衣粉	36849	-11.4	0.3
胶合板及类似多层板	14779	13.7	0.1

出口市场 出口商品销往 212 个国家（地区）。对 10 个主要市场出口 9057579 万元，占出口总额的 80%。

2019 年潍坊市主要出口市场一览表
Major Export Markets of Weifang City in 2019

表 5-44

出口市场	出口额（万元）
美　国	1998242
欧　盟	1737814
日　本	1404747
东　盟	1300058
中　东	784132
韩　国	511904
南　亚	510350
澳大利亚	294309
俄罗斯	281964
巴　西	234059

【服务贸易】

进出口额 2019年，潍坊市实现服务进出口1025963万元，比上年的956855万元增长7.2%。

进口额 实现进口654324万元，比上年的610946万元增长7.1%。

出口额 实现出口371639万元，比上年的345909万元增长7.4%。

主要业务领域 潍坊市2019年服务贸易涉及加工服务、运输服务、旅行服务、其他商业服务等领域。

主要出口市场 潍坊市2019年服务贸易主要出口市场为中国香港、日本、美国、韩国、新加坡。

【技术贸易】

进出口额 2019年，潍坊市实现技术进出口69437.8万元，比上年的96602.6万元下降28.1%。

技术引进 签订技术引进和设备进口合同76个，比上年增加34个。签约额67117.2万元，比上年的94237.3万元下降28.8%。

技术出口 签订技术出口合同15个，比上年增加10个。签约额2320.6万元，比上年的2365.3万元下降1.9%。

【吸收外国及中国港澳台地区投资】

总体情况 2019年，潍坊市引进外国及中国港澳台地区投资项目120个，签约投资额3600193万元，实际投资额485496万元。

投资产业 第一产业项目8个，签约投资额44080万元，实际投资额11225万元。第二产业项目37个，签约投资额501657万元，实际投资额232339万元。第三产业项目75个，签约投资额3054456万元，实际投资额241932万元。

投资来源 2019年有36个国家（地区）在潍坊市投资，投资额居前五位的国家（地区）分别是中国香港、英属维尔京群岛、新加坡、美国、日本。

2019年潍坊市吸收外国及中国港澳台地区投资一览表
Overboundary Investment of Weifang City in 2019

表5-45

投资方式	签约投资			实际投资	
	项目数（个）	投资额（万元）	增长（%）	金额（万元）	增长（%）
合资企业	77	672295	160.1	62593	62.0
合作企业	2	900	—	700	—
独资企业	40	2923938	1417.2	422203	17.3
股权投资	1	3060	-92.6	—	—
合　计	**120**	**3600193**	—	**485496**	—

外国及中国港澳台地区投资企业生产经营情况 2019年潍坊市实有外国及中国港澳台地区投资企业859家，投资总额1546727.14万美元，外方投资622514.69万美元，实现产值26302826万元。盈利企业390家，盈利总额2056509万元。亏损企业309家，亏损总额215215万元。

【经济技术合作】

对外国及中国港澳台地区投资 潍坊市2019年兴办境外企业32家，协议投资20238万美元，中方投资29797.9万美元。主要投资对象为吉布提、法国、泰国、德国、老挝。主要投资项目包括俊富（泰国）非织造材料有限公司，投资3800万美元；法国博杜安国际发动机公司，增资500万美元；吉布提化学简易股份有限公司，增资2500万美元；老挝金达实业有限公司，投资3600万美元。

承包工程 潍坊市2019年签订对外承包工程合同7个，签约额5000万美元，完成营业额10850万美元。新签约项目涉及农业机械、工程机械等领域，主要分布在印度、蒙古、越南等国家。

劳务合作 潍坊市2019年签订对外劳务合作合同87个，签约额7992.5万元，派出劳务人员1610人，年末在外4519人。主要派驻地是日本、新加坡。

【园区建设】

经济开发区 2019年，中共潍坊市委、潍坊市人民政府根据中共山东省委、山东省人民政府开发区体制机制改革部署，出台《推动开发区体制机制改革创新促进高质量发展实施意见》，全方位开展开发区体制机制改革工作。按照试点先行、分步实施的路径，制定青州经济开发区等4个试点开发区的体制机制改革实施方案并有序实施，年底全面完成改革试点任务，并形成了可复制、可推广的典型经验，被山东省推动开发区改革创新领导小组办公室3次向全省推介。

年内，市域16个省级以上经济开发区吸收外国及中国港澳台地区实际投资63917.7万美元，较上年增长2倍以上；实现进出口1151.6亿元，增长17.9%。

12月25日，潍坊高新技术产业开发区被山东省商务厅等14个省直部门确定为省级外贸转型升级试点区域。

潍坊综合保税区 2019年，潍坊综合保税区实现进出口89.8亿元，较上年增长38.9%；实现财政收入突破3亿元，增长27%；吸收外国及中国港澳台地区投资1.31亿美元，增长20余倍。落地国务院21项新政中的10项，复制自由贸易试验区政策18项。

【促销推介活动】

第二十届中国（寿光）国际蔬菜科技博览会 2019年4月20日至5月30日，中国（寿光）国际蔬菜科技博览会组委会在寿光举办第二十届中国（寿光）国际蔬菜科技博览会。博览会设置1个主展区和12个分展区。主展区展览面积45万平方米，其中室内展览面积16.5万平方米，设12个展馆、大棚优质高效生产示范区、蔬菜博物馆及广场展位区。206.8万人次到会参观，成交额131.8亿元。

首届海洋动力装备博览会 山东省自然资源厅、山东省海洋局、潍坊市人民政府主办，2019年8月10—11日在潍坊举办。博览会旨在集中展示海洋动力装备领域以及其他涉海领域的新产品、新技术、新成果，300多家知名企业、科研院所、行业协会负责人参会，107

家企业参展。其间举办的推介洽谈会集中签约17个合作项目，总投资158.25亿元，其中高端装备、智能制造项目7个，新能源、新材料项目3个，医养健康项目2个，食品加工项目1个，文化旅游项目1个，高端化工项目1个，金融服务项目1个。

第25届海峡两岸博览会 国务院台湾事务办公室、山东省人民政府主办，9月1—4日在潍坊举办。展会设置两岸智能制造、大健康、文化创意等展示板块，同期举办民间工艺品博览会、两岸农民画艺术展等活动。展览面积50000平方米，参展企业693家，其中台湾企业315家,参展台商488人。现场交易额5.28亿元，意向交易额23.27亿元。

第五届中日韩产业博览会暨第二届中日韩贸易投资洽谈会 中国国际商会、日本国际贸易促进协会、韩国贸易协会、中日韩三国合作秘书处主办，9月20—22日在潍坊举办。博览会包括中日韩智能制造展览会、中日韩美好生活展览会、中日韩国际食品展览会、大型高端装备制造及房车展览会、文化旅游展览会，展览面积49000平方米，其中室内41000平方米、室外8000平方米。参展企业451家，到会采购商2万余人，贸易成交额37.2亿元。签约投资项目28个，总投资146.24亿元。

知识窗

世界风筝之都——潍坊市

潍坊古称潍县，又名鸢都，位于山东半岛中部，山东省下辖地级市，总面积15859平方千米，约占山东省总面积的10%，辖4区6市2县。气候属暖温带季风型半湿润大陆性气候。地扼山东内陆腹地通往半岛地区的咽喉,胶济铁路横贯市境东西，是半岛城市群地理中心。地处黄河三角洲高效生态经济区、山东半岛蓝色经济区两大国家战略经济区的重要交汇处，是颇具投资潜力和发展活力的新兴经济强市。

潍坊自秦朝起便成为京东古道的重要枢纽，明清以二百只红炉、三千铜铁匠、九千绣花机、十万织布机闻名遐迩，是历史上著名的手工业城市，清乾隆年间便有南苏州、北潍县之称。1904年，在德国殖民者的提议下，潍坊开埠。潍坊是中国风筝文化的发祥地、国际风筝联合会组织总部所在地，也是国际风筝会的固定举办地点，被称为世界风筝之都。

2019 年济宁市商务经济运行情况

Business Operation Conditions of Jining City in 2019

【商贸流通】

社会消费品零售总额　2019 年，济宁市实现社会消费品零售总额 2338.41 亿元，比上年的 2288.07 亿元增长 2.2%。按经营地统计，城镇消费品零售额增长 1.5%，乡村消费品零售额增长 4.1%；按消费类型统计，批发和零售业销售额增长 1.5%，住宿和餐饮业销售额增长 7.7%。

2019 年济宁市社会消费品零售总额一览表
Consumer Good Retail Sales of Jining City in 2019

表 5-46

分类指标	金额（万元）	增长（%）
总　　额	**23384100**	**2.2**
城　　镇	16484000	1.5
乡　　村	6900100	4.1
商品销售	20060000	1.5
餐饮住宿	3324100	7.7

市场物价　2019 年，济宁市居民消费价格上涨 3.4%，其中食品烟酒价格上涨 7.4%，畜肉价格上涨 35.2%，衣着价格下降 0.2%，居住价格上涨 3.9%，生活用品及服务价格下降 1.1%，交通和通信价格下降 2.4%，教育文化及服务价格上涨 4.0%，医疗保健价格上涨 2.7%，其他用品和服务价格上涨 4.7%。工业生产者出厂价格上涨 0.5%，工业生产者购进价格下降 1.1%。

市场秩序建设　2019 年，济宁市通过年检的成品油批发企业 6 家、仓储企业 1 家、零售企业 679 家，因存在环保、油品质量、停业等问题未获通过的成品油零售企业 8 家。监管机构强化部门协调、统筹调度和督导落实，组织各县（市、区）加强成品油市场的规范整顿，组成 7 个督导检查组，对 14 个县市区分组包保、巡回检查、定期督导，排查出非法经营加油站点 266 个，拆除 229 个，关停 37 个。查处非法流动售油车 111 辆，移送拘留 85 人。

市场体系建设　2019 年，济宁市被山东省商务厅等部门确定为农商互联示范市、物流标准化建设试点市。市商务局等机构以此为契机，全面开展试点工作。组织开展农商对接活动，引导商贸流通企业提高农产品直采比例。依托龙头企业的带动作用，引导各类企业、农户相互协作，形成从种植、养殖到加工、运输、销售节点齐全的产销一体化农产品供应链。在物流标准化建设方面，以标准化托盘（周转箱）循环共用为核心，推动物流企业提高能效，取得了预期成效。

特殊行业发展　2019 年，济宁市 29 家拍卖企业举办 944 个拍卖活动，拍卖成交额 374102.6 万元，拍卖企业获取佣金 4301.6 万元。

市场运行和消费促进　2019 年，济宁市实有市场主体 71.85 万个，较上年增长 15.4%，注册资本金 13848.72 亿元，增长 23.2%。其中外商投资企业 1083 家，增长 18.6%；私营企业 19.59 万家，增长 24.2%；个体工商户 49.64 万个，增长 12.8%。新增“四上”企业 1305 家，其中规模以上工业企业 459 家，资质内建筑企业和房地产开发经营企业 218 家，限额以上批发零售和住宿餐饮企业 476 家，规模以上服务企业 152 家。

市商务部门为缓解猪肉供应紧张状况，国庆节期间在主城区 30 个投放点投放 150 吨储备冻猪肉，投放价格为 8 元 / 公斤，保障居民基本消费，平抑猪肉价格。认定仙营北里夜市、南池文旅步行街等夜间经济示范街区，在济宁全民健身广场等重点商圈组织举办夜间经济促进活动，并引导万达广场、运河城等各大商超和商贸综合体延长营业时间，推动居民夜间消费。

【货物贸易】

进出口额　2019 年，济宁市实现货物进出口 4617907 万元，比上年的 4265938 万元增长 8.3%。

2019 年济宁市货物贸易额一览表
Foreign Trade Value of Jining City in 2019

表 5-47

分类指标	进出口		出　口		进　口	
	金额（万元）	增长（%）	金额（万元）	增长（%）	金额（万元）	增长（%）
总　额	**4617907**	**8.3**	**2852242**	**28.8**	**1765665**	**-14.0**
国有企业	325246	-0.1	287105	1.6	38141	-11.1
外商投资企业	1139255	-15.0	504465	-6.2	634790	-20.9
民营企业	3153406	21.3	2060672	47.8	1092734	-9.4
一般贸易	3855810	8.8	2424382	34.6	1431428	-17.8
加工贸易	656105	-1.7	406919	2.4	249186	-7.7
其他贸易	105992	94.0	20941	39.6	85051	114.7
纺织服装	441441	-4.2	317518	36.0	123923	-45.4
农产品	753023	41.2	627729	33.4	125294	99.7
机电产品	1194495	3.5	873912	12.5	320583	-14.9
高新技术产品	94570	42.9	54680	52.4	39890	31.7

进口额　实现进口 1765665 万元，比上年的 2051908 万元下降 14.0%。

进口商品结构　初级产品进口 59032 万元，占进口总额的 3.3%。工业制成品进口 1706633 万元，占进口总额的 96.7%。

2019 年济宁市主要进口商品一览表
Major Import Goods of Jining City in 2019

表 5–48

进口商品名称	进口额（万元）	权重（%）
木浆	724538	41.0
机械设备及配件	247870	14.0
棉花（棉纱棉布）	180330	10.2
木及木制品	170997	9.7
橡胶及制品	156126	8.8
电气设备及配件	50573	2.9
化学纤维短纤	29985	1.7
塑料及制品	28501	1.6
杂项化学品	16199	0.9
石油及制品	13987	0.8
钢铁制品	11714	0.7
有机化学品	9151	0.5
光学医疗设备	7333	0.4
无机化学品	6993	0.4
化学纤维长丝	2932	0.2

进口来源　进口商品来自 83 个国家（地区）。从 10 个主要进口来源进口 923913 万元，占进口总额的 52.3%。

2019年济宁市主要进口来源一览表
Major Import Sources of Jining City in 2019

表5–49

进口来源	进口额（万元）	增长（%）	权重（%）
巴　西	205849	–27.9	11.7
日　本	190107	–7.5	10.8
澳大利亚	149612	1.1	8.5
德　国	79372	–20.7	4.5
韩　国	76616	10.1	4.3
美　国	57603	0.1	3.3
意 大 利	45020	–27.1	2.5
印　度	44074	–38.7	2.5
泰　国	42211	–4.8	2.4
俄 罗 斯	33449	–14.8	1.9

出口额　实现出口2852242万元，比上年的2214030万元增长28.8%，出口额占全市生产总值的6.5%、全省出口总值的2.6%。

出口商品结构　初级产品出口627101万元，占出口总额的22.0%。工业制成品出口2225141万元，占出口总额的78.0%。

2019年济宁市主要出口商品一览表
Major Export Goods of Jining City in 2019

表5–50

出口商品名称	出口额（万元）	权重（%）
蔬菜	447268	15.7
机械设备及配件	404229	14.2
电气设备及配件	222523	7.8
服装	196686	6.9
有机化学品	159161	5.6
纺织品	127953	4.5
纸及纸板	118735	4.2
钢铁制品	113834	4.0

续表 5-50

出口商品名称	出口额（万元）	权重（%）
橡胶及制品	109025	3.8
抗菌素	102231	3.6
运输工具及配件	86140	3.0
塑料及制品	80132	2.8
杂项化学品	48106	1.7
食品	46630	1.6
水果	36713	1.3
调味香料	28117	1.0
无机化学品	23038	0.8
水产品	20796	0.7
木及木制品	13186	0.5

出口市场　出口商品销往 204 个国家（地区）。对 10 个主要市场出口 1411724 万元，占出口总额的 49.5%。

2019 年济宁市主要出口市场一览表
Major Export Markets of Jining City in 2019

表 5-51

出口市场	出口额（万元）	增长（%）	权重（%）
美　　国	326417	2.7	11.4
韩　　国	258745	103.5	9.1
日　　本	155163	24.6	5.4
俄 罗 斯	130103	-3.7	4.6
印度尼西亚	127805	38.2	4.5
德　　国	95495	20.9	3.3
马来西亚	89627	38.6	3.1
英　　国	79921	22.7	2.8
印　　度	74568	11.7	2.6
加 拿 大	73880	11.3	2.6

【服务贸易】

进出口额　2019 年，济宁市实现服务进出口 460271 万元，增长 15.8%。

进口额　实现进口 285443 万元，增长 1.6%。

出口额　实现出口 174828 万元，增长 50.1%。

【技术贸易】

技术引进　签订技术引进和设备进口合同 8 个，比上年增加 2 个。签约额 188693.01 万元，比上年的 30031.42 万元增长 528.3%。

【吸收外国及中国港澳台地区投资】

总体情况　济宁市 2019 年引进外国及中国港澳台地区投资项目 65 个，签约投资额 60717 万美元，实际投资额 45156 万美元。

投资产业　第一产业项目 3 个，签约投资额 4737 万美元，实际投资额 429 万美元。第二产业项目 20 个，签约投资额 12009 万美元，实际投资额 18102 万美元。第三产业项目 42 个，签约投资额 43971 万美元，实际投资额 26625 万美元。

投资来源　2019 年有 31 个国家（地区）在济宁市投资，投资额居前五位的国家（地区）分别是中国香港、荷兰、中国台湾、新加坡、塞舌尔，合计投资项目 28 个，签约额 33615 万美元，实际投资额 42472 万美元。

2019 年济宁市吸收外国及中国港澳台地区投资一览表
Overboundary Investment of Jining City in 2019

表 5-52

投资方式	签约情况			实际投资	
	项目数（个）	签约投资（万美元）	增长（%）	金额（万美元）	增长（%）
合资企业	25	23518	-44.7	23416	174.7
独资企业	40	37199	-28.4	21740	59.2

【经济技术合作】

对外国及中国港澳台地区投资　2019 年，济宁市兴办境外企业 16 家，实际投资 52 亿元。主要投资区域为马来西亚、泰国、美国、印度。主要投资项目包括：通力轮胎有限公司并购美国华勤橡胶公司 51% 股权，打造国际高端卡客车轮胎品牌，开拓美国市场；梁山蜗牛货车网电子商务有限公司在坦桑尼亚设立六和国际有限公司，经营车辆与配件销售。

承包工程　2019 年，济宁市新签对外承包工程合同 14 个，签约额 14.5 亿元、增长 30.9%，实现营业额 9.8 亿元、下降 47.6%。施工地主要分布在老挝、阿尔及利亚、埃塞俄比亚、孟加拉国，施工领域主要是房屋建筑、电力安装、交通运输。

劳务合作　济宁市 2019 年派出各类劳务人员 8559 人、增长 14.3%，年末在外 3302 人。主要派驻地是日本、新加坡、阿拉伯联合酋长国、赤道几内亚、阿尔及利亚、文莱、新西兰。

【园区建设】

经济开发区　2019年，济宁市实有15个省级以上经济开发区，即济宁高新技术产业开发区、济宁经济开发区、任城经济开发区、兖州工业园区、曲阜经济开发区、泗水经济开发区、邹城经济开发区、邹城工业园区、微山经济开发区、鱼台经济开发区、金乡经济开发区、嘉祥经济开发区、汶上经济开发区、梁山经济开发区、济宁新材料产业园区。上述开发区完成固定资产投资1289.3亿元，增长3.4%；实现规模以上工业主营业务收入4823.2亿元，下降3.2%；实现公共财政预算收入196.3亿元，增长3.1%；吸收外国及中国港澳台地区实际投资3.95亿美元，增长103%；实现进出口393.4亿元，增长4.5%。

济宁经济开发区等3个开发区年内完成体制机制改革试点任务，形成“党工委（管委会）+公司”的管理运营体制，组建运营、招商公司34个。建成产业研究所40个，形成百亿级主导产业9个。实施基础设施项目270个、完成投资278亿元，建成标准厂房200万平方米。

【促销推介活动】

中华老字号孔府文化行活动　山东省商务厅、山东省文化和旅游厅、济宁市人民政府主办，9月27日至10月4日在曲阜举办。山东、北京、天津、山西等13个省（市）的50家老字号企业参与活动，展示纺织服饰、糕点熟食、工艺美术、轻工日用、医药保健、调味酿造等品牌商品。

知识窗

人文之乡——济宁市

济宁市位于山东省西南部，地处鲁、苏、豫、皖四省交接地带。济宁属暖温带季风气候，面积1.1万平方千米，人口808.19万人。

济宁地区历史文化悠久，是东夷文化、华夏文明、儒家文化、水浒文化、运河文化的重要发祥地之一。儒家创始人至圣孔子、亚圣孟子、复圣颜回、史家左丘明皆出生于此。元明清时期，京杭大运河促进了济宁商品经济的繁荣，使济宁成为京杭大运河沿岸重要的工商业城市。

济宁市11个县市区人文旅游资源丰富，曲阜孔庙、孔府及孔林和境内的京杭大运河被联合国教科文组织列入世界遗产名录。境内有孟庙、孟府、水泊梁山、微山湖、宝相寺、峄山、少昊陵等19个全国重点文物保护单位以及四个国家森林公园。拥有曲阜师范大学、济宁医学院等高校，以及世界儒学研究与交流中心孔子研究院。

2019 年泰安市商务经济运行情况

Business Operation Conditions of Taian City in 2019

【商贸流通】

社会消费品零售总额 2019 年，泰安市社会消费品零售总额增长 3.7%。按企业类型分，批发业零售额增长 13.0%，零售业零售额增长 2.1%，住宿业零售额增长 8.4%，餐饮业零售额增长 12.1%。按经营单位所在地分，城镇社会消费品零售额增长 3.5%，乡村社会消费品零售额增长 4.4%。

市场物价 2019 年，泰安市居民消费价格上涨 2.4%，其中食品烟酒价格上涨 6.0%，衣着价格上涨 0.2%，居住价格上涨 3.3%，医疗保健价格上涨 0.7%，其他用品和服务价格上涨 4.4%，生活用品及服务价格下降 0.7%，交通和通信价格下降 1.9%。工业生产者出厂价格上涨 0.2%，工业生产者购进价格上涨 0.6%。

市场体系建设 2019 年，泰安市商务局编制出台《泰安市千亿级现代物流产业集群规划》，启动物流业龙头牵引、梯次布局相关工作，物流企业规模、效益均有所提升。市域 93 家规模以上现代物流企业实现营业收入 144 亿元，较上年增长 199%。龙头项目峰松电子无车承运结算中心，全年交易额 113.33 亿元。绿色发展渐成体系，肥城新合作泰山购物中心成为全省唯一一家有两个国家级绿色商场的商贸流通企业，中国商业联合会与山东省商务厅在泰安召开全国绿色商场示范创建座谈会暨现场观摩会，观摩、推广该购物中心的典型经验。商务部门推广使用散装水泥 520 万吨，全市水泥散装率提高到 76%，高于全省平均水平。电子商务取得新进展，新泰市被商务部确定为电子商务进农村综合示范县，肥城市被山东省商务厅确定为全省首批 12 个淘宝直播村播试点县之一，市内 15 个村成为淘宝村，新泰市新甫街道、肥城市新城街道成为淘宝镇。步行街建设迈出新步伐，泰安市岱岳区万达金街被山东省商务厅纳入步行街改造提升试点街区，对进一步带动城市夜间经济消费起到了积极作用。市商务局、财政局、市场监督管理局、文化旅游局出台《泰安市老字号认定及保护促进办法》，明确泰安老字号品牌认定规则、权利和义务、保护促进措施，并启动 2019 年度泰安老字号认定评选工作，山东协祥号餐饮管理有限公司等 27 家企业被认定为泰安老字号企业。

市场秩序建设 2019 年，泰安市商务部门开展报废机动车回收拆解行业专项整治工作，张贴整治通告 200 余份，出动执法车辆 60 余辆次、机械设备 26 余台次、人员 210 余人次，扣押废旧轮胎、轮毂、零部件 6 车，清理非法拆车业主 90 余个。商务部门引导全市重点家政企业建立家政服务人员信用记录，推进家政服务业诚信体系建设。市人民政府调整成品油监管联席会议成员单位，明确各成员单位监管职责。联席会议成员单位开展多次成品油非法经营联合整治行动。

特殊行业发展　2019年，泰安市商务部门根据《山东省再生资源示范产业园建设规范》和《山东省再生资源回收分拣示范中心建设规范》要求，开展市域再生资源产业园和再生资源回收分拣中心企业规范化建设，进一步健全完善再生资源回收体系，推动行业健康发展，取得积极成效，山东新东岳再生资源科技有限公司被山东省商务厅认定为省级再生资源示范产业园。

市场运行　2019年，泰安市新登记各类市场主体7.3万个，较上年增长18.0%，市场主体数量由此增加到43.5万个。新登记个体工商户4.6万个，增长4.7%，全市个体工商户增加到31.8万个。新登记企业2.7万家，增长52.5%，全市企业数增加到10.7万家。全市电子商务交易额1490亿元，较上年增长26%，其中网络零售额380亿元，增长17%。

【货物贸易】

进出口额　2019年，泰安市实现货物进出口1722101万元，比上年的1607892万元增长7.1%。

2019年泰安市货物贸易额一览表
Foreign Trade Value of Taian City in 2019

表5-53

分类指标	进出口		出　口		进　口	
	金额（万元）	增长（%）	金额（万元）	增长（%）	金额（万元）	增长（%）
总　额	**1722101**	**7.1**	**1344848**	**5.4**	**377253**	**13.4**
国有企业	317163	4.6	184735	–5.8	132428	23.5
外资企业	165280	17.5	109303	–2.1	55977	93.1
其他企业	1239660	1.4	1050810	–4.2	188850	10.2
集体企业	317477	1.3	180201	–4.6	137276	10.2
私营企业	922183	5.0	870609	8.7	51574	–33.0
一般贸易	1570952	7.3	1222844	5.6	348108	13.4
加工贸易	87432	–5.5	70120	–8.0	17312	6.3
其他贸易	63717	126.8	51884	236.2	11833	26.5
纺织服装	547962	0.9	468560	–4.1	79402	45.4
农产品	130822	2.1	112829	7.1	17993	–21.0
化工产品	196540	22.5	164843	34.6	31697	–16.6
机电产品	465450	9.1	408654	10.4	56796	0.9
高新技术产品	100255	41.1	82342	49.1	17913	13.3

进口额　实现进口377253万元，比上年的332674万元增长13.4%。

2019 年泰安市主要进口商品一览表
Major Import Goods of Taian City in 2019

表 5-54

进口商品名称	进口额（万元）	增长（%）	权重（%）
铁矿砂及其精矿	111926	7.5	29.7
纺织纱线、织物及制品	78336	45.0	20.8
机械设备	38723	25.5	10.3
初级形状的塑料	27718	2.0	7.3
未锻轧铜及铜材	21007	24676.7	5.6
仪器仪表	10702	-39.4	2.8
棉花	8723	-5.6	2.3
锰矿砂及其精矿	6282	55.0	1.7
废纸	6097	-46.4	1.6
电器及电子产品	5263	4.9	1.4
纸浆	4539	113.8	1.2
人造纤维短纤	2535	29.9	0.7
纸及纸板（未切成形的）	2138	-2.8	0.6
铬矿砂及其精矿	2041	357.1	0.5
金属制品	1930	-7.7	0.5
服装及衣着附件	1059	81.0	0.3
变压、整流、电感器及零件	707	1814.6	0.2
钢材	236	80.3	0.1
纺织用合成纤维	197	-30.5	0.1
钢铁制标准紧固件	189	-27.5	0.1

进口来源　进口商品来自 67 个国家（地区）。从 10 个主要进口来源进口 301421 万元，占进口总额的 81.0%。

2019 年泰安市主要进口来源一览表
Major Import Sources of Taian City in 2019

表 5-55

进口来源	进口额（万元）	权重（%）
东　　盟	83099	22.0
澳大利亚	71865	19.1
欧盟（不含英国）	33405	8.9
日　　本	29378	7.8
智　　利	20924	5.6
韩　　国	19126	5.1
美　　国	17787	4.7
南　　非	16718	4.4
加 拿 大	5249	1.4
中国台湾	3870	1.0

出口额　实现出口 1344848 万元，比上年的 1275747 万元增长 5.4%，出口额占全市生产总值的 5%、全省出口总值的 1.2%。

2019 年泰安市主要出口商品一览表
Major Export Goods of Taian City in 2019

表 5-56

出口商品名称	出口额（万元）	增长（%）	权重（%）
纺织纱线、织物及制品	270730	-10.7	20.5
服装及衣着附件	197812	6.7	15.0
运输工具	125073	-5.4	9.5
机械设备	124887	11.3	9.4
电器及电子产品	82710	24.3	6.3
蔬菜及制品	77605	3.6	5.9
金属制品	51886	38.8	3.9
钢材	45033	1.3	3.4
医药品	20203	-2.9	1.5

续表 5-56

出口商品名称	出口额（万元）	增长（%）	权重（%）
塑料制品	17973	7.3	1.4
床垫、寝具及类似品	16814	14.3	1.3
肥料	12500	145.8	0.9
仪器仪表	11134	18.2	0.8
玩具	10606	362.2	0.8
水果及制品（鲜干水果及坚果）	9879	12.2	0.7
玻璃制品	8891	-20.5	0.7
家具及其零件	7636	57.0	0.6
杀虫剂、除草剂及类似品	4721	139.9	0.4
陶瓷产品	4515	1935.2	0.3
新的充气橡胶轮胎	3655	-10.4	0.3

出口市场　出口商品销往 189 个国家（地区）。对 10 个主要市场出口 977176 万元，占出口总额的 72.7%。

2019 年泰安市主要出口市场一览表
Major Export Markets of Taian City in 2019

表 5-57

出口市场	出口额（万元）	权重（%）
美　国	260452	19.4
欧盟（不含英国）	167877	12.7
东　盟	129674	9.8
日　本	95480	7.2
南　亚	93352	7.1
韩　国	70301	5.3
俄罗斯	44153	3.3
澳大利亚	41967	3.2
加拿大	37027	2.8
巴　西	36893	2.8

【服务贸易】

进出口额　2019年，泰安市实现服务进出口319606万元，增长9.2%。

进口额　实现进口183169万元，增长4.1%。

出口额　实现出口136437万元，增长16.9%。

【技术贸易】

技术引进　签订技术引进和设备进口合同1个，比上年减少2个。签约额197.56万元，比上年的1314.63万元下降85.0%。

【吸收外国及中国港澳台地区投资】

总体情况　泰安市2019年引进外国及中国港澳台地区投资项目50个，签约投资额80235万美元，实际投资额45908万美元。

投资产业　第一产业项目1个，签约投资额72万美元，无实际投资。第二产业项目20个，签约投资额55247万美元，实际投资额29117万美元。第三产业项目29个，签约投资额24916万美元，实际投资额16791万美元。

投资来源　2019年有19个国家（地区）在泰安市投资，投资额居前五位的国家（地区）分别是中国香港、新加坡、中国澳门、日本、英属维尔京群岛，合计投资项目32个，签约投资额69131万美元，实际投资额45874万美元。

2019年泰安市吸收外国及中国港澳台地区投资一览表
Overboundary Investment of Taian City in 2019

表5–58

投资方式	签约投资			实际投资	
	项目数（个）	签约额（万美元）	增长（%）	金额（万美元）	增长（%）
合资企业	27	48181	109.8	34897	602.7
独资企业	23	31638	–56.7	8956	–81.7
股权投资	—	416	—	2055	—
合　计	**50**	**80235**	**–16.4**	**45908**	**–14.7**

【经济技术合作】

对外国及中国港澳台地区投资　泰安市2019年兴办境外企业10家，总投资191248万美元，中方投资19111.3万美元。主要投资项目包括石横特钢控股集团有限公司在新加坡设立的桃都实业有限公司、山东能源重型装备制造集团有限责任公司在香港特别行政区设立的恒通机械设备进出口有限公司。

承包工程　泰安市2019年签订对外承包工程合同24个，签约额33800万美元，完成营业额20302万美元。新签约项目涉及建筑、电力设备等领域，主要分布在印度、越南、阿尔及利亚等国家。

劳务合作　泰安市2019年派出各类劳务

人员2080人，主要派驻地是日本、新加坡。

【园区建设】

经济开发区 2019年，泰安市7个省级以上经济开发区完成固定资产投资661.13亿元，较上年下降19%；完成基础设施投资76.48亿元，下降28%；吸收外国及中国港澳台地区投资2.33亿美元，下降47%；实现进出口16.2亿美元，其中进口3.11亿美元，出口13.1亿美元；引进投资项目634个，增长28%，签约投资额1545.95亿元，增长3.0%。

【促销推介活动】

第33届泰山国际登山节暨2019中国泰安投资合作洽谈会 中共泰安市委、泰安市人民政府主办，9月6日在泰安举办。21个国家和地区的近700个嘉宾与会，集中签约项目51个（含市政府框架协议2个），总投资1244.8亿元。

知识窗

旅游胜地——泰安市

泰安是山东省下辖的一个地级市，东岳泰山所在地，位于山东省中部，地处东经116°02′至117°59′、北纬35°38′至36°28′之间，东西长约176.6千米，南北宽约93.5千米。城市位于泰山脚下，依山而建，山城一体。

泰安北距省会济南市66.8千米，南至三孔圣地曲阜市74.6千米，是山东省一山、一水、一圣人旅游热线的中点。北依山东省会济南，南临儒家文化创始人孔子故里曲阜，东连商城临沂，西濒黄河。辖泰山、岱岳两个市辖区，宁阳、东平两个县，代管新泰、肥城两个县级市。

泰安寓意国泰民安，是一座著名的文化旅游城市，境内的泰山是国家重点风景名胜区，海拔1532.7米，有五岳之首、天下第一山的美誉，是世界自然文化遗产。泰安市1982年被国务院列为第一批对外开放旅游城市。

泰安市属于温带大陆性半湿润季风气候区，四季分明，寒暑适宜，光温同步，雨热同季。春季干燥多风，夏季炎热多雨，秋季晴和气爽，冬季寒冷少雪。年平均气温13℃，7月份气温最高，平均26.4℃，1月份最低，平均−2.6℃。年平均降水量697毫米。泰山具有明显的高山气候特征。山顶气温比山下常年低7℃～8℃，年平均降水1106毫米。

2019 年威海市商务经济运行情况

Business Operation Conditions of Weihai City in 2019

【商贸流通】

社会消费品零售总额　2019 年，威海市社会消费品零售总额增长 9.3%。从地域看，城镇消费品零售额增长 9.2%，乡村消费品零售额增长 9.4%。从行业分类看，批发和零售业零售额增长 9.4%，住宿和餐饮业零售额增长 8.3%。从经济成分看，非公有经济零售额增长 9.5%，公有经济零售额增长 8.1%。从商品类别看，消费升级类商品零售额增长较快，其中限额以上化妆品零售额增长 17.0%，金银珠宝零售额增长 36.9%，智能家用电器和音响器材零售额增长 39.9%。

市场物价　2019 年，威海市居民消费价格较上年上涨 2.5%，其中食品烟酒价格上涨 6.4%，衣着价格上涨 1.8%，居住价格上涨 2.7%，生活用品及服务价格上涨 3.0%，交通和通信价格下降 3.1%，教育文化和娱乐价格上涨 1.2%，医疗保健价格下降 0.6%，其他用品和服务价格上涨 3.0%。工业生产者出厂价格上涨 0.1%，工业生产者购进价格下降 2.3%。

市场秩序建设　2019 年，威海市商务局制定《威海市商务领域红名单及惩戒对象名单管理办法》《威海市商务领域信用信息归集、应用及联合奖惩工作实施办法》，进一步完善商贸领域诚信经营体系，推进诚信经营监管工作。全年归集并推送商务领域行政许可、行政处罚、资金扶持、评先选优及审批转报等方面的信用记录 1400 余条，处理联合奖惩案例 18 个，通过信用威海网站公示承诺书 30 余批，推送商务领域红名单 17 个。市县两级商务部门加大对高风险企业单用途商业预付卡的监管力度，督导 4 家违规经营的洗浴企业进行整改，退回 2 家已完成兑付且停止发卡的企业。加强行政执法网络系统的推广应用，利用国家“互联网 + 监管”系统、威海市行政处罚和行政强制权力网络运行系统等执法监管网站实施商务行政执法。全面实行“双随机、一公开”监管抽查机制，商务部门全年随机抽查商务领域企业 17 家，对 3 家企业下达责令限期改正通知书，并对整改情况进行跟踪检查。查处对外劳务合作企业违法行为，对 1 家对外劳务合作企业未在规定时限补足所动用的缴存备用金的违法行为进行立案查处，依法作出吊销其对外劳务合作经营资格证书的行政处罚决定。

市场体系建设　2019 年，威海市建设社区菜市场 5 个，总投资 5517 万元，营业面积 15378 平方米，营业摊位 1024 个，带动就业人口 1536 人，辐射社区人口 11 万人。开展品牌农产品进超市工程示范城市建设，在 22 个超市门店设立品牌农产品销售专区，推动品牌农产品与超市对接，销售 216 种山东知名品牌农产品，实现销售额 5 亿多元，较上年增长

10%。商务部门完成《威海市特色商业街建设和提升规划（2018—2030年）》编制工作，指导商贸流通企业建设和改造提升一批环境优美、商业繁华、文化浓厚、管理规范的特色商业街区，助推消费升级。

特殊行业发展　2019年，威海市17家拍卖企业积极拓展拍卖资源，优化业务结构，提升经营水平，基本实现了多元化、专业化发展。全年举办拍卖会179场，实现拍卖成交额5.6亿元，其中房地产拍卖成交额3.8亿元、财产权利拍卖成交额4347.8万元、机动车及其他拍品成交额9620.5万元，实现佣金收入849.3万元。

市场运行和消费促进　2019年，威海市实有各类市场主体35.12万个，较上年增长15.0%，其中新登记市场主体7.06万个，增长30.7%。实有注册资本7472.49亿元，增长15.2%，其中新登记注册资本1002.03亿元，增长8.0%。商务部门加强市场运行监测，认真审核样本企业所报送的运行信息，确保其准确性，并通过威海商务预报网站发布374条生活必需品价格及价格分析类信息，为企业和消费者提供经营和消费参照。通过微博发布重点批发市场菜篮子商品价格快报68期，通过微信发布快报信息36期，以使居民及时了解菜篮子价格走势。开展应急处突工作，落实生活必需品应急物资储备，确保极端天气及非洲猪瘟疫情等特殊时期蔬菜、冻猪肉、鸡蛋等生活必需品的市场供应不脱销、不断档。引导重点商贸流通企业抓住全年消费黄金时期，调整经营布局，搭建各类促销平台，举办500多个消费促进活动，带动城乡居民扩大节日消费、释放消费潜力。

【货物贸易】

进出口额　2019年，威海市实现货物进出口14021251万元，比上年的13919563万元增长0.7%。

2019年威海市货物贸易额一览表
Foreign Trade Value of Weihai City in 2019

表5-59

分类指标	进出口		出　口		进　口	
	金额（万元）	增长（%）	金额（万元）	增长（%）	金额（万元）	增长（%）
总　额	**14021251**	**0.7**	**9214111**	**0.8**	**4807140**	**0.5**
国有企业	1777612	−16.7	1200794	2.3	576818	−39.9
外商投资企业	4832230	3.0	3123389	2.4	1708841	4.3
其他企业	7411409	4.6	4889928	−0.2	2521481	15.6
集体企业	263303	−2.5	213784	−2.4	49519	−2.9
私营企业	7148106	4.4	4676144	−0.4	2471962	14.9
一般贸易	8500330	−4.8	5790264	−2.0	2710066	−10.2
加工贸易	4861541	4.2	3312224	5.1	1549317	2.5
其他贸易	659380	116.1	111623	96.1	547757	120.3

进口额　实现进口4807140万元，比上年的4781251万元增长0.5%。

进口商品结构　初级产品进口472025万元，占进口总额的9.8%。工业制成品进口4335115万元，占进口总额的90.2%。

2019年威海市主要进口商品一览表
Major Import Goods of Weihai City in 2019

表5-60

进口商品名称	进口额（万元）	增长（%）	权重（%）
原油	850813	0.7	17.7
电器及电子产品	675869	2.8	14.1
铜及制品	639256	14.4	13.3
矿砂及精矿	353671	-34.5	7.4
水海产品	347525	29.7	7.2
机械设备	298739	-18.0	6.2
橡胶	179567	-14.9	3.7
初级形状的塑料	173621	-7.4	3.6
钢材	131025	15.1	2.7
化学品	33757	88.2	0.7

进口来源　进口商品来自119个国家和地区。从10个主要进口来源进口3184727万元，占进口总额的66.2%。

2019年威海市主要进口来源一览表
Major Import Sources of Weihai City in 2019

表5-61

进口来源	进口额（万元）	增长（%）	权重（%）
韩　国	1422852	5.8	29.6
俄罗斯	425830	34.3	8.9
日　本	311041	14.7	6.5
秘　鲁	237154	12.0	4.9
智　利	228965	26.8	4.8

续表 5-61

进口来源	进口额（万元）	增长（%）	权重（%）
马来西亚	147395	13.8	3.1
德　　国	127099	9.1	2.6
中国台湾	106453	12.5	2.2
美　　国	104957	-20.6	2.2
泰　　国	72981	-30.2	1.5

出口额　实现出口 9214111 万元，比上年的 9138312 万元增长 0.8%，出口额占全省出口总值的 8.3%。

出口商品结构　初级产品出口 1312794 万元，占出口总额的 14.2%。工业制成品出口 7901317 万元，占出口总额的 85.8%。

2019 年威海市主要出口商品一览表
Major Export Goods of Weihai City in 2019

表 5-62

出口商品名称	出口额（万元）	增长（%）	权重（%）
服装及衣着附件	2025513	-4.7	22.0
电器及电子产品	1299361	-4.2	14.1
机械设备	1018920	3.8	11.1
水海产品	1002440	3.2	10.9
轮胎	707419	5.5	7.7
船舶及船段	406091	22.3	4.4
纺织纱线、织物及制品	341837	-4.4	3.7
渔具	310953	-2.1	3.4
汽车及零部件	64299	-4.0	0.7
医疗仪器及器械	58980	10.8	0.6

出口市场　出口商品销往 218 个国家和地区。对 10 个主要市场出口 6782511 万元，占出口总额的 73.6%。

2019年威海市主要出口市场一览表
Major Export Markets of Weihai City in 2019

表5-63

出口市场	出口额（万元）	增长（%）	权重（%）
韩　国	2932242	−2.8	31.8
日　本	1271916	7.9	13.8
美　国	1153406	−4.6	12.5
荷　兰	351634	1.6	3.8
英　国	219300	12.1	2.4
德　国	206887	0	2.2
澳大利亚	202350	4.4	2.2
越　南	161598	14.5	1.8
俄罗斯	154822	−3.8	1.7
加拿大	128356	25.0	1.4

【服务贸易】

进出口额　2019年，威海市实现服务进出口1432433万元，比上年的1249942万元增长14.6%。

出口额　实现出口945493万元，比上年的783991万元增长20.6%。

进口额　实现进口486940万元，比上年的465971万元增长4.5%。

【技术贸易】

进出口额　2019年，威海市实现技术进出口23443万元，比上年的21770万元增长7.7%。

技术引进　签订技术引进和设备进口合同12个，比上年增加6个。签约额21832万元，比上年的21044万元增长3.7%。

技术出口　签订技术出口合同4个，比上年减少1个。签约额1611万元，比上年的726万元增长121.9%。

【吸收外国及中国港澳台地区投资】

总体情况　威海市2019年引进外国及中国港澳台地区投资项目273个，签约投资额240220万美元，实际投资额122247万美元。

投资产业　第一产业项目7个，签约投资额8642万美元，实际投资额153万美元。第二产业项目49个，签约投资额52363万美元，实际投资额37170万美元。第三产业项目217个，签约投资额179215万美元，实际投资额84924万美元。

投资来源　2019年有23个国家（地区）在威海市投资，投资额居前五位的国家（地区）分别是中国香港、韩国、英属维尔京群岛、新加坡、百慕大群岛，合计投资项目213个，签约投资额200191万美元，实际投资额114777万美元。

2019 年威海市吸收外国及中国港澳台地区投资一览表
Overboundary Investment of Weihai City in 2019

表 5-64

投资方式	签约投资			实际投资	
	项目数（个）	签约额（万美元）	增长（%）	金额（万美元）	增长（%）
合资企业	61	41273	512.0	22881	22.0
合作企业	1	22	—	42	-98.3
独资企业	210	198071	58.5	97733	51.9
股权投资	—	—	—	1164	4960.9
合伙企业	1	854	—	428	—
合　计	**273**	**240220**	**90.2**	**122248**	**42.77**

外国及中国港澳台地区投资企业生产经营情况　2019 年威海市实有外国及中国港澳台地区投资企业 1441 家，投资总额 162.2 亿美元，外方投资 59.8 亿美元，实现营业收入 730.9 亿元。盈利企业 541 家，盈利总额 63 亿元。亏损企业 566 家，亏损总额 15.4 亿元。

【经济技术合作】

对外国及中国港澳台地区投资　威海市 2019 年兴办境外企业 54 家，总投资 6.8 亿元，中方投资 5.57 亿元。主要投资对象为泰国、乌拉圭、越南、坦桑尼亚，主要投资领域包括轮胎研制、远洋渔业捕捞、渔船修理、渔港码头建设、电动工具开关及配件、五金加工件生产和销售、商贸物流中心建设等。

承包工程　威海市 2019 年签订对外承包工程合同 75 个，签约额 87 亿元，完成营业额 63.7 万元。新签约项目涉及国际机场、供水系统、办公大楼建设等，主要分布在刚果（金）、刚果（布）等国家。

劳务合作　威海市 2019 年签订对外劳务合作合同 810 个，签约额 40 亿元，派出劳务人员 10829 人，年末在外 2.2 万人。主要派驻地是日本、韩国。

【园区建设】

经济开发区　2019 年，威海域内经济开发区实现公共财政预算收入 136.2 亿元，较上年增长 7.8%。规模以上工业企业主营业务收入 2323.6 亿元，下降 13.7%。吸收外国及中国港澳台地区投资 7.46 亿美元，增长 3.4%。实现货物进出口 120.8 亿美元，增长 2.8%。

威海综合保税区　2019 年 5 月 31 日，国务院批准威海出口加工区整合优化为威海综合保税区。9 月 20 日，威海综合保税区通过封关验收，关区面积 2.25 平方千米，分南、北两个片区。年内，威海综合保税区加快推进体制机制改革，南北两区先后开通保税电子商务 1210 业务，实现常态化运行。一般纳税人试点、委托加工及其他促内销、简化进出口管理等政策相继落地，政策环境逐步完善，取得了良好的运营效益，实现产值 24.8 亿元，销售收入 24.7 亿元，进出口 87.6 亿元，吸收外资 543.3 万美元。

【促销推介活动】

第十届威海国际食品博览会暨中韩商品博览会　威海市人民政府主办，6 月 21—24 日在威海国际展览中心举办。展示面积 3 万平方米，设置标准展位 618 个，专设中韩自贸专题展区和“一带一路”展区，18 个国家和地区的 402 家企业参展，意向成交额 19.06 亿元。组委会同期举办威海国际食品博览会十年回顾展以及 2019 中国水产品高值化利用产业发展研讨会、境内外采购对接会、2019 山东（威海）内外贸融合促进消费品质提升研讨会、第五届中国商品交易市场外贸发展战略高峰论坛暨创建中日韩商品集散中心研讨会、中国（威海）国际海鲜美食节等活动。

知识窗

拱卫海疆——威海市

威海市位于山东半岛东端，北、东、南三面濒临黄海，北与辽东半岛相对，东与朝鲜半岛隔海相望，西与山东烟台接壤。东西最大横距 135 千米，南北最大纵距 81 千米，总面积 5797 平方千米，其中市区面积 777 平方千米。海岸线长 985.9 公里。辖环翠区、文登区、荣成市、乳山市。

威海别名威海卫，意为威震海疆。威海是中国大陆距离日本、韩国最近的城市，中国近代第一支海军北洋海军发源地、中日甲午海战发生地，是甲午战争后被列强侵占而后回归祖国的“七子”之一。

威海市 1984 年成为第一批中国沿海开放城市，1990 年被评为中国第一个国家卫生城市，1996 年被建设部命名为国家园林城市，2009 年 5 月 7 日被评选为国家森林城市，2015 年成为中韩自贸区先行示范城市。

威海境内的刘公岛位于山东半岛最东端的威海湾内，人文景观丰富独特，既有上溯千年的战国遗址、汉代刘公刘母的美丽传说，又有清朝北洋海军提督署、水师学堂、古炮台等甲午战争遗址，素有东隅屏藩和不沉的战舰之称。其北部海蚀崖直立陡峭，南部平缓绵延，森林覆盖率达 87%，有海上仙山和世外桃源的美誉。

2019 年日照市商务经济运行情况

Business Operation Conditions of Rizhao City in 2019

【商贸流通】

社会消费品零售总额　2019 年，日照市社会消费品零售总额增长 8.0%。按经营单位所在地分，城镇消费品零售额增长 7.9%，乡村消费品零售额增长 8.6%。按消费类型分，餐饮收入增长 12.1%，商品零售增长 7.6%。限额以上单位汽车零售额 48.75 亿元，增长 3.3%，其中新能源汽车销售额增长 2.1 倍，汽车类商品拉动全市限额以上零售额增长 1.0 个百分点，成为重要拉动力量。限额以上单位中西药品零售额 3.07 亿元，增长 44.2%。实现网络零售额 34.69 亿元，增长 17.2%，其中限额以上批发零售企业网络零售额 7720 万元，增长 4.3 倍。

市场物价　2019 年，日照市居民消费价格上涨 2.4%，其中食品烟酒价格上涨 6.0%，衣着价格上涨 1.6%，居住价格下降 0.1%，生活用品及服务价格上涨 0.1%，交通和通信价格下降 1.7%，教育文化和娱乐价格上涨 4.0%，医疗保健价格上涨 0.9%。工业生产者出厂价格下降 1.8%，工业生产者购进价格上涨 0.9%。

市场秩序建设　2019 年，日照市商务部门深入开展商贸流通企业诚信经营体系建设，开展诚信兴商宣传月、诚信经营示范创建等主题实践活动，并树立诚信经营企业标杆，发挥其典型示范作用，引导企业诚信经营。完善日照市公共信用平台，全方位开展企业及其经营者信用信息归集及报送工作。建立守信联合激励和失信联合惩戒工作机制，多部门协同开展信用排查工作，通过网络平台发布相关信息，对守法经营者予以鼓励，对违规经营者予以惩戒。7 月初，日照市成品油监督管理工作领导小组办公室部署开展成品油市场专项排查整治行动，开展为期 3 个月的成品油达标专项检查、为期 1 个月的成品油经营企业资格集中整治，商务、市场监管、应急管理等部门根据相关部署和“双随即、一公开”的工作要求，对经营单位进行明察暗访，及时纠正各种违规经营行为，有效维护了成品油经营秩序。

市场体系建设　2019 年，日照市商务局组织开展步行街改造提升、公益性农产品批发市场、物流标准化、农商互联等方面的工作，取得了预期进展，已形成由重点商超、连锁便利店、各类便民服务商超及便民农贸市场、乡村大集错位发展、相互补充的市场体系。东港区公益性农产品批发市场开工建设，山东荣信水产品食品集团股份有限公司、日照凌云工贸有限公司、山东海派冷链物流有限公司入围省级物流标准化试点单位。全市实有重点商超 25 个，其中东港区 12 个、岚山区 4 个、莒县 4 个、五莲县 5 个。开设 5 个以上门店的连锁便利店企业 5 家，累计开设 120 家门店，其中主城区 58 家。改造农贸市场 36 个，其中主城区 19 个，大型农贸批发市场1个。

特殊行业发展　2019年，日照市实有拍卖企业10家，其中1家AAA级企业，3家AA级企业，3家A级企业。从业人员80人，其中注册拍卖师21人，房地产评估师2人，旧机动车评估师5人，其他专业技术人员20人。拍卖企业举办286个拍卖活动，拍卖成交额5.24亿元。

市场运行　2019年，日照市生活必需品价格基本平稳，其中蔬菜、水果、禽蛋类价格变动基本延续往年变化趋势。猪肉价格自7月份开始持续大幅上涨，11月下旬涨至最高点65.33元/公斤，与7月份相比涨幅高达119.23%。11月底开始，猪肉价格缓慢回落，至年底基本稳定在57.38元/公斤。市商务局为平抑价格、平衡供求关系，累计向市场投放储备猪肉120吨。

【货物贸易】

进出口额　2019年，日照市实现货物进出口10525560万元，比上年的8953919万元增长17.6%。

2019年日照市货物贸易额一览表
Foreign Trade Value of Rizhao City in 2019

表5–65

分类指标	进出口		出　口		进　口	
	金额（万元）	增长（%）	金额（万元）	增长（%）	金额(万元)	增长（%）
总　额	**10525560**	**17.6**	**4066315**	**0.1**	**6459245**	**32.0**
国有企业	1118015	100.7	312007	30.8	806008	153.1
外商投资企业	2766286	–2.3	1224067	19.6	1542219	–14.7
民营企业	6641259	19.2	2530241	–9.7	4111018	48.3
集体企业	2961278	14.5	1245626	–17.5	1715652	59.3
私营企业	3679981	23.3	1284615	–0.5	2395366	41.4
一般贸易	7979421	8.5	2974362	–8.9	5005059	22.3
加工贸易	1460630	26.3	1024499	32.6	436131	13.5
其他贸易	1085509	147.1	67454	248.9	1018055	142.6
纺织服装	140333	–8.9	136377	–8.7	3956	–14.4
农产品	1267798	–15.1	586301	8.4	681497	–28.4
化工产品	433277	22.6	267442	28.2	165835	14.4
机电产品	1775673	–2.1	974644	24.2	801029	–22.1
高新技术产品	88475	–44.0	27053	4.6	61422	–53.5

进口额　实现进口6459245万元，比上年的4892455万元增长32.0%。

2019年日照市主要进口商品一览表
Major Import Goods of Rizhao City in 2019

表5-66

进口商品名称	进口额（万元）	权重（%）
铁矿砂及其精矿	2429541.2	37.6
原油	1126190.2	17.4
粮食	357237.3	5.5
机械设备	339255.9	5.3
运输工具	307724.7	4.8
煤及褐煤	218438.0	3.4
水海产品	188994.2	2.9
初级形状的塑料	108195.7	1.7
纸浆	106586.0	1.7
电器及电子产品	71679.2	1.1

进口来源 进口商品来自105个国家（地区）。从10个主要进口来源进口5004326万元，占进口总额的77.5%。

2019年日照市主要进口来源一览表
Major Import Sources of Rizhao City in 2019

表5-67

进口来源	进口额（万元）	权重（%）
澳大利亚	1474874	22.8
巴　　西	993801	15.4
韩　　国	875564	13.6
越　　南	339507	5.3
阿 联 酋	255827	4.0
安 哥 拉	227948	3.5
加 拿 大	216912	3.4
俄 罗 斯	210635	3.3
泰　　国	204862	3.2
阿　　曼	204396	3.2

出口额 实现出口4066315万元，比上年的4061464万元增长0.1%，出口额占全市生产总值的20.86%、全省出口总值的3.7%。

2019年日照市主要出口商品一览表
Major Export Goods of Rizhao City in 2019

表5-68

出口商品名称	出口额（万元）	权重（%）
钢材	1711688.6	42.1
机械设备	449125.2	11.0
水海产品及制品	393855.2	9.7
金属制品	251779.7	6.2
手用或机用工具	181658.3	4.5
运输工具	160087.9	3.9
柠檬酸	97974.5	2.4
纺织纱线、织物及制品	88546.3	2.2
煤及褐煤	85081.4	2.1
蔬菜及制品	76735.5	1.9

出口市场 出口商品销往187个国家（地区）。对10个主要出口市场出口2411694万元，占出口总额的59.3%。

2019年日照市主要出口市场一览表
Major Export Markets of Rizhao City in 2019

表5-69

出口市场	出口额（万元）	权重（%）
韩　　国	595575	14.6
日　　本	426892	10.5
美　　国	348636	8.6
俄 罗 斯	263439	6.5
越　　南	252024	6.2
印度尼西亚	136596	3.4
沙特阿拉伯	108160	2.7
印　　度	104127	2.6
泰　　国	89204	2.2
尼日利亚	87041	2.1

【服务贸易】

进出口额 2019 年，日照市实现服务进出口 528578 万元，比上年增长 7.3%。

进口额 实现进口 293358 万元，比上年增长 21.1%。

出口额 实现出口 235220 万元，比上年下降 6%。

【技术贸易】

技术引进 2019 年，日照市签订技术引进和设备进口合同 7 个，比上年增加 3 个。签约额 40151.55 万美元，比上年的 149.39 万美元增长 26778 %。

【吸收外国及中国港澳台地区投资】

总体情况 日照市 2019 年引进外国及中国港澳台地区投资项目 42 个，签约投资额 84997 万美元，实际投资额 18692 万美元。

投资产业 第二产业项目 22 个，实际投资额 17823 万美元。第三产业项目 20 个，实际投资额 869 万美元。

投资来源 2019 年有 10 个国家（地区）在日照市投资，投资额居前 3 位的国家（地区）分别是新加坡、韩国、中国香港，实际投资额分别为 9451 万美元、2863 万美元和 2452 万美元。

2019 年日照市吸收外国及中国港澳台地区投资一览表
Overboundary Investment of Rizhao City in 2019

表 5–70

投资方式	签约投资			实际投资	
	项目数（个）	签约额（万美元）	增长（%）	金额（万美元）	增长（%）
合资企业	24	49339	1478.0	6508	774.7
独资企业	18	35658	592.8	12184	218.9
合　计	**42**	**84997**	**927.3**	**18692**	**309.5**

【经济技术合作】

对外国及中国港澳台地区投资 日照市 2019 年兴办境外企业 7 家，总投资 28359 万元，中方投资 28359 万元。主要投资对象为美国、巴基斯坦、马来西亚等国家，主要投资领域为水产品、健身器材、酒类商品生产与贸易。

劳务合作 日照市 2019 年签订对外劳务合作合同 16 个，签约额 386 万元，派出劳务人员 984 人，年末在外 1464 人。主要派驻地是日本、韩国。

【园区建设】

经济开发区 2019 年，日照市实有 5 个省级以上经济开发区，其中 1 个国家级经济技术开发区、1 个省级经济开发区。

日照经济技术开发区实现一般公共预算

收入247793万元，实现规模以上工业增加值123.95亿元、增长7.1%，固定资产投资增长5.5%，基础设施投资增长47.7%。实现货物进出口2998509万元，下降0.4%。

日照高新技术产业开发区实现一般公共预算收入93449万元，增长21.3%。规模以上工业增加值增长12.2%，固定资产投资增长7.3%。实现货物进出口406130万元，下降1.0%。

岚山经济开发区实现一般公共预算收入384581万元，增长11.2%。固定资产投资下降37.0%，基础设施投资下降37.4%。实现货物进出口3705981万元，增长31.9%。

莒县经济开发区固定资产投资下降11.95%，实现货物进出口287015万元、下降5.9%。

市北经济开发区实现一般公共预算收入13000.54万元，固定资产投资增长6.8%。实现货物进出口3.3亿元、增长23.0%。

日照综合保税区　2019年7月16日，日照综合保税区一期工程通过国家联合验收组验收，正式封关运营。自2018年5月31日经国务院批准设立，日照综合保税区抓紧开展一期工程项目立项、环境影响评价、土地征用、建设规划等项工作，完成道路及巡逻道、围网、卡口、查验区、检疫处理区、公共仓库等基础和配套设施建设，经过1年多的建设，满足了封关运营的各项要求。一期工程封关运营以后，日照综合保税区已签约（注册）项目11个，洽谈推进项目9个。保税区管委会与中铁快运股份有限公司签署合作协议，开辟保税区到国内欧亚路桥沿线城市及东南亚、中亚、欧洲的班列业务，与日照港集团有限公司、中远海运集团有限公司共同建设中远海运保税物流项目，并拟发展航空装备研发制造与维修产业。

2019年10月，日照综合保税区启动二期工程建设，年内已完成规划设计工作，进口商品展销中心规划选址、运营主体、选品定品、业务培训、招商推介等项工作正在有序推进。

知识窗

2020年全国诚信兴商宣传月活动

2020年9月17日，商务部、中央宣传部等19个中央和国家部委印发关于开展2020年诚信兴商宣传月活动的通知，以诚实经营、守信服务为主题，在全国范围内开展宣传贯彻党中央、国务院关于社会信用体系建设的重大决策部署，宣传各地各部门信用体系建设的主要做法和成效，培育重信守诺的诚信文化等系列活动，其中包括十余个主题宣传活动。9月27日，主办单位在上海举办诚信兴商宣传月活动启动仪式。

2019 年临沂市商务经济运行情况

Business Operation Conditions of Linyi City in 2019

【商贸流通】

社会消费品零售总额　2019 年，临沂市社会消费品零售总额较上年增长 3.5%。其中，城镇消费品零售额增长 3.4%，乡村消费品零售额增长 3.9%，批发企业消费品零售额增长 3.2%，零售企业消费品零售额增长 3.4%，住宿企业零售额增长 4.8%，餐饮企业零售额增长 5.1%。限额以上单位通信器材、智能手机、能效等级为 1 级和 2 级的商品、智能家用电器和音像器材零售额分别增长 26.7%、31.2%、30.5%、32.5%。

市场物价　2019 年，临沂市居民消费价格较上年上涨 2.9%。

市场秩序建设　2019 年，临沂市商务部门开展为期 1 个月的诚信兴商宣传月活动，在市区大型商超安放 300 个诚信兴商宣传牌，并继续开展诚信经营示范店、示范街、示范市场创建活动，完善商贸企业信用信息记录和披露制度，推进商务领域诚信体系建设。开展重要产品追溯体系提升和运维工作，水蜜桃追溯体系建设完成审计验收，河东区肉菜追溯体系试点建设经验在沂水县、莒南县、平邑县、蒙阴县加以推广，市产品追溯平台接收数据 14400 余万条，扫码查询 2.9 万次。对已备案的 25 家规模发卡企业、13 家其他发卡企业进行跟踪监管，对不合规变更备案信息、单用途卡多用途化等问题进行专项检查，严厉打击违规行为。加强对直销行业的监管，开展直销企业经营资质复核工作，引导直销企业规范经营。对报废汽车回收拆解企业进行巡回检查，对非法回收拆解窝点进行全面摸排，清理取缔非法回收拆解窝点 34 个。市人民政府建立成品油流通联席会议制度，多部门协调配合，强化对成品油流通的监管，严格市场准入，规范 1100 余家具有石油批发、仓储以及成品油零售资质的企业的经营行为，取缔无照无证经营的非法加油点 48 个。

市场体系建设　2019 年，临沂市商务部门继续开展智慧便利店进社区工程和品牌农产品进超市工程建设，新建及改造提升农贸市场 5 个、社区便利店 60 个。商贸物流标准化试点工作取得成效，7 家冷链物流试点企业全部通过验收，物流企业带板运输率提高到 31%，整体装卸效率提升 40%，装卸成本降低 22%。取消二手机动车限迁措施，培育机动车交易市场，新机动车、二手机动车交易市场合理搭配、规模效益增强，全市实有二手机动车交易市场 45 个，从业人员 4500 余人。实现汽车销售额 458.5 亿元，较上年增长 1%，其中新车交易额 302.4 亿元，二手车交易额 156.1 亿元。机动车报废、回收、拆解规范有序，广发联合拆车有限公司、奥凯再生资源利用有限公司两家报废机动车回收拆解企业回收报废汽车 1.45 万辆，增长 15.1%，拆解报废汽车 1.52 万辆，增长 15.2%。年内，临沂市被商务部等国家部委确定为全国供应链创新与应用试点城市。投资 2.05 亿元的兰陵县国家公益性农产品批发市场建设试点项目建成运营，日均销售蔬菜 100 万斤。完成全国家政服务领跑者试点城市、试点企业申报工作，家政服务业培训从业人员 5000 余人次。

电子商务　2019 年，临沂市实现网络零售额 304.2 亿元，较上年增长 21.6%。实现农村网络零售额 75.5 亿元、农产品网络零售额 20.9 亿元。域内 5 个国家级电子商务进农村综合示范县建成县级电子商务服务中心 3 个、村级电子商务服务站点 841 个。山东临谷电子商务科技孵化园、顺和直播电子商务小镇、惟业快手直播基地相继建立，新媒体电子商务交易额突破 60 亿元。齐鲁 E 谷电子商务产业园、中国临沂商城国际电子商务产业园被商务部认定为国家级电子商务示范基地。

会展经济　2019 年，临沂市举办各类会展活动 221 个，其中展览活动 115 个，论坛节庆活动 106 个。展位总数 11.09 万个，参展企业 3.94 万家，展出总面积 221.9 万平方米。实现展会交易额 449.6 亿元，带动相关收入 123.7 亿元，分别增长 9.8%、4%。临沂木业博览会和五金商品交易会入选山东省品牌展会。临沂全屋定制精品展和小商品展通过国际展览机构认证。

特殊行业发展　2019 年，临沂市实有拍卖企业 39 家，注册资本 19673 万元，员工 389 人，具有资格证书人员 256 人。拍卖企业举办 526 个拍卖活动，成交额 142893 万元。

市场运行和消费促进　2019 年，临沂商城实现市场交易额 4830.52 亿元，较上年下降 4.5%，市场采购贸易方式出口 186.2 亿元，物流总额 7671.55 亿元，增长 2.8%，网络零售额 210.79 亿元。

市场运行监测机构完善城乡市场监测网络体系建设、优化市场监测样本企业结构，样本企业增加到 244 家，5 家企业安装信息泵并承担日报表任务。样本企业在线报送运行信息 5000 余次，报送率 100%，及时率 98%。监测机构撰写市场运行分析报告 410 篇，其中农村消费、兰陵蒜薹、水果价格等专题调研分析报告 56 篇。市商务预报网站发布有关信息 259 条、原创分析文章 258 篇、被商务部主网站采用分析文章 130 篇。商务部门开展应急保障供应工作，储备冻猪肉 2200 吨，以应对因非洲猪瘟等造成的猪肉供应短缺。举办第二届魅力临沂——餐饮美食文化节、第二届炒鸡烹任大赛、临沂市餐饮业职工技能大赛等活动，推动餐饮消费。

【货物贸易】

进出口额　2019 年，临沂市实现货物进出口 8366780 万元，比上年的 6807103 万元增长 22.9%。

进口额　实现进口 1554027 万元，比上年的 1414778 万元增长 9.8%。

进口商品结构　初级产品进口 1174054 万元，占进口总额的 75.5%。工业制成品进口 379973 万元，占进口总额的 24.5%。

进口来源　进口商品来自 95 个国家（地区）。从 10 个主要进口来源进口 988925 万元，占进口总额的 63.6%。

出口额　实现出口 6812753 万元，比上年的 5392325 万元增长 26.3%，出口额占全市生产总值的 14.8%、全省出口总值的 6.1%。

出口商品结构　初级产品出口 1607061 万元，占出口总额的 23.6%。工业制成品出口 5205692 万元，占出口总额的 76.4%。

2019年临沂市货物贸易额一览表
Foreign Trade Value of Linyi City in 2019

表 5-71

分类指标	进出口		出　口		进　口	
	金额（万元）	增长（%）	金额（万元）	增长（%）	金额（万元）	增长（%）
总　额	**8366780**	**22.9**	**6812753**	**26.3**	**1554027**	**9.8**
国有企业	219706	-6.2	200610	4.4	19096	-54.5
外商投资企业	942378	-5.2	717539	-12.8	224839	31.3
其他企业	7204696	30.3	5894604	36.2	1310092	9.1
集体企业	28101	-5.3	27189	-6.3	912	40
私营企业	7176595	30.5	5867415	36.5	1309180	9.1
一般贸易	5116142	2.2	4251077	7.4	865065	-17.4
加工贸易	704502	12.5	575447	14.9	129055	3.1
其他贸易	2546136	128	1986229	126.8	559907	132.1
机电产品	1545893	32.9	1331828	37.8	214065	8.6
化工产品	1330791	18.3	1079307	24	251484	-1.1
纺织服装	1015407	65.1	1002687	67.5	12720	-21.7
农产品	748458	-7.7	526153	-14.1	222305	11.7
轻工工艺品	970985	53.5	940199	59.9	30786	-30.6
高新技术产品	96386	102.6	62613	94.8	33773	118.8

2019 年临沂市主要进口商品一览表
Major Import Goods of Linyi City in 2019

表 5–72

进口商品名称	进口额（万元）	增长（%）	权重（%）
矿物燃料	221003	728.1	14.2
铁矿砂及其精矿	199121	1735.4	12.8
机械设备及零配件	179671	8.6	11.6
塑料原料	167534	–28.6	10.8
原木及木材	148286	–27.9	9.5
镍矿砂及镍金属	101402	74.8	6.5
木薯干	98028	–18.3	6.3
纯铜及铜废料	59183	–80.4	3.8
花生及制品	53818	39.6	3.5
橡胶及制品	52944	–2.4	3.4
钻石	31223	–3.1	2.0
醇类化工品	23512	9404.4	1.5
纸浆及纸制品	18000	–44.6	1.2
水果及制品	15506	4.2	1.0
纺织纱线、织物及制品	12802	–34.1	0.8
电器及电子产品	11992	–20.7	0.8
肉制品	7038	242.6	0.5
红酒	2484	50.0	0.2

2019年临沂市主要进口来源一览表
Major Import Sources of Linyi City in 2019

表5-73

进口来源	进口额（万元）	增长（%）	权重（%）
泰　　国	145913	-12.9	9.4
澳大利亚	132620	932.2	8.5
韩　　国	117505	-20.2	7.6
巴　　西	110490	431.7	7.1
新 西 兰	102631	-25.3	6.6
印度尼西亚	94999	34.1	6.1
尼日利亚	87854	6472.5	5.7
伊　　朗	87296	-26.9	5.6
德　　国	56666	16.1	3.7
美　　国	52951	-29.9	3.4

2019年临沂市主要出口商品一览表
Major Export Goods of Linyi City in 2019

表5-74

出口商品名称	出口额（万元）	增长（%）	权重（%）
木质板材	819012	-2.6	12.1
服装鞋帽	703428	177.9	10.4
金属制品	665247	44.4	9.8
轮胎	562246	20.0	8.3
纺织纱线、织物及制品	483940	9.0	7.1
塑料制品	336365	58.0	5.0
家具及其零件	286335	12.4	4.2
柳编制品	267651	7.6	3.9

续表 5-74

出口商品名称	出口额（万元）	增长（%）	权重（%）
化工产品	235325	-2.8	3.5
果蔬及制品	205030	-21.1	3.0
工程机械	201625	-1.2	3.0
建材产品	151999	17.5	2.2
电子产品	136616	46.3	2.0
花生及制品	135624	-7.0	2.0
园林机械	127537	-4.3	1.9
医药及卫生用品	110636	27.6	1.6
钢材	108313	41.5	1.6
日用陶瓷	103743	16.1	1.5
罐头食品	58215	1.0	0.9
钻石	32398	-9.3	0.5

出口市场　出口商品销往 216 个国家（地区）。对 10 个主要市场出口 3557974 万元，占出口总额的 52.4%。

2019 年临沂市主要出口市场一览表
Major Export Markets of Linyi City in 2019

表 5-75

出口市场	出口额（万元）	增长（%）	权重（%）
韩　　国	1143508	193.5	16.9
美　　国	747786	-12.4	11.0
日　　本	271906	12.0	4.0
越　　南	258580	53.3	3.8
菲 律 宾	258570	10.5	3.8
印　　度	244362	12.8	3.6
俄 罗 斯	179192	33.3	2.6
印度尼西亚	159388	-1.4	2.4
英　　国	153920	20.8	2.3
沙特阿拉伯	140762	56.5	2.1

【服务贸易】

进出口额　2019年，临沂市实现服务进出口39.4亿元，较上年增长4.3%。

进口额　实现进口27.1亿元，增长2.9%。

出口额　实现出口12.3亿元，增长7.5%。

主要业务领域　临沂市2019年服务贸易涉及加工、运输、建设、旅行等领域。承接服务外包项目52个，增长300%，签约额943万元，增长445%，执行额253.2万元，增长89%。

主要出口市场　临沂市2019年服务贸易主要出口市场为日本、韩国、美国、法国、德国。

【技术贸易】

技术引进　签订技术引进和设备进口合同5个，比上年减少2个。签约额1218.8万美元，比上年的235.5万美元增长417.5%。

【吸收外国及中国港澳台地区投资】

总体情况　临沂市2019年引进外国及中国港澳台地区投资项目127个，签约投资额26.51亿美元，实际投资额38730万美元。

投资产业　第一产业项目4个，签约投资额2919万美元，实际投资额1818万美元。第二产业项目51个，签约投资额3.70亿美元，实际投资额20627万美元。第三产业项目72个，签约投资额22.52亿美元，实际投资额16285万美元。

投资来源　2019年有33个国家（地区）在临沂市投资，投资项目居前五位的国家（地区）分别是中国香港、中国台湾、韩国、巴基斯坦、日本，合计投资项目89个，签约投资额24.80亿美元。实际投资居前五位的国家（地区）是中国香港（含在香港设立的投资性公司）、英属维尔京群岛、韩国、中国台湾、加拿大，投资额3.75亿美元。

2019年临沂市吸收外国及中国港澳台地区投资一览表
Overboundary Investment of Linyi City in 2019

表5-76

投资方式	签约投资			实际投资	
	项目数（个）	签约额　（万美元）	增长（%）	金额　（万美元）	增长（%）
合资企业	64	32232	137.1	20103	738.3
独资企业	61	232074	1372.4	17629	10.3
股权投资	2	797	—	998	—
合　计	**127**	**265103**	**806.6**	**38730**	**70.6**

【经济技术合作】

对外国及中国港澳台地区投资　2019年，临沂市实际对外投资3.056亿元，增长30.4%，其中对“一带一路”沿线国家实际投资4528.1万元，占14.8%。在“一带一路”沿线国家新备案企业7家，签约投资额10875万元。重点投资项目是：奥德集团有限公司增资12263.6万元，收购澳大利亚Denison Trough气田50%

股权。

承包工程　临沂市2019年签订对外承包工程合同3个，签约额1.07亿元，完成营业额18.8亿元。新签约项目涉及建筑、商业等领域，主要分布在非洲和东南亚地区。

劳务合作　临沂市2019年签订对外劳务合作合同10个，签约额38万元，派出劳务人员434人。主要派驻地是日本、新加坡。

【园区建设】

经济开发区　2019年，临沂境内经济开发区“四上企业”缴纳税收94.07亿元、增长9.30%，实现进出口596.11亿元、增长42.48%，吸收外国及中国港澳台地区实际投资3.06亿美元。

各经济开发区批准入区项目407个，签约投资总额2343.34亿元，其中投资额逾5亿元的项目90个，列入省重点项目的项目11个，列入市重点项目的项目64个。建设国家级重点人才平台载体29个，省级重点人才平台载体176个，国家和山东省认可的科技企业孵化器159.2万平方米，其他省级以上双创平台91个。

临沂综合保税区　2019年，临沂综合保税区有进出口业绩的企业526家，较上年增加245家，其中进出口额逾亿美元的企业12家、逾千万美元的59家、逾百万美元的165家，分别增加9家、18家、49家。上述企业实现进出口37.7亿美元，增长103.5%，完成固定资产投资10.74亿元，增长83.6%，吸收外商投资1505万美元。

知识窗

小商品之乡——临沂市

临沂市位于山东省东南部，地近黄海，位于鲁南临港产业带、海洋产业联动发展示范基地、东陇海国家级重点开发区域和山东西部经济隆起带的叠加区域，是鲁东南地区中心城市，具有滨水特色的现代工贸城市和商贸物流中心。临沂总面积17191.2平方千米，是山东省面积最大的市。

临沂因临沂河得名，古称琅琊，秦时属琅琊郡和郯郡。中国共产党曾经在临沂创建沂蒙革命根据地，1945年8月在莒南县大店镇成立山东省政府。

临沂有临沂商城、沂蒙山、岱崮、王羲之故居、竹泉村、天上王城、汤头温泉等景点，有曾子、荀子、诸葛亮、王羲之、颜真卿、萧道成等历史名人，曾获全国文明城市、中国最佳文化生态旅游城市、中国十佳生态宜居典范城市、中国最具投资价值十大城市、中国大陆最佳商业城市、世界滑水之城等荣誉称号。

2019 年德州市商务经济运行情况

Business Operation Conditions of Dezhou City in 2019

【商贸流通】

社会消费品零售总额　2019 年，德州市社会消费品零售总额较上年增长 7.0%。按经营地统计，城镇消费品零售额增长 6.6%，乡村消费品零售额增长 8.5%。按消费类型统计，批发业零售额增长 1.6%，零售业零售额增长 7.2%，住宿业零售额增长 6.3%，餐饮业零售额增长 10.3%。限额以上单位粮油食品零售额增长 11.4%，服装、鞋帽、针纺织品零售额增长 6.0%，家用电器及电子产品零售额增长 6.3%，五金、家具及室内装饰材料零售额增长 6.6%，体育、娱乐用品零售额增长 72.9%，书报杂志零售额增长 17.2%，化妆品零售额增长 9.6%，汽车零售额增长 8.8%。

市场物价　2019 年，德州市居民消费价格较上年上涨 3.3%，其中消费品价格上涨 4.6%，食品烟酒价格上涨 8.2%，衣着价格上涨 2.1%，居住价格上涨 3.7%，生活用品及服务价格上涨 2.2%，交通和通信价格下降 5.3%，教育文化和娱乐价格上涨 2.9%，医疗保健价格上涨 2.3%。工业生产者出厂价格下降 1.7%，工业生产者购进价格上涨 0.6%。

市场秩序建设　2019 年，德州市商务局以优化商务信用环境为目标，深入推进商务领域诚信体系建设，在全市商贸流通企业开展诚信经营宣传月活动，倡导以诚实守信为荣、以见利忘义为耻和以遵纪守法为荣、以违法乱纪为耻的经营道德新风尚，引导商贸流通企业增强信用意识，营造诚实守信的社会氛围。在 6 月 17—21 日举办的食品安全宣传周活动中，市商务局以重要产品追溯为切入点，开展关注追溯产品、共享健康生活相关宣传，在市中心广场、德百商场、八里庄便民市场等人流量大的场所运用展板展示追溯流程，开展咨询活动，倾听消费者意见建议，发放宣传品 1000 余份。8 月 13 日，德州市委宣传部、市精神文明建设办公室举办诚信经营、做文明企业倡议活动，市属商贸流通企业在澳德乐时代广场面向消费者进行诚信经营公开承诺。

市人民政府建立成品油市场监督管理联席会议制度和油品质量监管专业委员会，在全市开展成品油市场集中排查整治工作和成品油市场整治提升行动，加强对成品油流通的监管。夏津县在全县所有加油站安装税控信息采集系统，乐陵市为全市 30 个民营加油站安装远程监控系统，从技术层面对加油站油品进销渠道进行 24 小时实时监控。庆云县成立成品油流通行业协会，建立经营者自律机制。

市场体系建设　2019 年，德州市商务部门以农产品流通体系建设为重点开展市场体系建设，在农商互联领域重点开展产销对接工作，组织农产品流通企业、大型商超企业参加全国农商互联大会，加强内外交流，取得了应有成效。完善物流基础设施，规划建设物流基地、物流园区、物流中心三个层次的现代物流节点，已建成商贸物流园区、配送中心30个，货运场站仓储面积近600万平方米。运达物流园区、山东盖世冠威国际物流园区、德州资通国际物流园、铁西农产品综合物流园等物流园区运营状态良好，煤炭、木材物流园区交易规模居全省物流园区前列。市域110多家物流企业已形成不同所有制、不同经营规模、不同经营模式相互补充的各具特色的物流群体。市内现有机动车回收拆解企业2家、二手车交易市场19个、汽车经销商332个。

市场运行和消费促进　2019年，德州市新登记市场主体6.84万个，较上年增长19.7%，其中新登记企业2.53万家，增长34.2%。各类市场主体由此增加到42.72万个。

德州市市场运行监测体系具有139家样本企业，监测机构每周一和周五发布生活必需品和重要生产资料运行数据，每月发布重点流通企业、酒类流通企业数据。市内9个国家级储备仓库所储备的粮食、棉花、化肥、食糖、成品油、猪肉等物资，可有效缓解相关商品市场供给紧张状况。市商务部门引导大型商贸流通企业备足货源，做好节日商品特别是粮油、蔬菜和肉蛋奶等生活必需品的采购、调运和储备工作，确保充足的市场供应。引导商场超市开展各类促销活动，带动节日消费。

【货物贸易】

进出口额　2019年，德州市实现货物进出口3454344万元，比上年的2943594万元增长17.4%。

2019年德州市货物贸易额一览表
Foreign Trade Value of Dezhou City in 2019

表5-77

分类指标	进出口		出　口		进　口	
	金额（万元）	增长（%）	金额（万元）	增长（%）	金额（万元）	增长（%）
总　额	**3454344**	**17.4**	**2040381**	**7.8**	**1413963**	**34.6**
国有企业	71376	-0.04	68567	-0.8	2809	22.8
外商投资企业	846824	22.2	527250	25.0	319574	17.9
民营企业	2536144	16.7	1444564	3.8	1091580	39.5
一般贸易	2869857	8.5	1704965	1.7	1164892	20.3
加工贸易	467891	85.0	327561	70.0	140330	133.0
其他贸易	116596	213.5	7855	-92.1	108741	292.9
纺织服装	225979	12.3	223360	12.5	2619	-1.0
机电产品	1419480	20.7	1062571	18.8	356909	26.8
化工产品	1150655	36.2	418620	-2.0	732035	57.8
农副产品	294237	4.6	182045	6.5	112192	1.7
高新技术产品	468688	14.5	274392	26.6	194296	0.9

进口额　实现进口1413963万元，比上年的1050660万元增长34.6%。

进口商品结构　初级产品进口949854万元，占进口总额的67.2%。工业制成品进口464109万元，占进口总额的32.8%。

2019年德州市主要进口商品一览表
Major Import Goods of Dezhou City in 2019

表5-78

进口商品名称	进口额（万元）	权重（%）
原油及芳烃	704616	49.8
机电设备	353908	25.0
铁矿石	118150	8.4
糖及食糖	56166	4.0
生皮及皮革	21696	1.6
化学短纤	10417	0.7

进口来源　进口商品来自76个国家（地区）。从10个主要进口来源进口1298897万元，占进口总额的91.9%。

2019年德州市主要进口来源一览表
Major Import Sources of Dezhou City in 2019

表5-79

进口来源	进口额（万元）	权重（%）
巴　西	721344	51.0
美　国	167435	11.8
澳大利亚	103632	7.3
韩　国	102185	7.2
中国台湾	62771	4.4
马来西亚	47542	3.4
俄罗斯	34698	2.5
日　本	23203	1.6
印　度	20698	1.5
新加坡	15389	1.1

出口额 实现出口2040381万元，比上年的1892934万元增长7.8%，出口额占全市生产总值的5.7%、全省出口总值的1.8%。

出口商品结构 初级产品出口144756万元，占出口总额的7.1%。工业制成品出口1895625万元，占出口总额的92.9%。

2019年德州市主要出口商品一览表
Major Export Goods of Dezhou City in 2019

表5-80

出口商品名称	出口额（万元）	权重（%）
电气产品	564731	27.8
化学制品	418620	20.6
机械设备	173092	8.5
纺织品	170655	8.4
钢材及制品	136350	6.7
食品	109037	5.4
车辆及配件	108696	5.3
服装	52804	2.6
玻璃及制品	16668	0.8
木及木制品	9266	0.5

出口市场 出口商品销往182个国家（地区）。对10个主要市场出口1193972元，占出口总额的58.5%。

2019年德州市主要出口市场一览表
Major Export Markets of Dezhou City in 2019

表5-81

出口市场	出口额（万元）	权重（%）
中国香港	251794	12.3
美　　国	224264	11.0
韩　　国	138013	6.8
印　　度	121706	6.0
泰　　国	109429	5.4

续表 5-81

出口市场	出口额（万元）	权重（%）
马来西亚	75907	3.7
越　　南	70373	3.4
荷　　兰	68444	3.4
俄 罗 斯	68269	3.3
德　　国	65773	3.2

【吸收外国及中国港澳台地区投资】

总体情况　德州市2019年引进外国及中国港澳台地区投资项目36个，签约投资额38359万美元，实际投资额16001万美元。

投资产业　第一产业项目1个，签约投资额149万美元。第二产业项目27个，签约投资额31625万美元，实际投资额7150万美元。第三产业项目8个，签约投资额6586万美元，实际投资额8851万美元。

投资来源　2019年有19个国家（地区）在德州市投资，投资额居前五位的国家（地区）分别是中国香港、英属维尔京群岛、澳大利亚、印度、新加坡，合计投资项目21个，签约投资额37364万美元，实际投资额15134万美元。

2019年德州市吸收外国及中国港澳台地区投资一览表

Overboundary Investment of Dezhou City in 2019

表 5-82

投资方式	签约投资			实际投资	
	项目数（个）	签约额(万美元）	增长（%）	金额（万元）	增长（%）
合资企业	19	10110	71.7	5253	113.0
独资企业	17	28249	284.2	10748	81.9
合　　计	**36**	**38359**	**189.7**	**16001**	**91.1**

外国及中国港澳台地区投资企业生产经营情况　2019年德州市实有外国及中国港澳台地区投资企业210家，投资总额320888万美元，外方投资106372万美元，实现产值1772178万元。盈利企业81家，盈利总额93681万元。亏损企业93家，亏损总额48180万元。

【经济技术合作】

对外国及中国港澳台地区投资　德州市2019年新设境外企业12家，实际投资69614万元，主要投资对象为德国、韩国、日本、坦桑尼亚、中国香港、新西兰，主要投资领域为建筑工程承包、进出口贸易、体育、汽车制造、医药制造、通用设备制造。

承包工程　德州市2019年签订对外承包工程合同7个，签约额86769万元，实现营业额131699万元。新签约项目涉及建筑、房地产等领域，主要分布在南苏丹、阿尔及利亚、赞比亚。

劳务合作　德州市2019年正在执行的对外劳务合作项目228个，派出劳务人员600人，年末在外2348人。主要派驻地是日本、坦桑尼亚、波兰、孟加拉、加纳。

【园区建设】

2019年，德州市实有11个省级以上经济开发区，包括1个国家级经济技术开发区（德州经济技术开发区）、10个省级经济开发区。全市开发区批准入区项目1060个，签约投资额558亿元。实现规模以上工业增加值697.19亿元、公共财政预算收入126.77亿元。完成基础设施投资123.68亿元。实现税收收入180.73亿元，增长2.98%。实现进出口214.8亿元。吸收外国及中国港澳台地区实际投资12417万美元。

德州经济技术开发区、乐陵经济开发区被省经济开发区体制机制改革领导小组办公室确定为体制机制改革创新试点单位。乐陵经济开发区12月10日完成体制机制改革，在改革过程中组建了2家运营公司，其中乐陵市经开投资开发有限公司融资2000多万元。德州经济技术开发区正通过改组、培育和引进市场专业运营主体、组建企业联盟等举措加快改革进度。

【促销推介活动】

2019鲁台（德州）现代产业合作恳谈会　山东省人民政府港澳事务办公室、德州市人民政府主办，9月3日在德州举办。恳谈会采取综合洽谈与重点洽谈相结合、招商引资和招才引智相结合的方式，举办综合投资推介会、经济开发区精准对接会和平原县推介会，并组织部分台商到德城区、临邑县考察洽谈。130多个台商参加活动。

知识窗

神京门户——德州市

德州市地处环渤海经济圈、京津冀经济圈、山东半岛蓝色经济区以及黄河三角洲高效生态经济区交汇区域，京杭大运河有140多公里流经境内，历史上曾是重要的漕运通道，如今已定位为京津冀协同发展示范城市。

德州自古就有九达天衢、神京门户之称，曾是国内重要的交通枢纽，明清时期是全国33个工商业大城市之一，境内现存禹王亭、秦汉墓群、东方朔画赞碑、苏禄国东王墓、四女寺、文昌阁、定慧寺，董子读书台等众多历史古迹。三过家门而不入的大禹、射日英雄后羿、滑稽之雄东方朔、大书法家颜真卿、邢侗等都在德州留下过熠熠生辉的印迹。

2019 年聊城市商务经济运行情况

Business Operation Conditions of Liaocheng City in 2019

【商贸流通】

社会消费品零售总额　2019 年，聊城市社会消费品零售总额比上年增长 6%。按经营地统计，城镇消费品零售额增长 5.5%（其中城区市场消费品零售额增长 7.7%），乡村消费品零售额增长 7.3%。在限额以上企业商品中，化妆品零售额增长 8.6%，可穿戴智能设备零售额增长 33.8%，家用电器和音像器材中能效等级为 1 级和 2 级的商品零售额增长 12.2%，智能家电和音响器材零售额增长 5.9%。

市场物价　2019 年，聊城市居民消费价格比上年上涨 2.9%，涨幅较上年扩大 0.5 个百分点，其中服务价格上涨 2.5%，消费品价格上涨 3.2%。食品烟酒价格上涨 6.2%，衣着价格上涨 1.5%，居住价格上涨 1.8%，生活用品及服务价格上涨 1.3%，教育文化和娱乐价格上涨 4.1%，医疗保健价格上涨 3.4%，其他用品和服务价格上涨 4%，交通和通信价格下降 2.9%。工业生产者出厂价格下降 2.2%，工业生产者购进价格下降 0.8%。

市场秩序建设　2019 年，聊城市商务部门加强对单用途商业预付卡存管资金的监管，对辖区单用途商业预付卡发卡企业进行监督检查，并要求其与相关银行对接，防范资金风险。采取多种形式宣传《单用途商业预付卡管理办法》，营造全社会共同参与、共同监督的浓厚氛围。商务、食品药品监督管理部门携手开展工作，对药品流通进行监督检查，及时纠正违规经营行为。商务部门引导各县（市、区）、市属经济开发区辖区商贸流通企业开展诚信经营主题实践活动，营造诚信经营氛围。商务和投资促进局整顿报废机动车回收拆解经营秩序，清理 69 个报废机动车非法回收拆解窝点，取消 3 个二手车交易市场的备案资格。

市场体系建设　2019 年 4 月，聊城市商务和投资促进局、规划和自然资源局编制的《聊城市中心城区农贸市场布局专项规划（2018—2030 年）》被市人民政府批准实施。商务部门编制的《聊城市城区商业网点发展规划（2018—2030 年）》3 月通过专家评审，12 月通过市规划建设项目审查委员会审查。至此，全市市场体系建设进入有序发现的新阶段。商务部门开展农商互联活动，引导电子商务企业、大型超市等市场主体与农产品生产加工及流通企业、农村专业合作社对接，并组织企业参加 2019 全市农商互联产销对接大会、2019 全国农商互联暨精准扶贫产销对接大会、2019 农商互联创新发展大会，帮助企业拓展营销渠道。开展超市下乡活动，培育面向农村市场的区域骨干流通企业，构建以县城超市为龙头、乡镇商贸中心为基础、村级便民店为支撑的农村连锁网络。

市场运行和消费促进　2019 年，聊城市实有各类市场主体 52.79 万个，比上年增长 20.3%。其中，个体工商户 37.74 万个，注册资金 304.96 亿元，分别增长 17.6% 和 31.2%；私营企业 13.04 万家，注册资金 7163.48 亿元，分别增长 33.2% 和 26.2%。商务部门组织重点商贸流通企业节日期间开展一系列打折促销、让利酬宾活动，进一步搞活流通、扩大消费。

【货物贸易】

进出口额 2019 年，聊城市实现货物进出口 4091269 万元，比上年的 4895570 万元下降 16.4%。

2019 年聊城市货物贸易额一览表
Foreign Trade Value of Liaocheng City in 2019

表 5-83

分类指标	进出口		出　口		进　口	
	金额（万元）	增长（%）	金额（万元）	增长（%）	金额（万元）	增长（%）
总　额	**4091269**	**-16.4**	**2074384**	**-15.6**	**2016885**	**-17.3**
国有企业	205784	9.9	161251	5.9	44533	34.3
外商投资企业	461262	11.3	189857	8.4	271405	29.0
其他企业	3424223	-24.5	1723276	84.4	1700947	-22.5
集体企业	13774	-36.2	4966	-42.5	8808	-31.9
私营企业	3410449	-24.5	1718310	-26.6	1692139	-22.4
一般贸易	3362606	-5.9	1836196	-7.9	1526410	-3.4
加工贸易	717873	-44.6	227755	-48.2	490118	-42.7
其他贸易	10790	-71.5	10433	615.7	357	-81.4
纺织服装	327348	-12.5	321108	-12.6	6240	-1.4
农产品	313082	-6.5	270972	-9.6	42110	20.7
化工产品	370524	-3.3	293397	-9.3	77127	29.6
机电产品	418007	1.4	384302	0.2	33705	17.4
高新技术产品	36044	-19.4	32549	-18.3	3495	-28.5

进口额 实现进口 2016885 万元，比上年的 2437903 万元下降 17.3%。

2019年聊城市主要进口来源一览表
Major Import Sources of Liaocheng City in 2019

表5-84

进口来源	进口额（万元）	增长（%）
秘　　鲁	518671	-23.3
智　　利	479621	-16.4
澳大利亚	430262	23.4
东　　盟	159080	-68.5
加 拿 大	75262	91.2
巴　　西	72322	48.3
韩　　国	59885	62.2
几 内 亚	56303	304.3
欧　　盟	36938	-24.4
巴布亚新几内亚	31824	120.9

进口来源　进口商品来自81个国家。从10个主要进口来源进口1747506万元，占进口总额的86.6%。

出口额　实现出口2074384万元，比上年的2457667万元下降15.6%，出口额占全市生产总值的9.2%、全省出口总值的1.9%。

2019年聊城市主要出口市场一览表
Major Export Markets of Liaocheng City in 2019

表5-85

出口市场	出口额（万元）	增长（%）
东　　盟	362463	-23.4
欧　　盟	196567	5.3
中　　东	170889	-2.9
南　　亚	136791	-13.7
美　　国	129795	-22.8
韩　　国	88023	-53.7
贝　　宁	82501	-3.2
日　　本	75464	-0.9
俄 罗 斯	57910	5.3
多　　哥	54918	-19.5

出口市场　出口商品销往196个国家（地区）。对10个主要市场出口843906万元，占出口总额的40.7%。

【服务贸易】

进出口额　2019年，聊城市实现服务进出口196612万元，比上年的191443万元增长2.7%。

【技术贸易】

技术引进　2019年，聊城市签订技术引进和设备进口合同12个，比上年减少4个。签约额1642.5万元，比上年的7754.3万元下降78.8%。

技术出口　签订技术出口合同1个，比上年增加1个，签约额700万元。

【吸收外国及中国港澳台地区投资】

总体情况　聊城市2019年引进外国及中国港澳台地区投资项目35个，签约投资额36412万美元，实际投资额7253万美元。

投资产业　第二产业项目12个，签约投资额4231万美元，实际投资额4636万美元。第三产业项目23个，签约投资额32181万美元，实际投资额2617万美元。

投资来源　2019年有7个国家（地区）在聊城市投资，投资额居前五位的国家（地区）分别是中国香港、韩国、美国、中国台湾、荷兰，合计投资项目20个，签约投资额24560万美元，实际投资额6841万美元。

2019年聊城市吸收外国及中国港澳台地区投资一览表
Overboundary Investment of Liaocheng City in 2019

表5–86

投资方式	签约投资			实际投资	
	项目数（个）	签约额（万美元）	增长（%）	金额（万美元）	增长（%）
合资企业	20	23739	13.4	1441	–70.0
独资企业	15	12673	1147.0	5812	130.0
合　计	**35**	**36412**	**69.0**	**7253**	**99.4**

外国及中国港澳台地区投资企业生产经营情况　2019年聊城市实有外国及中国港澳台地区投资企业98家，投资总额258546.95万美元，外方投资100070.63万美元，营业收入69668万美元，吸纳就业人员1.83万人。

【经济技术合作】

对外国及中国港澳台地区投资　聊城市2019年兴办境外企业10家，总投资4.0381亿元，中方投资4.0179亿元，主要投资对象为泰国、中国香港、匈牙利，主要投资项目包括乖宝宠物食品集团有限责任公司泰国公司增资项目、山东百佳食品有限公司并购荷兰味舍公司项目、临清荣盛商贸有限公司新设鸿基（香港）国际投资公司。

承包工程　聊城市2019年对外承包工程完成营业额1.03亿元，项目涉及电厂、空冷岛、工业厂房、干煤棚、水泥厂建设等领域，主要分布在印度尼西亚、日本、菲律宾、埃塞俄比亚、沙特阿拉伯、乌干达、尼泊尔、巴基斯坦。

劳务合作　聊城市2019年签订劳务合作合同4个，签约额2000万元，派出劳务人员145人，年末在外300人，主要派驻地是日本、中国香港、新加坡。

【园区建设】

经济开发区　2019年，聊城市9个省级以上经济开发区实现公共财政预算收入75亿元，完成固定资产投资487亿元，实现税收收入98亿元，吸收外国及中国港澳台地区投资1.26亿元，实现进出口356亿元。

聊城市人民政府办公室出台《聊城市开发区体制机制改革创新试点工作方案》，确定临清、冠县、东阿经济开发区为开发区体制机制改革试点单位，以市场化和去行政化为改革方向，采取试点、总结、推广的方式，先行先试。根据改革要求，3个试点开发区实行“管委会+公司”的管理模式和全员聘任制，实现了管理体制和运行机制创新。

【促销推介活动】

第二届山东聊城（莘县）瓜菜菌博览会　聊城市人民政府、山东省商务厅主办，4月26日至5月20日在莘县举办，重点开展农产品展示、商贸洽谈、技术推广、文化交流等活动。其间举办的第二届香瓜电子商务节吸引100多个来自北京、武汉、长沙、深圳等地的客商参加，成交额5000万元。

知识窗

江北水城——聊城市

聊城市地处鲁西平原，是山东省的西大门，毗邻河南、河北，处于华东、华中、华北三大区域交界处，是国家历史文化名城、国家环保模范城市、国家园林城市、国家卫生城市、全国双拥模范城市、中国优秀旅游城市、中国温泉之乡、中国十大休闲城市。

聊城城区独具江北水城特色，被誉为中国北方的威尼斯，黄河与京杭大运河在此交汇。明清时期借助京杭大运河漕运之利，成为沿岸九大商都之一，繁荣昌盛达400年之久，被盛誉为江北一都会。市区环抱的东昌湖是中国北方最大的城市湖泊。

2019 年滨州市商务经济运行情况

Business Operation Conditions of Binzhou City in 2019

【商贸流通】

社会消费品零售总额　2019 年，滨州市社会消费品零售总额比上年增长 6.8%。其中，餐饮收入增长 8.2%，商品零售增长 6.6%，城镇零售额增长 6.7%，乡村零售额增长 7.1%。限额以上单位主要商品销售中，粮油、食品零售额增长 4.0%，服装、鞋帽、针纺织品零售额下降 5.1%，汽车零售额下降 3.6%，石油及其制品零售额增长 11.5%，通信器材零售额增长 2.8%，体育娱乐用品零售额增长 3.4%，书报杂志零售额增长 30.1%。智能手机零售额增长 41.5%，可穿戴智能设备零售额增长 17.1%，能效等级 1、2 级商品零售额增长 26.6%，智能家用电器和音像器材零售额增长 6.3%。计算机及配套产品零售额增长 8.0%，新能源汽车零售额增长 28.7%。

市场物价　2019 年，滨州市居民消费价格上涨 2.3%，其中，服务项目价格上涨 0.2%，消费品价格上涨 3.7%，食品烟酒价格上涨 7.6%，衣着价格上涨 0.9%，居住价格下降 1.5%，交通和通信价格下降 1.9%，教育文化和娱乐价格上涨 3.7%。工业生产者出厂价格下降 0.6%，购进价格下降 0.2%。

市场秩序建设　2019 年，滨州市商务部门加强单用途商业预付卡监管工作，对发卡企业执行预付卡流通情况进行全面检查，对 20 余起相关投诉进行处理，纠正违规经营行为，保障消费者权益。加强成品油流通监管工作，对成品油经营单位进行监督检查，对所发现的 17 个不合格加油站、黑加油站、流动加油罐车予以取缔，对 31 个外地移交的生产、销售不合格油品的经营单位进行严肃查处，并对不合格油品来源进行追溯，堵塞非法流通渠道。

市场体系建设　2019 年，滨州市商务部门开展家政服务信用平台建设，已有 33 家企业入驻，2235 人通过信用审核。建设智慧便利店 130 余个，进入超市的地方名优特产增加到 160 余种。开展老字号品牌认定推广工作，老字号企业增加到 18 家。开展省级物流标准化试点和山东智慧新零售示范工程试点工作，推荐 5 家企业申报山东省再生资源示范产业园、1 家企业申报山东省再生资源回收分拣示范中心。全市实有淘宝镇 9 个、淘宝村 48 个，淘宝村数量位居全省第二。惠民县被商务部、山东省商务厅认定为电子商务进农村综合示范县和山东省淘宝直播村播试点县。

特殊行业发展　2019 年，滨州市拍卖企业举办 290 个拍卖活动，实现成交额 81990.41 万元，获取佣金额 232.45 万元。报废机动车回收拆解企业回收拆解各类报废汽车 6132 辆，增长 27.8%。

市场运行和消费促进　2019 年，滨州市实有市场主体34.84万个，比上年增加4.72万个。其中，民营市场主体34.4万个，增长15.9%；各类企业10.19万家，增长21.25%。注册资本（金）9788.47亿元，增加1741.68亿元。其中，民营市场主体注册资本7722.63亿元，增长25.35%；各类企业注册资本9236.64亿元，增长22.43%。

商务部门引导商贸流通企业开展产品展销会、年货长廊、特卖巡展、让利酬宾等促销活动，培育节庆消费。市场运行监测机构对全市140余家重点生活必需品、生产资料、重点流通企业进行监测，及时掌握市场商品供需变化、价格波动、企业经营情况，确保市场平稳有序运行，并在节日期间开展政府合作平价猪肉销售活动，平抑猪肉价格。

【货物贸易】

进出口额　2019年，滨州市实现货物进出口8727902万元，比上年的8199699万元增长6.4%。

2019年滨州市货物贸易额一览表
Foreign Trade Value of Binzhou City in 2019

表5-87

分类指标	进出口		出　口		进　口	
	金额（万元）	增长（%）	金额(万元)	增长（%）	金额(万元)	增长（%）
总　额	**8727902**	**6.4**	**3114244**	**1.9**	**5613658**	**9.1**
国有企业	1053825	-5.7	418240	-3.3	635585	-7.1
外商投资企业	1767640	6.4	240633	-20.0	1527007	12.2
私营企业	5231401	18.0	2139565	10.6	3091836	23.7
其他企业	675036	-30.5	315806	-14.7	359230	-40.2
一般贸易	7496168	2.8	2793528	2.6	4702640	3.0
加工贸易	410604	-12.6	320584	1.5	90020	-41.5
其他贸易	821130	93.7	132	-70.0	820998	93.8
纺织服装	988136	-7.0	988136	-7.0	—	—
农产品	1548232	-8.1	177802	-4.4	1370430	-8.5
化工产品	687652	13.7	545692	9.6	141960	33.2
机电产品	253059	1.1	204569	12.8	48490	-29.7
高新技术产品	180901	-15.2	160850	-6.6	20051	-51.3

进口额　实现进口5613658万元，比上年的5144964万元增长9.1%。

进口商品结构　初级产品进口5028067万元，占进口总额的89.6%。工业制成品进口585591万元，占进口总额的10.4%。

2019 年滨州市主要进口商品一览表
Major Import Goods of Binzhou City in 2019

表 5-88

进口商品名称	进口额（万元）	权重（%）	增长（%）
铝矿砂	1716310	30.6	-2.6
大豆	1155480	20.6	-7.4
原油	2080459	37.1	43.5
机械设备	47980	0.9	-28.5
原棉	144926	2.6	15.0
化学制品	141960	2.5	33.2
生皮及皮革	29061	0.5	-44.1
纸浆	154370	2.8	-19.4
动植物油	32294	0.6	-4.4

进口来源　进口商品来自 68 个国家（地区）。从 10 个主要进口来源进口 4693663 万元，占进口总额的 83.6%。

2019 年滨州市主要进口来源一览表
Major Import Sources of Binzhou City in 2019

表 5-89

进口来源	进口额（万元）	增长（%）
巴　西	1751230	48.2
几内亚	1305784	-3.5
澳大利亚	415186	3.4
俄罗斯	312289	58.5
委内瑞拉	282315	99.1
马来西亚	213637	279.8
加拿大	151105	87.4
美　国	93224	-78.3
安哥拉	84654	-36.7
刚果（布）	84239	-69.3

出口额 实现出口3114244万元，比上年的3054735万元增长1.9%，出口额占全省出口总额的2.8%。

出口商品结构 初级产品出口134580万元，占出口总额的4.3%。工业制成品出口2979664万元，占出口总额的95.7%。

2019年滨州市主要出口商品一览表
Major Export Goods of Binzhou City in 2019

表5-90

出口商品名称	出口额 （万元）	权重（%）	增长（%）
纺织品和服装	988136	31.7	-7.0
纺织品	936707	30.1	-7.0
服装	51429	1.7	-6.2
钢材及制品	719915	23.1	4.3
化学制品	545692	17.5	9.5
电器设备及元件	122276	3.9	-0.4
铝材及制品	275957	8.9	5.2
糖（葡萄糖）	40927	1.3	-4.4
家具	67034	2.1	-1.1
饲料	61780	2.0	-19.6
草柳编制品	21448	0.7	2.5
餐具	11423	0.4	36.2

出口市场 出口商品销往174个国家（地区）。对10个主要市场出口1405782元，占出口总额的45.1%。

2019年滨州市主要出口市场一览表
Major Export Markets of Binzhou City in 2019

表5-91

出口市场	出口额（万元）	增长（%）
美　　国	300425	-14.9
印度尼西亚	170628	51.0
越　　南	166182	-6.8
韩　　国	164240	-6.4

续表 5-91

出口市场	出口额（万元）	增长（%）
中国香港	128233	47.9
日　本	115749	17.4
泰　国	105423	14.3
巴基斯坦	89043	39.1
印　度	84861	17.5
德　国	80998	–2.3

【服务贸易】

进出口额　2019 年，滨州市实现服务进出口 619000 万元，比上年增长 0.2%，其中进口 587974 万元，出口 31026 万元。

【吸收外国及中国港澳台地区投资】

总体情况　滨州市 2019 年引进外国及中国港澳台地区投资项目 21 个，签约投资额 916411 万元，实际投资额 150765 万元。

投资产业　第一产业项目 2 个，签约投资额 8540 万元，实际投资额 502 万元。第二产业项目 10 个，签约投资额 553012 万元，实际投资额 69923 万元。第三产业项目 9 个，签约投资额 354859 万元，实际投资额 80340 万元。

投资来源　2019 年有 4 个国家（地区）在滨州市投资，分别是中国香港、荷兰、美国、韩国。

2019 年滨州市吸收外国及中国港澳台地区投资一览表
Overboundary Investment of Binzhou City in 2019

表 5-92

投资方式	签约投资			实际投资	
	项目数（个）	签约额（万元）	增长（%）	金额（万元）	增长（%）
合资企业	11	111321	144.2	53880	135.5
独资企业	10	805090	2246.9	96885	96.4
合　计	**21**	**916411**	**1991.5**	**150765**	**108.8**

【经济技术合作】

对外国及中国港澳台地区投资　滨州市 2019 年兴办境外企业 5 家，总投资 12803 万元，中方投资 12782 万元。主要投资对象为中国香港、瑞士、德国、乌兹别克斯坦，主要投资项目包括山东先达农化股份有限公司在香港特别行政区设立香港德胜实业有限公司、山东魏桥创业集团有限公司在瑞士设立魏桥控股公司、山东国创风能装备有限公司在德国并购设立希斯机床制造有限责任公司、滨州市胜英水产有限公司在乌兹别克斯坦设立阿拉尔海丰年虫卵有限公司、滨州戴森汽车配件有限公司在香港特别行政区设立东升国际贸易有限公司。

【园区建设】

2019年，根据中共山东省委《关于推动开发区体制机制改革创新促进高质量发展的意见》，中共滨州市委、滨州市人民政府制定《滨州市推动开发区体制机制改革创新促进高质量发展实施方案》，选择滨州经济技术开发区、滨州高新技术产业开发区、北海经济开发区、邹平经济开发区作为开发区体制机制改革试点单位，明确运营管理公司化、职能职责主业化、人员管理聘任化、薪酬待遇绩效化的改革方向，实现了党工委领导下的“管委会+公司制”的改革目标。

年内，滨州经济技术开发区产值增长6%，规模以上工业增加值增长5%，固定资产投资增长13%，吸收外国及中国港澳台地区实际投资45亿元。

北海经济开发区实现产值95.39亿元，按可比价格计算增长13.2%；实现进出口9500万元，增长26.6%；规模以上工业增加值增长14%，实现一般公共预算收入11.67亿元，完成固定资产投资31.5亿元。

邹平经济技术开发区实现规模以上工业产值1832.6亿元，实现一般公共预算收入23.7亿元，实现进出口33.2亿美元，完成固定资产投资54.5亿元。

博兴经济开发区完成固定资产投资33.56亿元，实现规模以上工业产值755.59亿元；实现营业收入930.41亿元，增长0.67%；实现一般公共预算收入9.3814亿元；实现进出口333.15亿元，其中出口53.27亿元，进口279.88亿元。新增“四上企业”22家，“四上企业”数增加到137家。

滨州工业园区实现规模以上工业主营业务收入219.31亿元，实现工业产值233.7亿元，实现出口4.25亿美元、进口7534万美元，吸收外国及中国港澳台地区实际投资25亿元，实现一般公共预算收入5.17亿元。

惠民经济开发区实现财政收入1.97亿元，其中一般公共预算收入1.22亿元；实现规模以上工业增加值24.14亿元，增长7.2%；完成规模以上固定资产投资9.46亿元，其中规模以上工业技改投资4.22亿元。

阳信经济开发区实现一般公共预算收入4.4亿元，完成固定资产投资28.3亿元，实现规模以上主营业务收入271.9亿元，实现规模以上工业产值270.1亿元，实现规模以上工业增加值44.9亿元，实现进出口1亿美元。

无棣经济开发区规模以上企业94家，实现规模以上工业产值162.22亿元，规模以上主营业务收入162.48亿元，一般公共预算收入8.94亿元。

沾化经济开发区实现规模以上工业产值207.95亿元，规模以上主营业务收入222.68亿元。

2019年菏泽市商务经济运行情况

Business Operation Conditions of Heze City in 2019

【商贸流通】

社会消费品零售总额　2019年，菏泽市社会消费品零售总额比上年增长9.2%。按经营单位所在地分，城镇消费品零售额增长9.1%，乡村消费品零售额增长9.5%。按消费形态分，商品零售额增长9.1%，餐饮收入增长10.4%。

市场物价　2019年，菏泽市居民消费价格上涨2.4%。其中，消费品价格上涨3.0%，服务项目价格上涨1.4%，食品烟酒价格上涨6.3%，衣着价格上涨0.7%，居住价格上涨0.7%，生活用品及服务价格上涨0.4%，交通和通信价格下降1.8%，教育文化和娱乐价格上涨3.3%，医疗保健价格上涨0.9%。工业生产者出厂价格下降0.6%，工业生产者购进价格下降0.6%。

市场秩序建设　2019年，菏泽市商务部门加强单用途商业预付卡监管工作，全面落实发卡企业实名登记、限额发行、非现金购卡三项制度，并建立规模发卡企业联系人制度，及时调度情况，开展专项检查，对违规经营行为及时加以纠正。加强重要产品追溯体系示范市建设，综合运用物联网、大数据等现代信息技术，建设以企业为主体、以产品为载体、以追溯信息全链条为重点的重要产品追溯体系，形成来源可查、去向可追、质量可控、责任可究的完整信息链条，从源头上保证肉菜等重要产品的质量安全。商务部门会同其他相关部门加强对直销企业的监管，对辖区直销企业进行全面检查，重点排查企业是否存在产品夸大宣传、超地域超范围经营等违法违规经营活动，对所发现的问题建立台账，督促整改。

市场体系建设　在冷链物流体系建设方面，曹县海之鲜食品有限公司在田间地头建设冷库，打通冷链物流体系建设“最先一公里”。菏泽智慧冷城项目填补城市低温处理和冷链配送中心建设的空白，实现“最后一公里”低温配送。在农产品末端销售网络建设方面，全市新建或改建生鲜店近100家，市城投菜篮子公司新建或改建农贸市场10个，有效填补了空间布局上的空白。在农产品批发市场转型升级方面，菏泽银田农贸城、曹县喜地农贸城、巨野康巨农贸城不断完善仓储、物流、加工等配套设施建设，提升信息化和标准化水平，延伸产业链条，加快市场提档升级，经营模式进一步拓展。在农产品商业流通网络建设方面，商务部门引导龙头商贸企业围绕农村社区生活服务业核心内容，加快农村商业网点建设，定陶怡网星通供应链有限公司建设连锁经营便民服务中心55个，全部实现了线上订货、线下配送。

特殊行业发展　2019年，菏泽市10家拍卖企业举办74个拍卖活动，实现拍卖成交额4.68亿元。两家报废汽车回收拆解企业回收拆解报废汽车3587辆。

市场运行和消费促进　2019年，菏泽市市场运行监测机构加强样本企业信息报送工作，建立专人报送制度，对信息的真实性实行专报人负责制，确保监测信息及时、准确，并适时通过商务预报信息平台发布生活必需品、重要生产资料供求信息，为经营者和消费者提供参考。商务部门组织开展佳节购物月、大型惠民车展等促销活动，活跃居民消费。

【货物贸易】

进出口额　2019年，菏泽市实现货物进出口4852651万元，比上年的5145593万元下降5.7%。

2019年菏泽市货物贸易额一览表
Foreign Trade Value of Heze City in 2019

表5–93

分类指标	进出口		出　口		进　口	
	金额（万元）	增长（%）	金额（万元）	增长（%）	金额（万元）	增长（%）
总　额	**4852651**	**–5.7**	**1770325**	**15.2**	**3082326**	**–14.6**
国有企业	2245	–50.6	1730	–21.2	515	–78.1
外商投资企业	555819	12.8	454886	11.4	100933	19.8
其他企业	4294587	–8.3	1313709	14.4	2980878	–15.5
集体企业	48874	–9.3	48139	–6.8	735	–66.9
私营企业	4245713	–8.3	1265570	15.5	2980143	–15.4
一般贸易	4345199	–8.5	1370899	11.4	2974300	–15.4
加工贸易	494736	35.6	386761	35.9	107975	34.5
其他贸易	12716	–96.3	12665	20.0	51	–97.1
纺织服装	137801	3.2	133973	2.6	3828	31.6
农产品	423263	31.7	382261	35.2	41002	6.4
化工产品	498126	14.8	459619	18.4	38507	–16.1
机电产品	209283	29.0	159266	19.7	50017	71.2
高新技术产品	67390	31.9	62998	28.1	4392	130.0

进口额　实现进口3082326万元，比上年的3609267万元下降14.6%。

进口商品结构　初级产品进口2940033万元，占进口总额的95.4%。工业制成品进口142293万元，占进口总额的4.6%。

2019年菏泽市主要进口商品一览表
Major Import Goods of Heze City in 2019

表5–94

进口商品名称	进口额（万元）	增长（%）	权重（%）
能源资源	2884239	–15.8	93.6
原油	2872025	–15.9	93.2
棉花	6175	1826.11	0.2
塑料	6039	–32.3	0.2
生产原料	105230	–4.0	3.4
工业原料	65485	–10.9	2.1
人发	27131	34.1	0.9
生皮及皮革	12611	–20.7	0.4
机械设备	49677	71.2	1.6
食品	17621	88.2	0.6

进口来源　进口商品来自81个国家（地区）。从10个主要进口来源进口2991120万元，占进口总额的97.0%。

2019年菏泽市主要进口来源一览表
Major Import Sources of Heze City in 2019

表5–95

进口来源	进口额（万元）	增长（%）
哥伦比亚	826345	26.8
中　　东	797479	25.9
巴　　西	555456	18.0
安 哥 拉	466810	15.1
俄 罗 斯	139771	4.5
韩　　国	58346	1.9
尼日利亚	46637	1.5
厄瓜多尔	45610	1.5
南　　亚	30795	1.0
加 拿 大	23871	0.8

出口额 实现出口1770325万元，比上年的1536326万元增长15.2%，出口额占全市生产总值的5.2%、全省出口总值的1.6%。

出口商品结构 初级产品出口248978万元，占出口总额的14.1%。工业制成品出口1521347万元，占出口总额的85.9%。

2019年菏泽市主要出口商品一览表
Major Export Goods of Heze City in 2019

表5-96

出口商品名称	出口额（万元）	增长（%）	权重（%）
化工产品	505657	16.1	28.8
木草柳制品及家具	327551	5.4	18.6
家具	223432	8.2	12.7
户外家具	37673	4.8	2.1
木草柳制品	104119	-0.1	5.9
干鲜果蔬及其制品	245092	45.5	13.9
大蒜	170295	77.3	9.7
果蔬加工制品	37894	20.4	2.2
鲜苹果	28978	-12.2	1.7
发制品	112191	18.2	6.4
纺织服装	94426	3.2	5.4
服装	61196	27.1	3.5
纺织品	33229	-23.3	1.9

出口市场 出口商品销往193个国家（地区）。对10个主要市场出口1532596万元，占出口总额的87.2%。

2019 年菏泽市主要出口市场一览表
Major Export Markets of Heze City in 2019

表 5-97

出口市场	出口额（万元）	增长（%）	权重（%）
欧　　盟	353412	11.5	20.1
东　　盟	292524	27.2	16.6
美　　国	290155	1.0	16.5
中　　东	153520	60.7	8.7
韩　　国	150574	14.4	8.6
日　　本	117657	1.9	6.7
南　　亚	93002	39.0	5.3
巴　　西	34463	15.2	2.0
澳大利亚	27638	-1.2	1.6
墨 西 哥	19651	17.3	1.1

【服务贸易】

进出口额　2019 年，菏泽市实现服务进出口 140052 万元，比上年的 139355 万元增长 0.5%。

进口额　实现进口 118110 万元，比上年的 119183 万元下降 0.9%。

出口额　实现出口 21942 万元，比上年的 20112 万元增长 9.1%。

主要业务领域　菏泽市 2019 年服务贸易涉及旅游、运输、保险、技术、产品设计制作、其他商业服务和加工服务等领域，技术、产品设计制作、加工服务、旅游等主要业务领域实现出口 20050 万元。

主要出口市场　菏泽市 2019 年服务贸易主要出口市场为韩国、中国香港、新加坡、荷兰、美国。

【技术贸易】

技术引进　2019 年，菏泽市签订技术引进和设备进口合同 2 个，比上年增长 2 个，签约额 19882 万元。

【吸收外国及中国港澳台地区投资】

总体情况　菏泽市 2019 年引进外国及中国港澳台地区投资项目 35 个，签约投资额 625613 万元，实际投资额 135665 万元。

投资产业　第一产业项目 2 个，签约投资额 50 万元。第二产业项目 12 个，签约投资额

197754万元，实际投资额110484万元。第三产业项目21个，签约投资额427809万元，实际投资额25181万元。

投资来源　2019年有7个国家（地区）在菏泽市投资，投资额居前五位的国家（地区）分别是中国香港、新加坡、英属维尔京群岛、韩国、沙特阿拉伯。

2019年菏泽市吸收外国及中国港澳台地区投资一览表
Overboundary Investment of Heze City in 2019

表5-98

投资方式	签约投资			实际投资	
	项目数（个）	签约额（万元）	增长（%）	金额（万元）	增长（%）
合资企业	19	253205	-83.2	30837	-52.3
合作企业	1	28000	—	—	—
独资企业	15	344408	220.9	104828	334.6
合　计	**35**	**625613**	**-61.5**	**135665**	**53.0**

外国及中国港澳台地区投资企业生产经营情况　2019年菏泽市实有外商投资企业144家，投资总额12801323万元，外方投资727241万元，实现产值3284102万元。盈利企业53家，盈利总额689736万元。亏损企业45家，亏损总额31481万元。

【经济技术合作】

对外国及中国港澳台地区投资　菏泽市2019年兴办境外企业3家，总投资10324.8万元，中方投资10324.8万元。主要投资对象为老挝、越南和波兰，主要投资领域为农产品和电子产品的进出口贸易。

【园区建设】

经济开发区　菏泽市现有10个省级经济开发区，注册企业10335家，注册资本1350.9亿元，其中规模以上企业1283家，高新技术企业146家，外商投资企业97家，世界500强投资企业29家，企业员工105.6万人。区内实有省级以上平台载体166个。

2019年，10个经济开发区实现公共财政预算收入124.9亿元，增长14.6%；实现税收收入189.8亿元，增长12.5%；完成固定资产投资677.4亿元，增长10.1%；吸收外国及中国港澳台地区投资14602万美元，下降19.1%；实现进出口66.9亿美元，下降1.3%。

规范性文件

Regulatory Documents

简要说明

一、栏目内容

本栏目刊载2019年山东省人民政府及有关部门推动全省商务经济发展的政策性文件。

二、资料来源

山东省人民政府办公厅、山东省商务厅

Brief Introduction

I. Content

The column publishes policy documents on propelling commerce economic development of the province of People' s Government of Shandong Province and relevant departments released in 2019.

Ⅱ. Data sources

General Office of People' s Government of Shandong Province, Commerce Department of Shandong Province

山东省财政厅　山东省商务厅
关于印发山东省省级商贸发展和市场
开拓资金管理暂行办法的通知

Circular on the Regulation of Funds for the Commerce Development and Market Expanding

鲁财工〔2019〕9 号

各市财政局、商务局，省财政直接管理县（市）财政局、商务主管部门，省黄三角农高区财金局、商务主管部门：

为规范专项资金管理、提高财政资金使用效益，山东省财政厅、山东省商务厅研究制定了《山东省省级商贸发展和市场开拓资金管理暂行办法》，现予印发，请遵照执行。

山东省财政厅
山东省商务厅
2019 年 6 月 21 日

山东省省级商贸发展和市场开拓资金管理暂行办法

第一章　总　则

第一条　为规范和加强山东省省级商贸发展和市场开拓资金（以下简称商贸发展资金）使用管理，根据《中华人民共和国预算法》《山东省人民政府关于深化省级预算管理改革的意见》（鲁政发〔2019〕1 号）、《中共山东省委、山东省人民政府关于全面推进预算绩效管理的实施意见》（鲁发〔2019〕2 号）等有关规定，结合山东实际，制定本办法。

第二条　本办法所称商贸发展资金，是指省级财政预算安排，用于优化全省对外贸易结构、促进对外投资合作、改善商贸公共流通服务体系、加大招商引资力度、打造欧亚国际货运大通道等方面的资金。

第三条　商贸发展资金使用管理坚持突出重点、择优扶持、公开透明、注重绩效的原则。

第四条　商贸发展资金由省财政厅、省商务厅等业务主管部门（以下简称省业务主管部门）按照职责分工进行管理。

省财政厅负责组织商贸发展资金预算编制、对支出政策进行审核、牵头预算绩效管理、下达拨付资金等。

省商务主管部门负责商贸发展资金预算编制和具体执行，研究制定资金分配使用方案和任务清单，对支出进度、使用绩效以及商贸发展资金的安全性、规范性负责。

各市县财政、商务主管部门要加强协调配合，保证下达地方的商贸发展资金及时、足额拨付，对资金使用情况进行动态管理和跟踪问效，完善绩效管理，确保资金专款专用，提高资金使用效益。

第二章　预算编制

第五条　商贸发展资金重点支持领域

（一）外贸稳增长调结构

1. 支持省委、省政府及国家部委组织的重大境内外经贸合作洽谈会、展览会等招商招展和贸易促进活动。

2. 培育发展外贸新业态新模式，推动外贸转型升级，促进加工贸易和服务贸易加快发展，引导企业利用好出口信用保险政策工具，鼓励开拓多元化国际市场，支持企业开展国际贸易摩擦应对活动。

3. 鼓励扩大先进设备和技术、关键零部件、国内紧缺的资源性产品、促进消费升级的民生产品进口。支持企业利用好中国国际进口博览会等各类进口渠道和平台。

4. 其他有利于促进全省外贸发展的事项。

（二）推进高质量招商引资

1. 落实省委、省政府决策部署，围绕十强产业，鼓励引进总部项目、重大利用外资项目及产业链重大项目。

2. 支持搭建高层次招商引资平台，培育永久性跨国公司领导人峰会、香港山东周等重点经贸促进活动。

3. 支持打造高层次开放合作平台，促进开发区特色产业园区、国际合作园区及创新创业平台、双向投资促进平台等载体建设。

4. 其他有利于促进全省招商引资的事项。

（三）深化国际产能合作

1. 引导有序开展境外投资，促进深化“一带一路”经贸合作，支持搭建“走出去”风险保障平台，推进境外经济贸易合作区建设。

2. 支持对外承包工程提质增效，鼓励多种模式参与海外项目，带动装备、技术、标准、服务和劳务对外输出。

3. 鼓励加强对外劳务合作，大力发展高端劳务，优化外派劳务结构。

4. 其他有利于促进全省国际产能合作发展的事项。

（四）商贸流通升级增效

1. 加快电子商务发展，引进培育电子商务新业态新模式，发展新零售和新媒体电子商务，推动电子商务平台、电子商务园区等创新发展，提升网络品牌知名度和影响力，拉动新消费。

2. 加强商贸流通体系建设，支持公益性商贸设施建设，促进物流标准化、流通领域现代供应链、重要产品追溯体系建设，提升流通效率，降低物流成本。

3. 积极开展促消费、惠民生、树品牌活动，推动步行街改造提升，支持老字号创新发展，大力发展会展经济，推进商务领域诚信体系建设，培育壮大商贸流通新动能。

4. 其他有利于促进全省商贸流通业发展的事项。

（五）打造欧亚国际货运大通道等

第六条　商贸发展资金适当向省财政直接管理县（市）等困难地区倾斜，对能够单独列示的扶持政策和资金安排要予以明确。

第七条　省商务主管部门按照省级预算编制工作要求，对照相关领域事业发展的重点工作，提前做好项目论证、评估和分年度资金需求测算、绩效目标设定等基础性工作，研究提出商贸发展资金中期财政规划和年度预算安排建议，制定资金绩效目标，向省财政厅提报预算申请。要做实做细项目库，确保专项资金项目全部按规定列入项目库，并按轻重缓急排序，实现定期更新和滚动管理，未纳入项目库管理的项目原则上不安排预算。预算编制中，对中央和省委、省政府确定的重大改革、重要政策和重点项目支出要应编尽编，不得出现遗漏。

省财政厅按照预算编制要求和资金管理规定，对省商务主管部门提报的资金预算进行审核，综合考虑支出政策、资金需求、财力可能、是否合规、上年绩效等因素，研究提出年度预算安排意见，按程序报省人大审议批准。

第八条　按照谁申请资金谁编制目标原则，省商务主管部门要健全绩效目标编报机制，在编制专项资金任务清单时同步编制绩效目标，及时组织项目实施单位编制绩效目标。重点依据部门职责，结合中期财政规划和年度工作计划，从预期产出、预期效果和服务对象满意度等方面，合理确定商贸发展资金整体绩效目标，设置绩效指标和标准，确保可量化、可评估，将其作为预算申请和项目入库的前置条件，实现定期更新和滚动管理，并负责对项目实施单位报送的绩效目标进行审核。

第九条　建立重大政策和项目事前绩效评估机制。省商务主管部门申请通过商贸发展资金安排新增重大政策和项目支出预算时，应进行事前绩效评估，出具评估报告。省财政厅根据省商务主管部门提报的预算申请、事前绩效评估报告等对新增重大政策和项目预算进行审核，必要时可组织第三方机构独立开展绩效评估，并依据审核和评估结果安排预算。未开展事前绩效评估和绩效评估结果差的政策和项目，不得列入中期财政规划和年度预算。

第十条　商贸发展资金实行任务清单管理，明确每项任务的具体支出事项、资金规模、绩效目标等内容。根据任务内容，将任务清单划分为约束性任务和指导性任务。

第三章　预算执行

第十一条　省级预算经省人民代表大会审议批准后，省商务主管部门应根据商贸发展资金年度预算规模和任务清单，研究制定资金分配方案，确保省委、省政府确定的重点支出不留硬缺口。省商务主管部门应及时提报预算执行计划书，明确预算执行的时间节点和工作措施，并按时报省财政厅备案。

第十二条　商贸发展资金采取因素法与项目法相结合的分配管理方式。其中省本级支出的资金应明确到具体项目纳入相关省级部门年度部门预算，按照预算管理有关规定批复下达。

省商务主管部门应按照应放尽放的原则，将资金主要采取因素法或竞争立项的方式切块分配下达；省级确需保留审批权项目，省商务主管部门应从严控制，制定相关任务清单，报分管省领导同意后实施。

第十三条　采取项目法分配的资金，主要采取竞争择优等方式遴选项目，确保项目安排合理合法，相关项目清单应在编制下一年度预算前确定。省商务主管部门在下达申报通知时，应明确下级主管部门会商或会签财政部门的具体方式。

对采取因素法分配的资金，省商务主管部门要依据资金管理办法和各市进出口、利用外资、对外投资合作等业务情况、外贸企业数量、外经贸试点示范项目分布情况、绩效评价结果等，科学遴选确定分配因素和权重，研究制定资金分配方案。

第十四条　商贸发展资金不得要求市县安排配套投入。市县在分配资金时，除国家和省规定的共同财政事权外，不得要求乡镇（街道）安排配套资金，不得将乡镇（街道）投入情况作为资金分配的前置条件。

第十五条　商贸发展资金项目安排及资金分配方案，须按照“三重一大”要求，由省商务主管部门党组（委）会议集体研究同意后，在规定时限内以正式文件报送省财政厅。大额资金分配和重要项目安排，应报分管省领导同意。省财政厅按规定进行合规性审核，在法定时限内按照程序下达预算指标分配文件，同步下达专项资金任务清单和绩效目标或提出绩效目标编制要求。对因素法分配的资金，下达资金时提出区域绩效目标编制要求的，由市级商务主管部门会同同级财政部门按要求编报区域绩效目标，并按预算管理程序报送省商务主管部门和省财政厅。省财政厅合规性审核内容主要包括：中央和省委省政府确定的硬性支出事项是否足额安排，省级资金是否与中央资金统筹使用，任务清单是否完整，项目确定和资金分配的范围、依据是否符合资金管理办法规定、是否履行“三重一大”决策程序，支出事项是否存在政策过时情形和违规配套要求，资金分配是否根据需要对各地财力状况作出充分考虑等。

市县应在收到资金和任务清单后及时制定资金分配方案并拨付资金，在完成约束性任务的前提下，可按规定统筹使用剩余资金，并将相关情况报省商务主管部门备案，由省商务主管部门汇总后送省财政厅备案。

第十六条　商贸发展资金按照财政国库集中支付、政府采购、政府购买服务等有关规定执行。

第十七条　商贸发展资金预算一经确定，各相关单位应尽快组织实施，加快预算支出进度，原则上应于当年形成支出，结转结余资金按照财政部门有关规定执行。

第四章　资金监督管理

第十八条　省商务主管部门要加快预算执行进度，严格按照资金管理以及财务管理有关规定使用资金，确保专款专用，不得挤占、挪用，不得任意改变资金用途和扩大使用范围，不得虚假列支，不得任意变更预算支出科目。年度执行中确需调整预算和绩效目标的，应当按照预算管理有关规定报批。省财政厅建立健全预算执行动态监控机制，定期通报资金分配进度和本级预算支出进度。

第十九条　省商务主管部门是绩效运行监控的责任主体，应对绩效目标实现程度和预算执行进度实行双监控，重点选择支出进度缓慢、管理基础薄弱的项目开展绩效运行监控，动态掌握政策和项目进展，以及资金使用和绩效目标完成情况，对监控发现的问题和绩效目标偏差，及时采取有针对性的措施予以纠正。省财政厅根据管理需要开展重点监控，对资金使用中存在的问题和绩效目标执行中的偏差，及时通报部门单位进行整改；对问题严重的，暂缓或停止拨款。

第二十条　年度预算执行完毕后，省商务主管部门组织项目实施单位按照事先确定的绩效目标开展绩效自评，撰写专项资金绩效自评报告报省财政厅。省财政厅根据管理需要对自评情况进行抽查复核。省商务主管部门、省财政厅根据管理需要分别对商贸发展资金进行重点评价，绩效评价结果作为以后年度资金安排和分配的重要依据。

第二十一条　省财政厅、省商务主管部门分别按照财政专项资金信息公开有关规定和谁主管谁负责谁公开的原则，建立健全专项资金信息公开机制，自觉接受社会监督。其中，省财政厅主要负责公开除涉密内容外的资金管理办法、财政重点绩效评价结果等，省商务主管部门主要负责公开除涉密内容外的商贸发展资金任务清单和具体支出政策、项目申报指南、资金分配因素和分配结果、相关绩效信息等。

第二十二条　获得商贸发展资金支持的企业（单位），应按照国家有关财务、会计制度规定进行账务处理，严格按照规定使用资金，并自觉接受监督检查，主动开展绩效评价工作。对骗取、违反规定使用商贸发展资金的，按照《财政违法行为处罚处分条例》（国务院令第427号）等有关规定处理，并纳入负面清单管理；涉嫌犯罪的，移送司法机关依法追究刑事责任。

第二十三条　各级业务主管部门、财政部门要主动接受人大、纪检监察、审计等方面的监督。对在各项审计和监督检查中发现存在违规违纪问题的，按照《中华人民共和国预算法》《中华人民共和国公务员法》《财政违法行为处罚处分条例》（国务院令第427号）等国家有关规定追究相应责任；涉嫌犯罪的，移送司法机关处理。

第五章　附　则

第二十四条　省商务主管部门可根据本办法，结合工作需要牵头制定具体资金管理实施细则。

第二十五条　本办法自2019年7月22日起施行，有效期至2021年7月21日。

山东省人民政府关于大力拓展消费市场加快塑造内需驱动型经济新优势的意见

Opinions on Consumption Expanding and Domestic Demand Driven Economic Edge Building

鲁政字〔2019〕143号

各市人民政府，各县（市、区）人民政府，省政府各部门、各直属机构，各大企业，各高等院校：

为深入贯彻习近平新时代中国特色社会主义思想和党的十九大精神，认真落实党中央、国务院关于促进形成强大国内市场的决策部署，抓住用好市场需求持续扩大的战略机遇，大力拓展消费市场，加快塑造内需驱动型经济新优势，推动山东高质量发展，在落实好《山东省人民政府关于进一步扩内需补短板促发展的若干意见》等已有政策文件的基础上，制定本意见。

一、加快培育新一代消费热点

深度挖掘医养健康市场空间，扩大医养结合示范先行区范围，实施“互联网+医疗健康”示范省建设行动计划，强化康复大学、山东第一医科大学智力支撑，高水平建设国家医疗健康大数据北方中心、济南国际医学科学中心等医疗产业集聚区，增加优势医疗产品供给（山东省卫生健康委员会牵头负责）。积极发展医疗、护理、养老等商业保险，探索以房养老新模式，实行养老机构备案制度，对非营利性养老机构直接登记，推动具备条件的公办养老机构开展企业化改制或公建民营（山东省卫生健康委员会、山东省民政厅、山东省医疗保健局、中国银行保险监督管理委员会山东监管局等分别负责）。实施文化消费促进行动，在全省选择10个县（市、区）开展文化消费示范县创建工作，鼓励企业加盟山东文化惠民消费云服务平台，支持建设非物质文化遗产展示体验中心。大力发展全域旅游，进一步打响好客山东品牌；完善游客集散中心、咨询中心和景区公厕等配套基础设施建设，有条件的地方可对星级酒店建设给予适当补助。鼓励各地因地制宜发展夜间经济，繁荣丰富夜游、夜娱、夜食、夜购等消费业态；设立山东省旅游诚信基金，2020年实现旅游投诉先行赔付制度全覆盖（山东省文化和旅游厅、山东省商务厅等分别负责）。深入推进淄博市、潍坊市、济宁市、威海市国家级信息消费试点和济南、青岛国家级数字家庭应用示范基地建设，积极发展智慧生活、虚拟现实、电子竞技等新兴业态；鼓励建设信息消费产品体验中心、科技体验中心等，扩大信息消费受众群体（山东省工业和信息化厅、山东省科学技术厅等分别负责）。加快促进家政服务业提质扩容，制定实施家庭看护、家务管理、家庭保洁、家政培训、家政信息化等一批地方服务标准和服务规范，组织开展家政培训提升行动、领跑者行动和信用建设专项行动，支持发展员工制家政企业，培育一批产教融合实训基地。对提供社区养老、托育、家政等服务的机构，落实社区家庭服务业税费优惠政策（山东省发展和改革委员会、山东省商务厅、山东省民政厅、山东省税务局等分别负责）。

二、巩固提升住房、汽车传统消费

坚持“房子是用来住的，不是用来炒的”定位，支持居民自住性住房消费，推行商品住宅全装修、住宅使用说明书和质量保证书制度（山东省住房和城乡建设厅牵头负责）。扩大住房租赁消费，培育一批专业化、机构化住房租赁企业，将住房租赁补贴范围扩大到符合住房保障条件的新就业无房职工、在城镇稳定就业的外来务工人员（山东省住房和城乡建设厅、山东省人力资源和社会保障厅、山东省财政厅等分别负责）。加大城市老旧小区改造提升力度，重点改造建设小区水电气路及光纤等配套设施，有条件的可加装电梯、配建停车设施（山东省住房和城乡建设厅、山东省发展和改革委员会、山东省财政厅、山东省通信管理局、山东省市场监督管理局、山东省电力公司等分别负责）。全面取消二手车限迁政策，开展好青岛市汽车平行进口试点工作（山东省商务厅牵头负责）。加快建设智能网联汽车与智慧交通应用示范区，清理规范低速电动车，促进汽车消费升级（山东省工业和信息化厅牵头负责）。落实好新能源汽车免征车辆购置税、购置补贴等财税优惠政策，引导支持在新建和老旧小区建设充电基础设施，鼓励有条件的市开展燃料电池汽车示范运行，配套建设加氢站（山东省工业和信息化厅、山东省住房和城乡建设厅、山东省能源局、山东省税务局等分别负责）。

三、培育农村消费新市场

把扩大农村消费与实施乡村振兴战略结合起来，实施好农村人居环境整治三年行动方案，落实农村公益事业财政奖补政策，以奖代补方式支持和引导各地推动有条件的农村普及卫生厕所，支持已确定的500个2019年度省级美丽乡村示范村创建，加快村内户户通、四好路建设和新一轮农村电网升级改造，省财政三年统筹安排资金150亿元，新建改造农村公路3.4万千米（山东省发展和改革委员会、山东省住房和城乡建设厅、山东省交通运输厅、山东省财政厅、山东省农业农村厅、山东省电力公司等分别负责）。开展新一轮汽车下乡行动，有条件的市可对农村居民报废三轮车以及购买3.5吨及以下货车、1.6升及以下排量乘用车给予补贴（山东省商务厅、山东省财政厅等分别负责）。支持淄博市、烟台市、潍坊市开展国家城乡高效配送专项行动试点，鼓励电子商务企业布局建设农村电子商务配送末端网点，大力发展连锁化品牌化便利店，打通农村消费“最后一公里”（山东省商务厅牵头负责）。发挥农业保险的保障作用，将农业大灾保险试点县范围由20个扩大到50个；对市、县（市、区）开展的政府补贴的特色农产品险种，省财政采取以奖代补方式给予补助（山东省农业农村厅、山东省财政厅、山东省发展和改革委员会、山东省地方金融监管局、中国银行保险监督管理委员会山东监管局等分别负责）。

四、引导境外消费回流

支持具备条件的国际空港、海港、邮轮母港增设免税店，引进具备进境免税品经营资质的企业落户山东。支持省级以上跨境电子商务综合试验区建设，加大跨境电子商务培育和集聚力度，扩大消费者直购规模（山东省商务厅、山东省财政厅、山东省税务局、青岛海关、济南海关等分别负责）。支持国际资本参与教育、医疗、养老、文化等公共服务建设，积极引进国际高端教育、医疗资源，支持有条件的地方采取合作办学办医、设立分支机构等形式，建设一批教育医疗合作品牌，引导中高端服务消费回流（山东省商务厅、山东省发展和改革委员会、山东省教育厅、山东省卫生健康委员会等分别负责）。组织实施内外销产品同线同标同质行动，及时公布示范企业名单和产品信息，强化三同产品检测和企业认证，构建线上线下三同品牌推广网络，促进国际市场国内化，减少消费外溢（青岛海关、济南海关、山东省市场监督管理局等分别负责）。

五、大力开拓省外市场

组织实施山东名品进名店行动，扩大山东产品在中高档销售渠道的比重，在省外大型连锁超市设立山东出口农产品专区专柜。支持龙头企业联合产业链上下游中小企业拓展国内市场，支持省内商品交易市场到省外开设分市场、销售窗口。做精做强展会经济，加大对重点品牌展会的培育扶持力度，3年内打造5—8个在全国具有较强影响力的展会品牌（山东省商务厅牵头负责）。支持省内有条件的企业在全国重要流通节点城市建立物流基地、分拨中心等仓储配送网络。依托济南、青岛、临沂等物流节点城市和国家级示范物流园区，打造集商品仓储、物流配送、信息发布于一体的采购分销中心（山东省发展和改革委员会、山东省商务厅等分别负责）。引进国内外大型零售企业在山东设立采购和物流中心，将更多山东产品纳入其采购网络（山东省商务厅牵头负责）。

六、提升好品山东品牌影响力

实施百年品牌企业培育工程，引进国际知名品牌策划营销公司，指导企业制定品牌战略规划，开展品牌策划包装和营销推广。实施山东品牌中华行进高铁计划，加快商品销售与品牌传播的创新融合（山东省工业和信息化厅、山东省商务厅等分别负责）。实施质量提升“百千万”三年行动计划，推动100家国内知名品牌企业与国际质量对标、1000家重点企业导入卓越绩效管理、10000家中小企业引进先进的质量管理方法。加快国家标准化综合改革试点省建设，制定出台企业标准领跑者管理办法，建立标准云平台，加强团体标准建设，推动与国际标准组织、国外标准机构合作，提升标准化水平（山东省市场监督管理局牵头负责）。

七、实施基础设施补短板专项行动

加快重大项目建设，以重点领域投资扩大内需，2019年完成投资1万亿元，其中基础设施补短板项目3300亿元。铁路方面，加快鲁南高铁等10个在建项目建设,力争新开工济郑、鲁南高铁菏泽至兰考段等5个高铁项目，建成鲁南高铁日照至临沂段及临沂至曲阜段等4个项目。公路方面，加快青兰高速泰安至聊城段等27个在建项目建设，新开工济南至高青等5个项目，建成长深线高青至广饶段等9个项目，新改建普通国省道320千米。机场方面，加快临沂机场改扩建等4个在建项目建设，新开工菏泽机场等3个项目，2020年起省级联合市县政府共同出资，三年内支持省机场集团设立500亿元机场建设发展基金，推动运输机场资源整合。港口方面，做大做强省港口集团，在港口资源整合中，保障港口企业所在市税收分成不变，加快推进青岛港前湾港区自动化集装箱码头、日照港岚山港区大型散货码头等项目建设。城市轨道交通方面，投资270亿元，加快济南、青岛城市轨道交通建设（山东省发展和改革委员会、山东省交通运输厅、山东省财政厅等分别负责）。水利方面，完成庄里水库、黄水东调二期和峡山水库胶东调蓄省级战略水源地等重点水利工程建设，加快推进老岚水库前期工作，开展南水北调胶东续建、南滨海调水、沂沭河洪水资源利用等骨干水网工程论证建设，加快实现全省当地水、外来水的统筹调度（山东省水利厅、山东省发展和改革委员会、山东省财政厅等分别负责）。5G基础设施方面，加快济南、青岛、烟台等核心城市和重要节点城市5G基站等网络基础设施建设，2020年年底前实现设区市城区重点区域5G网络连续覆盖（山东省通信管理局、山东省工业和信息化厅等分别负责）。能源设施方面，加快外电入鲁输电工程建设，实施光伏发电示范工程，打造海上风电、沿海核电和沿海液化天然气进口三大基地，启动首批海上风电融合发展试点示范项目（山东省发展和改革委员会、山东省能源局、山东省财政厅等分别负责）。市政基础设施方面，全面推进城镇生活污水收集处理设施、城市排水管网、综合管廊、生活垃圾无害化处理设施等项目建设（山东省住房和城乡建设厅、山东省财政厅等分别负责）。

八、激发企业投资活力

建立吸引民间资本投资重点领域项目库，定期发布项目推介清单，鼓励民间资本以股权方式参与项目建设运营（山东省发展和改革委员会牵头负责）。加快国有资产资本化、证券化，支持以新设企业、出资入股、增资扩股、股权置换、债转股等形式，引进高质量战略投资者（山东省国有资产监督管理委员会牵头负责）。实施企业成长护航计划，落实好小微企业升级高新技术企业补助、创新券等创新奖励政策，培育行业隐形冠军、瞪羚企业和独角兽企业（山东省工业和信息化厅、山东省科学技术厅、山东省财政厅等分别负责）。每年从全省遴选200家四新企业和十强产业企业，纳入资本市场后备企业资源库，优先支持在境内外各类资本市场上市挂牌融资（山东省地方金融监管局、中国证券监督管理委员会山东监管局等分别负责）。组织申报一批投资规模大、技术水平高、带动能力强的重大项目，申请国家支持能耗单列，有效缓解能耗指标约束，促进重大项目落地（山东省发展和改革委员会牵头负责）。

九、实施卡脖子关键共性技术攻关行动

主动对接国家科技重大专项和重点研发计划，支持优势骨干企业聚焦全省十强产业和重点领域高质量发展，力争在云计算装备、生物酶、新材料等领域承担一批关键技术攻关项目。在量子通信和量子计算机、脑科学和类脑研究、种业等领域牵头或参与实施科技创新2030重大项目。实施省重大科技创新工程，建立重大科技创新项目库，加大对技术研发、转化和产业化等的支持，力争两年内新突破掌握一批重大关键技术和产品（山东省发展和改革委员会、山东省科学技术厅、山东省财政厅等分别负责）。

十、加大社会资本及高端人才科技研发转化激励力度

鼓励社会资本加大科技研发投入，对形成的成果可按所有权享有相应股权，具体比例按合同执行；对成果在鲁转让的，给予社会资本方奖励，奖励金额不低于其转让收入已缴纳的所得税地方留成部分。支持社会组织设立基础研究基金会，通过接受社会捐赠、设立联合

基金等方式筹集基础研究经费，企业用于资助联合基金的社会捐赠支出依法依规实行税前扣除。对在鲁实现科研成果转化的境外高层次创新人才、国内领军人才、入选省级以上重点人才工程的人才给予资金奖励，奖励金额不低于其在鲁缴纳的个人所得税地方留成部分。对各类人才及其团队的科研成果实现在鲁转让的，给予资金奖励，奖励金额不低于其转让收入已缴纳所得税地方留成部分（山东省科学技术厅、山东省财政厅、山东省税务局等分别负责）。

十一、做强山东制造

聚焦山东国内领先、国际具有较强优势的制造业行业，用 3 ~ 5 年时间，全力打造十大世界级制造业集群。全力推进裕龙岛炼化一体化、万华乙烯、威联芳烃等项目建设，打造世界领先的高端石化产业基地。依托高端铝合金材料创新中心，延伸拉长铝产业链条，提高下游精深加工比重，打造世界一流的高端铝业基地和全球铝产品交易中心。加强轮胎行业高端产品研发和品牌培育，力争 8 家企业进入全球 30 强。加快补齐纺织服装行业创意设计短板，打通印染关键环节，培育 5 ~ 8 家年销售收入过百亿元的品牌企业。加大造纸行业投资收购、兼并重组力度，培育 6 ~ 8 家国际知名企业。培育 3 ~ 5 家交通装备行业领军企业，抢占全球增量市场，打造世界级重型商务用车和轨道交通装备基地。突破高端数控机床数字化设计、动态误差补偿等核心技术，全省机床产值数控化率达到 60% 以上。围绕深海作业、半潜浮动、大型平台等领域，重点培育 2 ~ 3 个具备自主知识产权的海工装备品牌，高端海工装备占国际市场份额达到 25% 以上。加快开发具有重大临床需求的创新药物和医疗器械产品，医药和医疗器械销售额突破 5000 亿元。聚焦氟硅材料、碳纤维、石墨烯、光电子四大领域，加快新材料前沿技术研发，培育 20 家以上销售过百亿元企业（山东省工业和信息化厅、山东省发展和改革委员会、山东省科学技术厅等分别负责）。

十二、打响山东智造

实施智慧赋能工程，加快推进“现代优势产业集群 + 人工智能”，支持企业运用物联网、大数据、柔性制造等现代技术，加快数字化、智能化改造升级。对新确定的省级大数据产业集聚区，在数字山东专项资金中给予不少于 500 万元支持；对新认定的国家级大数据综合试验区、产业集聚区，给予最高 3000 万元支持。对首次进入全国电子信息百强、软件百强、互联网百强的企业，在数字山东专项资金中给予 300 万元一次性奖补（山东省工业和信息化厅、山东省财政厅、山东省大数据局等分别负责）。

各市、各有关部门要结合实际完善细化配套措施，确保各项政策落实到位。

山东省人民政府
2019 年 7 月 31 日

山东省人民政府
印发关于在自由贸易试验区开展
证照分离改革全覆盖试点的实施方案的通知

Circular on the Implemenlation of the Full Coverage of the Separation of Certificates in the Pilot Free Trade Zone

鲁政字〔2019〕230 号

各市人民政府，省政府各部门、各直属机构：

现将《关于在自由贸易试验区开展证照分离改革全覆盖试点的实施方案》印发给你们，请认真贯彻实施。

山东省人民政府

2019 年 11 月 29 日

关于在自由贸易试验区开展
证照分离改革全覆盖试点的实施方案

按照《国务院关于在自由贸易试验区开展证照分离改革全覆盖试点的通知》（国发〔2019〕25 号）要求，省政府决定，自 2019 年 12 月 1 日起，在中国（山东）自由贸易试验区济南、青岛、烟台片区开展证照分离改革全覆盖试点，现制定如下实施方案。

一、实行两级清单管理

各有关市、各部门要严格按照中央层面设定的证照分离改革全覆盖试点事项清单（2019 版，523 项）确定的改革方式、改革举措和加强事中事后监管措施抓好落实，其中，前期按国家和省有关规定在山东省已全面取消许可的事项，此次不再实施。严格实施省级层面设定的证照分离改革全覆盖试点事项清单。两个清单之外，不得限制企业（含个体工商户、农民专业合作社，下同）进入相关行业或领域，企业取得营业执照即可自主开展经营活动。对全省证照分离改革全覆盖试点事项清单依法实行

动态管理，由省市场监管局负责汇总相关意见，定期调整并向社会公布。（山东省市场监督管理局牵头，省有关部门按职责分工负责）

二、规范企业登记与行政许可改革

（一）做好企业登记与信息推送。企业登记机关在登记注册中统一标识自由贸易试验区企业，严格规范登记经营范围，明确一般经营项目和许可经营项目，通过省统一政务信息资源共享交换平台向许可审批机关推送企业登记信息。许可审批机关将对应的许可结果信息及时推送至企业登记机关。（山东省市场监督管理局牵头，济南、青岛、烟台市政府及省有关部门按职责分工负责）

（二）分类落实行政许可改革要求。直接取消审批和审批改为备案的事项，任何部门不得变相许可，政府采购不得将许可证件作为必要条件或评分事项。备案事项原则上要纳入多证合一管理，与企业登记信息一并采集，当场办结。实行告知承诺的事项，审批机关须提供告知承诺书示范文本，一次性告知许可条件、监管规则和承担的法律后果，对企业作出承诺且材料符合要求的，当场作出审批决定。优化审批服务的事项，地方承接后可更加便捷高效办理的，应依法依规将审批权限下放或委托给济南、青岛、烟台自贸试验片区有关主管部门。有总量控制要求的事项，相关部门需半年公布一次总量控制条件和存量情况。各级各部门在实施中要严格遵守国务院确定的分类改革原则和要求，鼓励实施创新举措，不得降低标准，严禁搞变通。（济南、青岛、烟台市政府及省有关部门按职责分工负责）

（三）强化涉企经营信息归集共享。升级完善全省企业开办一窗通系统、许可事项审批业务系统和省一体化政务服务平台、山东信用信息共享平台、国家企业信用信息公示系统（山东），提升信息化支撑保障能力。畅通涉企信息归集、共享渠道，实现部门间市场主体基础信息、监管信息的归集共享。（省有关部门按职责分工负责）

三、加强事中事后监管

各级监管部门要厘清监管责任，健全监管规则和标准，落实事中事后监管措施。对于审管分离的许可事项，按照谁审批谁负责、谁主管谁监管的原则，加强审批与监管的衔接。全面推行“双随机、一公开”监管，推进部门联合随机监管，实现进一次门、查多项事。推进信用风险分类监管，按照信用风险等级，实施精准监管、包容审慎监管，构建以“双随机、一公开”监管为基本手段、重点监管为补充、信用监管为基础的新型监管机制，实现无事不扰。（济南、青岛、烟台市政府及省有关部门按职责分工负责）

四、依法实施改革

要根据法律法规和国务院决定调整情况，及时对本部门和本地区制定的规范性文件作出修改完善，涉及地方性法规和政府规章修改的，由实施部门研究提出修改草案，按照立法程序报请本级人大常委会或人民政府审议并颁布实施。（省有关部门按职责分工负责）

五、加强组织领导

省市场监督管理局牵头，会同省推进政府职能转变和“放管服”改革协调小组办公室协调推进全覆盖试点工作，做好政策宣传解读、协调指导、督促落实，调度工作进展，适时组织第三方绩效评估和试点工作总结。省有关部门要按职责落实涉企经营许可事项改革措施，开展针对性培训，加强与国家部委的沟通协调，指导支持试点地区妥善解决改革推进中遇到的困难和问题。济南、青岛、烟台市政府负责本市试点工作，要明确牵头部门，加强组织领导，确保改革落实到位。未参与本次试点的市政府要总结好贯彻落实省政府《关于在全省全面推开证照分离改革的通知》(鲁政发〔2018〕25号)有关经验,根据当地情况和实际需要进一步探索推进,并认真学习国发〔2019〕25号文件精神,为证照分离改革全覆盖在全省全面推开做好准备。

索引

Index

简要说明

1. 本索引款目按汉语拼音字母（同音字按声调）顺序排列。

2. 款目后的阿拉伯数字表示内容所在的页码，数字后的字母 a、b 分别表示版面区域。

3. 同一主题的内容在文中多处出现的，在其款目后用不同的页码标明。

Brief Introduction

Ⅰ. Items of the index are listed in order of Chinese phonetic alphabet.

Ⅱ. Numbers that follow the items indicate the pages where the items are, suffixed with alphabet a or b to indicate the column of the pages where the items in.

Ⅲ. An item is indicated with different page numbers when it appears in different places.

主题索引

A

B

C

D

E

F

G

H

J

K

L

M

N

O

Q

R

S

T

W

X

Y

Z